Friedrich Weissensteiner

Zwischen Idylle und Revolution

Ungewöhnliche Biedermeierporträts

Ueberreuter

Die Deutsche Bibliothek – CIP-Einheitsaufnahme

Weissensteiner, Friedrich:
Zwischen Idylle und Revolution : Ungewöhnliche
Biedermeierporträts / Friedrich Weissensteiner. –
Wien : Ueberreuter, 1995
ISBN 3-8000-3582-0

AU 270/1

Umschlaggestaltung: Atelier Rendl unter Verwendung des Gemäldes »Rudolf von Arthaber mit seinen Kindern« von Friedrich Amerling

Druck und Bindung: M. Theiss, A-9400 Wolfsberg
Printed in Austria
1 3 5 7 6 4 2

INHALT

VORWORT

Die Biedermeierzeit, die Zeitspanne zwischen 1815 und 1848, ist in den letzten Jahren wieder stärker in das Blickfeld und das Interesse der Öffentlichkeit gerückt. Das könnte damit zusammenhängen, daß in unserer Gesellschaft als Reaktion auf eine perfekte, übertechnisierte Welt das Bedürfnis nach Ruhe, nach behaglichem Genießen, nach einem biedermeierlichen Lebensstil mehr und mehr um sich greift. Manche Kulturhistoriker sprechen bereits von einem Neobiedermeier.

Die Biedermeierzeit trägt ein Janusgesicht. Sie hat auf vielen Gebieten, in der Musik, der Malerei, der Literatur, im Theater, hervorragende Leistungen zustande gebracht. Das ist ihre lichtseitige Gesichtshälfte. Zu ihrer schattenseitigen gehören die politische Ohnmacht und geistige Knebelung des Bürgertums, die Not breiter Bevölkerungsschichten und die sozialen Mißstände im Gefolge des beginnenden industriellen Kapitalismus.

Im vorliegenden Buch wird der Versuch unternommen, das breite politische, wirtschaftliche, kulturelle, gesellschaftliche und wissenschaftliche Spektrum dieser unerhört interessanten Zeit im Prisma des Biographischen einzufangen und zu bündeln. Der politisch und wirtschaftlich gestaltende Mensch, die geistig und kulturell schöpferische Persönlichkeit mit seinen großen Begabungen und menschlichen Schwächen, seinen Leistungen und Versäumnissen, seinen Vorlieben und Abneigungen stehen im Mittelpunkt der Darstellung. Die verschiedenfarbigen, thematisch breitgefächerten literarischen Porträts ergeben in ihrer Gesamtheit kaleidoskopartig ein facettenreiches Bild der Epoche. Ein weiteres Gestaltungsprinzip des Buches ist darin zu sehen, daß nicht die Lebensbilder der weithin berühmten und allseits bekannten Persönlichkeiten gezeichnet werden, sondern jene der weniger bekannten, die aber die Biedermeierzeit nicht minder geprägt und mitgestaltet haben, zu ihrer kulturellen Originalität und bunten Vielfalt einen wesentlichen Beitrag geleistet haben.

Nicht von Metternich und Kaiser Franz I. ist die Rede, sondern von Friedrich Gentz und Erzherzogin Sophie, nicht von Ferdinand Georg Waldmüller und Peter Fendi, sondern von Joseph Danhauser und Johann Michael Neder, nicht von Grillparzer und Nestroy, sondern von Ignaz

Franz Castelli und Ferdinand Sauter, nicht von Beethoven und Schubert, sondern von Joseph Lanner und Carl Czerny.
In diesem Sinne sind diese Lebensbilder ungewöhnlich.

Konfrontation zwischen alt und neu: Eisenbahn und Kutsche

ZWISCHEN LIBERALISMUS UND KONSERVATIVISMUS

Der Zeitraum zwischen 1815 und 1848, die Epoche vom Wiener Kongreß bis zum Ausbruch der Märzrevolution, wird gemeinhin als Biedermeier bezeichnet. Mit diesem zum Begriff gewordenen Wort verbinden sich in der Vorstellung der Nachwelt idyllische Häuslichkeit, verträumte, verinnerlichte, ganz dem Schönen hingegebene, der Kunst und dem Künstlerischen verhaftete Bürgerlichkeit. Der Bürger zog sich, so lautet eine noch immer gängige Meinung, nach dem Ende der Napoleonischen Ära, von der Politik angewidert und von ihr ausgeschlossen, in seine kultiviert ausgestatteten vier Wände zurück, las schöngeistige Literatur, veranstaltete Hausmusikabende, inszenierte prickelnde Gesellschaftsspiele und scherte sich im übrigen den Teufel um Gott und die Welt.

Diese Gartenlauben-Vorstellung von der »guten alten Biedermeierzeit« ist von unperspektivischer Einseitigkeit. Das Biedermeier war nicht nur bürgerlich-gemütlich. Es hatte auch seine dunklen und durchaus häßlichen Seiten. Breite Bevölkerungsschichten lebten von der Hand in den Mund. Armut, Elend, Not, Krankheiten und Seuchen waren die Wegbegleiter ihrer trost- und hoffnungslosen Existenz.

Das Biedermeier war, wirtschaftlich gesehen, aber auch die Zeit des Eisenbahnbaues, der Dampflokomotive, des Dampfschiffes und des beginnenden industriellen Kapitalismus mit allen seinen unerfreulichen sozialen Nebenerscheinungen und Auswirkungen. Diese Entwicklung flößte so manchem Zeitgenossen Unbehagen ein. »Mitten durch den grünen Hain, ungestümer Hast, frißt die Eisenbahn herein, Dir ein schlimmer Gast«, schrieb der Dichter Nikolaus Lenau.

Die Politik des Vormärz spielte sich im Spannungsfeld zwischen den Kräften der Beharrung, des Festhaltens an überkommenen staatlichen Normen, und den Kräften des Fortschritts, des Glaubens an die Notwen-

Nach den Napoleonischen Kriegen stellte der Wiener Kongreß die alte politische Ordnung wieder her

digkeit der dauernden Veränderung, Erneuerung und Verbesserung politischer und sozialer Zustände, ab.
Im Kampf der beiden Lebens- und Gestaltungsprinzipien, die seit den Uranfängen menschlich-politischen Handelns miteinander im Widerstreit liegen, trug der Konservativismus über den Liberalismus den Sieg davon. Der Wiener Kongreß stellte die vorrevolutionäre politische und soziale Ordnung wieder her. Die vom Thron vertriebenen Monarchen wurden wieder in ihre Rechte eingesetzt, die Vorrechte der Aristokratie wieder-

hergestellt. Das Volk blieb von der Teilnahme an der Regierung ausgeschlossen. Jede freiheitliche und nationale Regung wurde durch militärische Interventionen, Polizei- und Zensurmaßnahmen im Keim erstickt. Aber auf die Dauer läßt sich das Rad der Geschichte nicht zurückdrehen. Das mußte letztlich auch Staatskanzler Fürst Klemens Lothar Metternich zur Kenntnis nehmen, dessen staatsmännisches Credo sich in diesem politischen System manifestierte.

Dem aus dem Rheinland stammenden »Kutscher Europas« stand ein Landsmann beratend zur Seite, dessen Name heute weitgehend vergessen ist: Friedrich von Gentz.

Der Bonvivant aus Preußen war eine der Zentralfiguren des Wiener Kongresses

FRIEDRICH VON GENTZ

Der Hofrat aus Preußen

Metternich und Gentz lernten einander im Juli 1802 in Dresden kennen. Friedrich von Gentz, der sich entschlossen hatte, nach Wien zu gehen, machte auf der Reise dorthin in der kulturträchtigen Hauptstadt des Königreiches Sachsen, in der Metternich als österreichischer Gesandter tätig war, Station. Die beiden Männer scheinen auf den ersten Blick aneinander Gefallen gefunden zu haben.

Das Jahr 1802 markierte im abwechslungs- und schuldenreichen Leben des Herrn von Gentz einen Wendepunkt, einen Neubeginn. Er hatte sich von seiner Frau getrennt, sich entschlossen, den preußischen Staatsdienst zu quittieren, und war über Empfehlung des Grafen Johann Philipp Stadion, der damals der österreichischen Botschaft in Berlin vorstand, drauf und dran, in kaiserliche Dienste zu treten. Der bedächtige, »gute alte« Kaiser Franz war nicht sonderlich von ihm angetan. Aber er gab dem Drängen der zahlreichen Fürsprecher nach und bestellte den preußischen Schriftsteller und Publizisten zum kaiserlichen Rat mit einer Jahresgage von viertausend Gulden. Der Kaiser wußte nur allzu gut, daß er in dieser schweren Zeit – die Monarchie stand im Kampf gegen das Napoleonische Frankreich – jemanden brauchte, der in Wort und Schrift auf die öffentliche Meinung Einfluß nehmen konnte. Und Gentz war genau dieser Mann. Er besaß eine glänzende Feder, er war ein Stilist von hohen Gnaden, ein Meister der Formulierungskunst.

Der preußische Außenminister, Graf Christian August Haugwitz, nahm den Verlust seines Mitarbeiters gelassen. »Nun sind wir mit Österreich quitt«, witzelte er. »Wir haben ihnen Schlesien genommen, wir geben ihnen Gentz dafür.«

Gentz, den seine Position zuerst zu nichts verpflichtete als zur gelegentlichen Schriftstellerei für den Habsburgerstaat, nahm sich viel vor. »Meine Stunde hat geschlagen«, formulierte er scheinbar ernüchtert, »die Laufbahn meiner langen, langen Jugend ist geschlossen. Ich tue Verzicht auf die Fülle des Lebensgenusses und widme mich der ernste-

ren Tätigkeit meines zum Glück noch immer nicht alternden Kopfes. Ich werde fortan ein kälteres, unschmackhafteres, aber, ich hoffe es stark, ein gleichförmigeres, harmonischeres Leben führen.«
Es war ein guter Vorsatz, nicht mehr. Die Tinte, mit der er ihm Ausdruck verliehen hatte, war noch nicht trocken, als er die kaiserliche Hauptstadt wieder verließ. Mit einem Wechsel Metternichs auf einhundert Gulden wieder einmal für kurze Zeit seiner ärgsten finanziellen Schwierigkeiten enthoben, reiste er auf Einladung und in Begleitung des englischen Gesandten Hugh Elliott nach Großbritannien, dem Land, dem er zeitlebens größte Achtung entgegenbrachte. Er wurde aller Ehren teilhaftig, die ein Privatmann wie er sich nur wünschen konnte. Die Presse flocht ihm Lorbeerkränze, er verkehrte in den höchsten Gesellschaftskreisen, das Königspaar lud ihn in den Buckingham Palace ein. Im Februar 1803 war er wieder in Wien. Dringende Aufgaben gab es für ihn keine.
Es ist Zeit, ein paar biographische Notizen nachzutragen.
Der am 2. Mai 1764 in Breslau geborene Gentz war der Sohn eines preußischen Münzdirektors. Er besuchte nach der Übersiedlung der Eltern das Gymnasium in Berlin und bezog nach dem Abitur die Universität Königsberg, wo er Schüler Immanuel Kants wurde.
Gentz hat die philosophischen Bücher und Grundsätze seines berühmten Lehrers gründlich studiert und auch goutiert, ohne sie jedoch en bloc gutzuheißen. Er war und blieb allerdings zeitlebens ein Kind des 18. Jahrhunderts. Seine geistige Heimat war die Aufklärung, die Richtschnur aller seiner Überlegungen die Vernunft. Es verwundert daher nicht weiter, daß der Fünfundzwanzigjährige, wie übrigens viele andere Deutsche auch, den Ausbruch der Französischen Revolution begeistert begrüßte.
Mittlerweile hatte er als Sekretär im Ministerium des Inneren eine Beamtenlaufbahn begonnen, doch behagte ihm das beamtete Schreibtischdasein ganz und gar nicht. Er litt schlichtweg darunter. Um sich über seine Position, die er für einen Mann mit seinen Fähigkeiten für unangemessen hielt, hinwegzuträumen, stürzte er sich in Vergnügungen, machte Spielschulden, trank zuviel Whisky, knüpfte Bekanntschaften mit »Actricen« und schloß Freundschaften. Mit einem seiner Freunde, dem um drei Jahre jüngeren Wilhelm von Humboldt, diskutierte er nächtelang über die schönen Künste, die zeitgenössische Literatur und über Politik. Humboldt verurteilte, Gentz verteidigte die

revolutionären Vorgänge in Frankreich. Aber das sollte sich bald ändern. Im Frühjahr 1791 fiel dem jungen Schriftsteller ein Buch in die Hände, das seinem Leben eine neue, eine völlig andere Richtung gab, Edmund Burkes »Reflections on the Revolution in France«.

Gentz begann das Werk des konservativen englischen Philosophen mit großen geistigen Vorbehalten zu lesen. Er fand es faszinierend geschrieben, hielt einige der darin geäußerten Thesen für überlegenswert, aber den Kern der Aussage für falsch. Ein paar Monate später jedoch, nach mehrmaligem gründlichem Studium, war er von der Richtigkeit der Burkeschen Überlegungen zutiefst überzeugt. Aus dem Sympathisanten war ein erbitterter Gegner der Revolution geworden. Gentz übersetzte die »Reflections« meisterhaft ins Deutsche und machte damit und mit eigenständigen Abhandlungen als politischer Schriftsteller und Denker nachdrücklich auf sich aufmerksam.

1795 schloß Preußen einen Separatfrieden mit Frankreich. Gentz begrüßte diesen Schritt. Mehr noch, er schrieb ein Pamphlet über die beste Regierungsform, das er in Form eines offenen Briefes König Friedrich Wilhelm III. zur Kenntnis brachte. Er forderte darin, ungewöhnlich genug, den Regenten dazu auf, Pressefreiheit zu gewähren, da nichts auf Erden untauglicher sei, Fesseln zu tragen, als der Geist.

Der Vorschlag paßte ganz und gar nicht in das Bild eines konservativen, besser gesagt, eines konservativ gewordenen Denkers. Gentz erntete dafür auch alsogleich Schelte von allen möglichen Persönlichkeiten, unter anderen von Johann Wolfgang von Goethe. Später hat Gentz sein Gesicht in die Hände vergraben, wenn die Rede darauf kam. Jugendlicher Leichtsinn habe ihm die Feder geführt, verantwortete er sich. Seiner Karriere geschadet hat der Vorfall aber keineswegs.

1799 gründete Gentz eine Monatszeitschrift, das »Historische Journal«, dessen Inhalt er ganz allein bestritt. Hatte er sich bislang vorwiegend mit innenpolitischen Fragen beschäftigt, so galt von nun an sein ganzes Interesse der Außenpolitik. Er verfaßte Denkschriften und vertrat in seiner Zeitschrift die Interessen Großbritanniens im Kampf gegen die revolutionäre französische Propaganda. Daß der englische Premierminister William Pitt, der die Artikel mit Bewunderung las, ihm dafür Geldbeträge zukommen ließ, störte ihn keineswegs. Geld konnte der zur Verschwendung neigende Bonvivant zeitlebens nie genug haben. Er gab es für die verschiedensten Extravaganzen mit beiden Händen aus.

Gentz war ein Genußmensch, ein Epikuräer, der viel auf exquisites Essen und Trinken hielt und auch den Freuden der Liebe sehr zugetan war. Seine Liebschaften waren Legion, und er suchte sie nicht immer nur in den höchsten gesellschaftlichen Kreisen. Er verschmähte es durchaus nicht, mit der einen oder anderen Haushälterin ins Bett zu gehen.

Seine Fähigkeiten und Begabungen, seine persönlichen und charakterlichen Eigenschaften sind nicht leicht auf eine Formel zu bringen. Er hatte einen klaren, analytischen Verstand, ohne schöpferisch begabt zu sein. Er war geistreich, er besaß die Fähigkeit, seine Gedanken in formvollendeten Worten auszudrücken und zu Papier zu bringen. Diesem Talent zur Darstellung verdankte er seinen Erfolg. Er handelte nicht, er formulierte; er führte durch, was andere ihm vorgaben, und regte doch auch zu Überlegungen und Maßnahmen an.

Gentz war eitel, empfindlich, überängstlich. Militärs in Uniform flößten ihm Grauen ein, Blitz und Donner ließen ihn erbeben, Beerdigungen mied er wie der Teufel das Weihwasser, der Gedanke an den Tod machte ihn halb wahnsinnig. In einem Brief an eine Freundin bezeichnete er sich als ein empfangendes, kein produzierendes Wesen, »das erste aller Weiber«, und auch Metternich meinte einmal scherzhaft, Gentz hätte seiner zarten Nerven wegen eigentlich eine Frau werden sollen. Andererseits hatte der preußische Staatsmann und Denker, der trotz seiner Leichtlebigkeit ein tüchtiger und fleißiger Arbeiter war, den Mut, ein völlig unkonventionelles, die öffentliche Meinung provozierendes Leben zu führen.

Friedrich von Gentz pflegte Umgang mit den Geistesgrößen seiner Zeit. Die Brüder Humboldt standen ihm nahe, Friedrich Schlegel war ihm ein guter Freund, mit Schiller fühlte er sich geistig verbunden, Heine schätzte er als Dichter, Kleist flößte ihm Achtung ein. Nicht allzu gut verstand er sich mit Goethe. »Von Goethe muß ich aber behaupten«, schrieb er 1801 an seine jüdische Freundin Rahel Lewin, »daß zwei Menschen in ihm stecken. Eine Art von Mephistopheles, und das nicht einmal ein pikanter – dann das allermächtige Dichtergenie. Sonst war er mir als Mensch zuwider... Aus dem persönlichen Umgang mit ihm kommt in aller Ewigkeit nichts heraus ...«

Mit dem Werk Goethes war Gentz, der viel las und sich sehr für klassische wie für moderne Literatur interessierte, gut vertraut. Er war ein

Schöngeist, gebildet, charmant, witzig und unterhaltsam, ein geborener Salonlöwe, dem seine gewinnende Urbanität Zutritt zu den Palais und Schlössern der höchsten Gesellschaftskreise verschaffte.

In den Jahren zwischen 1802 und 1809 fand sich für Gentz in Österreich keine Möglichkeit für eine öffentliche Betätigung. Mit Ludwig Graf Cobenzl, der die österreichische Außenpolitik in den Geleisen der Verhandlungsdiplomatie leitete, vertrug er sich nicht. Besser gesagt, er kam gar nicht an ihn heran. Trotzdem wurde er nicht müde, in Denkschriften seine Ansichten darzulegen. Gentz beschwor den Grafen Cobenzl, Bonaparte, der sich 1804 in Nôtre Dame zu Paris zum Kaiser gekrönt hatte, die Anerkennung seines Kaisertitels zu verweigern. Er sprach sich gegen das Österreichische Erbkaisertum aus, das Franz II. im gleichen Jahr begründet hatte, und er ermunterte Preußen und Rußland zu einer Allianz mit dem Habsburgerreich. Sein Talent zur politischen Argumentation und seine schriftstellerisch-stilistische Überredungskunst stellte er ganz in den Dienst des Kampfes gegen Napoleon. Der Ton seiner kassandrahaften Prophezeiungen wurde allerdings nicht selten als unangenehm empfunden, oder – schlimmer noch – er blieb überhaupt ungehört.
Friedrich von Gentz konnte die Siegeszüge der französischen Armeen durch halb Europa unter der Führung ihres Idols, des kleinwüchsigen Kaisers aus Korsika, jedoch nicht verhindern. Worte sind machtlos gegen Waffen. Und so mußte Gentz, wie so viele andere Zeitgenossen, die gegen Napoleon agitierten, das Schicksal des Flüchtlings auf sich nehmen. 1805, als die Franzosen Wien das erstemal besetzten, floh er über Nikolsburg und Brünn nach Olmütz, später über Troppau nach Dresden. Teplitz und Prag waren ebenfalls Stationen seiner Emigration in diesen Jahren, eines Daseins übrigens, das man sich nicht allzu schlimm vorstellen darf. Unbehaust war Gentz natürlich nicht. Er erhielt von vielen Seiten finanzielle Unterstützung, verkehrte in der Gesellschaft fürstlicher Persönlichkeiten, frönte seinen Leidenschaften und war selbstverständlich nicht untätig. Er schleuderte weiterhin seine Geistesblitze gegen den herrsch- und eroberungssüchtigen Emporkömmling auf dem französischen Thron. Die Wirkung war allerdings gering.
Mitte Februar des Jahres 1809 forderte der österreichische Minister-

präsident Graf Stadion Gentz auf, unverzüglich nach Wien zurückzukommen. Der wortgewaltige Publizist kam dem Ersuchen sogleich nach. Ein neuerlicher Waffengang mit Frankreich stand bevor, und Gentz entwarf das Kriegsmanifest. Aber auch diesmal hatte Napoleon das Glück an seiner Seite, und Graf Stadion nahm seinen Abschied. Zu seinem Nachfolger ernannte der Kaiser Klemens Wenzel Lothar Fürst Metternich. Gentz mußte abermals vor den Franzosen fliehen und hielt sich in den nächsten Wochen und Monaten in Prag und in Ungarn auf, ein früh ergrauter, enttäuschter Mann, der mit sich und dem Schicksal haderte. Waren alle seine Ratschläge und Warnungen, alle Protestschreiben und Denkschriften, alle Gespräche, die er in den vergangenen Jahren geführt hatte, um den französischen Usurpator zu Fall zu bringen, vergeblich gewesen? Es hatte ganz den Anschein. Die Situation schien hoffnungslos zu sein.

Der Gang der stürmischen Ereignisse, die sich in Europa zwischen 1809 und 1813 abgespielt haben, soll hier nicht nachvollzogen werden. Klemens Metternich hatte lange Zeit auf eine Politik der Anpassung, des Ab- und Zuwartens, des Zeitgewinns gesetzt. Er wollte Napoleon mit den Mitteln der Diplomatie besiegen – und mußte scheitern. Einer Natur wie Bonaparte imponiert nur Gewalt, und letztlich mußten wieder die Waffen entscheiden. Aber zur Überwindung Napoleons durch eine aus Großbritannien, Rußland, Preußen und Österreich bestehende Koalition hat die Staatskunst Metternichs doch einen entscheidenden Beitrag geleistet.

Gentz kehrte 1810 nach Wien zurück. Er schrieb etliche Aufsätze über den Zustand der österreichischen Finanzen und widmete sich im übrigen mehr seinem Liebesleben und sonstigen privaten Angelegenheiten als dem Befinden des Staates. Da er mit Metternich in wesentlichen Fragen verschiedener Meinung war, wurde er von ihm nicht ins Vertrauen gezogen. Er bezog nun schon jahrelang eine Jahrespension vom Kaiser, ohne von der österreichischen Regierung ernsthaft zu einer öffentlichen Tätigkeit herangezogen zu werden.

Eine Änderung brachte erst das Jahr 1812. Klemens Metternich lieh ihm nun in zunehmendem Maße sein Ohr, lud ihn fast täglich zu einem Gespräch ein, unterrichtete ihn über die politischen Ereignisse. Und Ende Dezember verschaffte er ihm eine reiche Einnahmequelle: die diplomatische Berichterstattung an den neuen Fürsten der Walachei.

Natürlich durfte Gentz nur das berichten, was im Interesse Österreichs lag, außerdem stand er von nun an ganz im Dienste Metternichs. Das entscheidende Stadium seines Lebens war angebrochen.
Napoleon hatte im Juni dieses Jahres seinen Rußlandfeldzug begonnen und war gescheitert. Metternich und sein Berater verfolgten gespannt die Entwicklung der Dinge. Sie hatten für die Zeit nach dem endgültigen Sturz des Kaisers der Franzosen, der die Landkarte Europas so gründlich in Unordnung gebracht hatte, bereits die Leitlinien für die Wiederherstellung der politischen Ordnung entworfen. Aber noch war Napoleon nicht endgültig bezwungen. Am 10. August 1813 schloß sich Österreich der Kriegsallianz gegen Frankreich an, eine Woche später wurde das von Gentz verfaßte Kriegsmanifest Seiner Majestät des Kaisers von Österreich publiziert. Es war ein diplomatisches Meisterstück, das großen Eindruck machte. Der Kaiser ernannte daraufhin den preußischen Publizisten zum Hofrat und ließ ihm ein Geschenk von zweitausend Gulden überreichen.
Napoleons Stern war im Sinken. Im Oktober 1813 wurde er bei Leibzig geschlagen, am 31. März 1814 zogen die Alliierten in Paris ein, am 12. April dankte der Korse ab. Ein kurzes militärisches Zwischenspiel, nachdem er der Verbannung aus Elba entkommen war, endete mit seiner endgültigen Niederlage bei Waterloo.
Eine Allianz der europäischen Großmächte hatte den Kaiser der Franzosen, diesen verhaßten monarchischen Außenseiter, zur Strecke gebracht. Nun galt es, auf einem großen Kongreß, der nach Wien einberufen wurde, eine neue Friedensordnung zu schaffen.
Die glanzvolle Eröffnung dieses Kongresses fand Ende Oktober 1814 statt. Kaiser Franz fungierte als Gastgeber, Klemens Metternich führte den Vorsitz bei den Verhandlungen, zum Sekretär und obersten Protokollführer wurde Friedrich von Gentz bestellt. Obwohl der inzwischen fünfzig Jahre alt gewordene Hofrat aus Preußen nicht im Rampenlicht der Öffentlichkeit stand, war er doch eine der Zentralfiguren der Konferenz. Er bestimmte die Tagesordnung, bereitete die Gesprächsthemen vor, konzipierte Reden, entwarf Deklarationen und agierte als Vermittler zwischen den widerstreitenden Interessen.
In der Wohnung des Hofrats gaben sich die Mitglieder der einzelnen Delegationen die Türklinke in die Hand. Der Zufall wollte es, daß die Persönlichkeiten, die dem Kongreß das Gepräge gaben, alte Freunde

oder zumindest Bekannte des zum Drahtzieher avancierten Gentz waren. Wilhelm von Humboldt, der die Politik Preußens bestimmte, kannte er aus seinen Jugendtagen, dem russischen Außenminister, Graf Karl Robert Nesselrode, war er in Berlin begegnet, die Bekanntschaft des britischen Außenministers, Robert Stewart Viscount Castlereagh, hatte er in London gemacht. Mit dem Berater des Zaren, dem Reichsfreiherrn Karl vom und zum Stein, war er in Prag zusammengetroffen, und selbst der Herr aller Reußen, Alexander I., suchte seine Nähe. In der Tat liefen in der Kongreßzeit alle offenen und geheimdiplomatischen Fäden bei Gentz zusammen.

Metternich konnte seinen weltbürgerlichen, übernational gesinnten Berater nun nicht mehr entbehren. Er vertraute ihm seine intimsten Wünsche und Sorgen an, weihte ihn in seine geheimsten politischen Pläne ein. Gentz war am Zenit seines Lebens angelangt. Er wurde mit Ehren und Orden überhäuft, Ströme von Geld flossen in seine Tasche. Sie mündeten nicht in einem Sparstrumpf, er lenkte sie freigiebig weiter. Kostspielige Maskenbälle und Dinnerpartys, Geschenke für das Hauspersonal, wertvolle Geschmeide für Damenbekanntschaften sorgten für eine Dauerebbe in seinen Finanzen. Der spätere preußische Außenminister Graf Bernstorff brachte die Finanzkalamitäten des Diplomaten später einmal auf den Punkt, als er schrieb: »Herr von Gentz ist ein sehr vornehmer, vielfach verwöhnter und bedürfnisreicher Bettler.«

Das Treiben auf dem Kongreß, die Ränke und Intrigen, das Feilschen um Landgewinn, das Gezänk des Diplomaten verfolgte Gentz mit Bitterkeit. »Wenn man das Treiben des Kongresses beobachtet«, schrieb er, »so wundert man sich nicht länger darüber, daß ein Mann von Eisen wie Bonaparte ganz Europa unterwerfen konnte, und man würde für die Zukunft zittern, wenn nicht die Mittelmäßigkeit der einen der Mittelmäßigkeit der anderen die Waage hielte.«

Er fand die meisten Akteure töricht und albern und mußte sich doch – in der Vorstellung der Nachwelt – mit der Rolle des kraftlosen, frivolen Handlangers der verschiedenen Großmachtinteressen zufriedengeben. Dieses Bild stimmt freilich nicht. Gentz war einer der beständigsten Arbeiter des Kongresses. Er vermittelte Gespräche zwischen den Delegationen, versöhnte gegensätzliche Standpunkte, klärte manches, verhinderte dieses und jenes und goß das Erreichte in eine thematisch und sprachlich gültige Form.

Gentz war ein Gegner Rußlands. Vor allem aber bekämpfte er die deutsche Nationalbewegung und die Machtansprüche Preußens. »Preußen brachte zum Kongreß bloß den einen unbändigen Wunsch mit, seine Besitzungen auf Kosten von jedermann ohne irgendeine Rücksicht auf Recht und Schicklichkeit auszudehnen«, faßte er seinen Standpunkt zusammen. Der Preuße Friedrich von Gentz hatte Angst vor einem allzu mächtigen Preußen als Führungsmacht eines deutschen Nationalstaates, den er in Europa für ebenso gefährlich hielt wie die Herrschaftsansprüche Napoleons. Er trat für eine rücksichtsvolle Behandlung des besiegten Frankreich ein. Was die graue Eminenz Metternichs darüber hinaus hinter den Kulissen im Detail gewirkt und bewirkt hat, läßt sich nicht feststellen und daher auch nicht beurteilen. Friedrich von Gentz hat nicht alle politischen Meinungen und staatsmännischen Überlegungen Metternichs geteilt. Er hat die zukunftsträchtige Kraft des Nationalismus, des Liberalismus und die Macht des öffentlichen Wortes klarer erkannt als der Mann, der zwischen 1815 und 1848 den Fortschritt auf allen Gebieten bekämpfte und einer ganzen Ära reaktionäre Zügel anlegte. Dennoch stellte er sich auf die Seite Metternichs, sprach sich für Stabilität, die Wiederherstellung des konservativen europäischen Staatssystems und das Recht auf militärische Intervention gegen jegliche Bedrohung des Friedens und des politischen Gleichgewichts durch revolutionäre Bewegungen aus. Die Redaktion der Ergebnisse des Kongresses, die in der Wiener Schlußakte festgehalten wurden, ist vorwiegend sein Werk. Zusammen mit Wilhelm von Humboldt vollbrachte er in einigen durchwachten Nächten die Riesenarbeit.

Nach dem Ende des Kongresses und dem Abschluß des Zweiten Pariser Friedensvertrages, an dem er mitgewirkt hatte, war Gentz mit Finanzfragen beschäftigt. Er erwarb sich Verdienste um die Gründung der Oesterreichischen Nationalbank (1816), aber die Politik ließ ihn nicht los. Die Völker, deren berechtigte Ansprüche man beiseite geschoben und völlig mißachtet hatte, meldeten sich bald wieder zu Wort, wollten nicht mehr länger von absoluten Monarchen regiert werden. In Deutschland gärte es vor allem an den Universitäten, die national gesinnten Studenten probten den Aufstand.
Metternich und sein getreuer Adlatus reagierten mit Repression. Gentz, ein Todfeind der deutschen Burschenschaften, entwarf die Maßnahmen,

die dann als »Karlsbader Beschlüsse« in die deutsche Geschichte eingegangen sind. Die Universitäten wurden unter strenge staatliche Aufsicht gestellt, die Burschenschaften verboten, die Presse einer scharfen Zensur unterworfen. Der »Sekretär Europas«, der sich zwei Jahrzehnte zuvor zum Anwalt einer freien Presse gemacht hatte, mußte es sich nun gefallen lassen, des Verrates an seinen jugendlichen Idealen beschuldigt zu werden.

Auf die revolutionären Erhebungen im Königreich Neapel und in Spanien antwortete Metternich und das von ihm repräsentierte System mit militärischen Interventionen. Auf Kongressen in Troppau, Laibach und Verona waren sie beschlossen worden. Gentz war als Protokollführer natürlich mit dabei. Doch die vielen Reisen, die damit notwendigerweise verbunden waren, machten ihm längst keinen Spaß mehr. »Es ist ein vornehmes Hundeleben, das man unter diesen beständigen ambulierenden Kongressen führt«, klagte er. Er war die Diplomatie der Landstraße, wie er sie nannte, gründlich satt, auch wenn er auf diesen Konferenzen noch immer das ungeteilte Vertrauen der Vertreter aller teilnehmenden Staaten genoß. Schließlich enthob ihn gewissermaßen die Geschichte selbst der verhaßten Reisestrapazen. Die Allianz der konservativen europäischen Mächte zerfiel. Im Jahre 1830 verlor der französische König Karl X. seinen Thron, polnische Patrioten erhoben sich gegen die Herrschaft des Zaren, in einigen deutschen Staaten erkämpften sich Bürger die Teilnahme an der Staatsgewalt. Der Traum Metternichs von einer konservativen, antiliberalen, gegen jeglichen Fortschritt gerichteten Weltordnung war gescheitert. Friedrich von Gentz blieb der Vertraute und engste Berater des 1821 zum österreichischen Staatskanzler ernannten Hocharistokraten aus dem Rheinland. Fast täglich konferierte er mit ihm, besprach mit ihm die wichtigsten innen- und außenpolitischen Ereignisse, verfaßte Staatsschriften, Depeschen und Memoranden und nahm Anteil an seinem Privatleben. Der Intimus des Staatskanzlers war nicht nur Gast Metternichs bei dessen dritter Hochzeit mit Gräfin Melanie Zichy, Gentz war auch des öfteren auf Schloß Königswart in Böhmen geladen, wo die beiden Bonvivants bestimmt nicht nur über Politik geredet haben mögen.

Neben seiner offiziellen Tätigkeit blieb Gentz noch genug Zeit für private Interessen und Vergnügungen. In seiner Villa im Vorort Weinhaus, der heute längst ein Teil des 18. Gemeindebezirkes ist, empfing Gentz

Besucherinnen und Besucher, gab Diners, korrespondierte mit Goethe, schrieb Briefe an alte Bekannte und altgewordene Freundinnen und las bis in die späte Nacht Zeitungen und Bücher. Die Lektüre von Grillparzers »König Ottokars Glück und Ende« bereitete ihm Unbehagen, über Goethes »Iphigenie« vergoß er Tränen. Immanuel Kant, Edmund Burke und der Historiker Edward Gibbon genossen noch immer sein Wohlwollen, den Werken Lord Byrons, Walter Scotts und Victor Hugos wurde seine Aufmerksamkeit ebenso zuteil wie den Schriften der jungen deutschen Dichter, unter denen er Heinrich Heine, Ludwig Börne und Dietrich Grabbe besonders schätzte. In Zeiten stiller Muße widmete sich der Schöngeist gelegentlich auch den alten lateinischen Klassikern. Vergil, Tacitus, Seneca und Sallust waren in diesem Genre seine Lieblingsautoren. Und natürlich gehörte auch das Theater ganz essentiell zu seinem musisch-intellektuellen Freizeitprogramm. Gentz war häufig Gast im Burgtheater und im Theater am Kärntnertor, er besuchte die Oper und hörte Konzerte.

In den ersten Jahren nach dem Kongreß, als er körperlich noch rüstig war, trieb es den Naturliebhaber zuweilen hinaus in die Bergwelt. Er absolvierte dann stundenlange Märsche und fand sogar an Klettertouren Gefallen. Später, als ihn die Gicht plagte und ihn Brustkrämpfe quälten, ließ er sich auf einem Stuhl zu den schönsten Aussichtspunkten tragen, wo er sein Fernglas auf Weiden, Wälder und Berge richtete. Sein Gesundheitszustand und seine Stimmungen waren mit zunehmendem Alter großen Schwankungen unterworfen. An manchen Tagen überfiel ihn Schwermut, dann empfand er Ekel an Menschen und Dingen, mied er jede Gesellschaft. Dann wieder, vor allem nach Kuraufenthalten in Karlsbad, Teplitz, Gastein oder Ischl, fühlte er sich frisch und zukunftsfroh.

Im Alter von 65 Jahren erlebte der Grandseigneur eine erstaunliche körperliche und seelische Renaissance. Freunde bestätigten ihm, daß er um Jahre verjüngt aussah. Der Jungbrunnen, aus dem so viel neue Lebenskraft sproß, scheint eine Liebesbeziehung gewesen zu sein. »Ich habe die letzten Wochen in einer Art Rausch zugebracht«, bekannte Gentz treuherzig. »Das was ich früher meine Saturnalien nannte, verdient nun erst recht diesen Namen. Die Liebe zu Nandine [Gräfin Nandine Karolyi, Anm. d. Verf.] mit der ich täglich aß, ist zu einer wirklichen Leidenschaft angewachsen. Ich fühle mich dabei so leicht, so heiter, so erfrischt, lebe

so leichtsinnig in der Gegenwart, genieße so ganz die schönen Tage, die mich umgaukeln, als gebe es keine trübe Zukunft mehr für mich.«
Er sollte noch schönere Tage erleben. Am 25. November 1829 richtete er, wie er in seinem Tagebuch berichtet, im Theater am Kärntnertor bei der Darbietung des »äußerst anziehenden« Balletts »Die Fee und der Ritter« sein Opernglas auf eine 19jährige Tänzerin – und war auf der Stelle entflammt. Sie hieß Fanny Elßler und war die Tochter eines Musikers. Zehn Tage später sah er sie in dem Ballett »Der Berggeist« wieder. Seine Bewunderung für die schlanke, grazile Künstlerin wuchs. Er ließ ihr über den Pächter des Theaters, den Grafen Wenzel Robert Gallenberg, Kamelien zustellen, machte ihr anläßlich des Jahreswechsels ein Geschenk und schließlich ihre erste Bekanntschaft. Beinahe täglich besuchte er nun das Theater, um die Angebetete zu sehen. Er verwöhnte seine Traumgeliebte mit weiteren Präsenten, die ihn tiefer und tiefer in Schulden verstrickten, traf sie bei gesellschaftlichen Veranstaltungen wieder und übersandte ihr Sonette, die ein junger Freund, Major Anton Prokesch-Osten, für ihn verfaßte. Schließlich lud er die Balletteuse in seine Villa in Weinhaus ein, zeigte ihr seine Orden, die Anerkennungsschreiben, die er von den verschiedensten Monarchen Europas erhalten hatte, las ihr aus seinen Schriften und den Büchern seiner geliebten Dichter vor und – gewann ihr Herz. Ein halbes Jahr, nachdem er sie zum erstenmal gesehen und sich für sie begeistert hatte, wurde sie seine Geliebte. Friedrich von Gentz schwelgte im Liebesglück. An seine alte Freundin Rahel schrieb er: »Ich muß Ihnen gestehen, alle Leidenschaften, die jemals in meiner Brust gekocht haben – und seit zwanzig Jahren glaubte ich mich für immer frei davon – sind im Vergleich zu der, die dieses Mädchen in mir entzündet hat, nur Kinderspiele gewesen… Ich hatte weder Jugend noch Schönheit, noch Reichtum, noch irgend etwas, was ein junges Mädchen, und noch obendrein eine Theaterperson gewinnen konnte, zu bieten. Die aufgeklärteren unter den gewöhnlichen Menschen meinen und sagen, ich hätte sie bloß durch meine Beredsamkeit erobert. Das wäre immer schon merkwürdig genug, aber es ist bei weitem noch nicht das Rechte. Ich habe sie einzig und allein durch die Zauberkraft meiner Liebe gewonnen. Als sie mich kennenlernte, wußte sie nicht, ahnte sie nicht, daß es eine solche Liebe gäbe, und hundertmal hat sie mir gestanden, daß ich ihr durch die Art, wie ich vom ersten Augenblick an mit ihr umging,

eine neue Welt eröffnet hätte. Hier allein liegt der ganze Schlüssel der Erscheinung.«

Das klingt ein wenig nach Selbstdarstellung und Koketterie, aber es charakterisiert ihn. Gentz lehrte Fanny Französisch, versuchte, ihre Bildung zu vervollkommnen, und schrieb ihr Briefe, die voll sind von schönen, gedrechselten Wendungen, etwa der Art: »Ich lebe nur in Dir und Sterben hat forthin keinen anderen Sinn mehr für mich als – eine Welt zu verlassen, in der Du atmest …« Im Tagebuch hielt er seine Ekstasen fest: »Dieser Abend, der um halb zwölf endete, kann nur mit rosafarbenen Zügen bezeichnet werden. Das Glück, welches mir heute zuteil ward, werde ich nie vergessen.«

Die schöne Balletteuse bewunderte den gebildeten Kavalier, den distinguierten Grandseigneur, der aus einer anderen gesellschaftlichen Welt kam und ihr so nobel und großmütig den Hof machte. Wenn sie von Gentz getrennt war und sie ihm mit unbeholfener Hand eine Nachricht zukommen ließ, dann tat sie es mit der natürlichen Herzlichkeit und tiefen Gefühlswärme, die ganz ihrem Naturell entsprachen. »Bon jour, cher Gentz«, sprach sie ihn einmal französisch an, »tu es bien étonner que je t'ecries en Français n'est-ce pas tu voir comme je suive tes conseils …«, wie um zu beweisen, welch gelehrige Schülerin sie war, und schloß dann auf deutsch: »Adieu lieber Gentz, ich küsse dich deutsch und bleibe deine deutsche Fanny.«

Wenn ihr etwas nicht paßte, sagte sie es offen heraus. »Ich kann es dir doch nicht verhellen«, wurde sie eines Tages barsch, »daß mich das von dir verdrießt daß du in jedem deiner Briefe mir immer sagst daß mich deine Briefe ermiden werden, oder gar daß ich sie entziffern muß, glaubst du ich kann deine Briefe nicht lesen?«

Die Wiener zerrissen sich über das ungewöhnliche Liebesverhältnis natürlich die Mäuler. Es gab lange Zeit kein kurzweiligeres Stadtgespräch. Von Skandal war die Rede, der Kaiser zeigte sich indigniert. Doch Gentz kümmerte es wenig. Er genoß sein spätes Lebensglück und wollte die aparte Tänzerin sogar heiraten. Aus Gründen, die wir nicht kennen, nahm er von diesem Vorhaben dann doch Abstand. Das Verhältnis zu seiner geliebten Fanny blieb innig und glücklich.

Die beiden letzten Lebensjahre des lebenslustigen Hofrates aus Preußen waren von schweren politischen Erschütterungen überschattet. Die europäische Friedensordnung, an der er mitgewirkt hatte, war in

Der Salon der Fanny Elßler reflektierte den Geschmack ihres Freundes und Förderers, Friedrich von Gentz

Auflösung begriffen. Gentz erkannte, daß die Zukunft nicht der Aristokratie, sondern dem Bürgertum gehörte, und zog daraus geistig seine Konsequenzen. Er war bereit zum Kompromiß, zur Versöhnung der Tradition mit dem Fortschritt, zum harmonischen Ausgleich zwischen den Kräften der Beharrung und der Erneuerung. Mit Metternich, der starr und unbeweglich an dem von ihm geschaffenen politischen Ordnungssystem festhielt, kam es immer häufiger und zu immer schwereren Differenzen. Er traf ihn nur noch, um mit ihm zu streiten. Metternichs Einseitigkeit, seine blinde Intoleranz und sein ungeheurer Eigendünkel brachten ihn zur Verzweiflung, lösten in ihm Depressionen aus.

Am 9. Juni 1832 schloß Friedrich von Gentz nach Wochen und Monaten der körperlichen Unpäßlichkeit für immer seine Augen. Fanny Elßler trauerte um ihn, Metternich sprach von einem unersetzlichen Verlust. Die Geschichtsschreibung hat ihm wenig Gerechtigkeit widerfahren lassen. Sie mißt historische Persönlichkeiten zumeist am sichtbaren Erfolg, an der bleibenden, rühmlichen oder verwerflichen Tat, nicht am geistvollen Wort und am diskreten Einfluß.

Erzherzogin Sophie: die Mutter Franz Josephs als »süßes Wiener Mädl«

Im Zeitraum des Biedermeiers standen zwei Monarchen an der Spitze des habsburgischen Vielvölkerreiches: Franz I. (1792–1835), der 1804 den Titel eines Kaisers von Österreich angenommen hatte, und dessen ältester Sohn, Ferdinand (1835–1848). Beide waren alles andere als überragende Herrscherpersönlichkeiten.
Franz, in der Toskana geboren und ab dem 16. Lebensjahr am Wiener Kaiserhof erzogen, war der kaiserliche Herr Biedermeier in Person. Stockkonservativ in seinen politischen Anschauungen, anspruchslos in seinen Bedürfnissen, machte er die Hofburg zu einem Hort familiärer Häuslichkeit, sprach gerne Wiener Dialekt und delektierte sich allmorgendlich an den Geheimberichten, die er seinem Polizeichef abverlangte. Neue Ideen, Neuerungen überhaupt, waren ihm suspekt, Ruhe und Ordnung seine oberste Staatsmaxime. Franz war ein Bewahrer, ein Traditionalist, der dem wissenschaftlichen Fortschritt skeptisch gegenüberstand. Er brauche keine Gelehrten, sondern gute und rechtschaffene Bürger, sagte er einmal, und das war durchaus programmatisch gemeint. Schon die geringste Bewegung im schwerfälligen Staatsapparat hielt er für gefährlich.
»Bewahre und verändere nichts« war dann auch die Devise, die verpflichtende staatsmännische Richtlinie, die er vor seinem Tod seinem Nachfolger Ferdinand mit auf den Weg gab. Es war ein Ratschlag, den er sich hätte ersparen können. Ferdinand konnte beim besten Willen nichts verändern. Er war Epileptiker und regierungsunfähig. Das Habsburgerreich war zwischen 1835 und 1848 eine Monarchie ohne handlungsfähigen Monarchen. Die Regierungsgewalt lag in den Händen der sogenannten »Geheimen Staatskonferenz«, eines Triumvirates, das aus dem Fürsten Metternich, dem Grafen Franz Anton Kolowrat und Erzherzog Ludwig bestand und einander wechselseitig lähmte. Kaiser Ferdinand war kaum mehr als eine Marionette, das Kaiserhaus, wenn man von Erzherzog Karl und Erzherzog Johann absieht, die politisch kaltgestellt waren, eine Ansammlung unbedeutender Persönlichkeiten. Es gab in der weitverzweigten Familie nur ein Mitglied, das geistiges und charakterliches Format hatte. Und das war eine Frau: Erzherzogin Sophie.

ERZHERZOGIN SOPHIE

Politische Drahtzieherin im Hintergrund

Sophie war die Tochter Maximilian Josephs I., der 1806 von Napoleon den Titel eines König von Bayern erhalten hatte. Maximilian zeugte in zwei Ehen zwölf Kinder. Sophie stammte aus der zweiten und erblickte mit ihrer Zwillingsschwester Marie am 27. Januar 1805 in München das Licht der Welt. Sie wurde, was damals selbst in Königshäusern keine Selbstverständlichkeit war, sorgfältig und gewissenhaft erzogen. Ihre Ausbildung lag in den Händen des berühmten deutschen Altphilologen Friedrich Wilhelm Thiersch, der ihr in Zusammenarbeit mit den anderen Lehrern klassische Bildung vermittelte. Sie lernte Latein, wuchs mit den Werken Goethes und Schillers auf und hatte zeitlebens eine starke Affinität zum Theater. Als eifrige Besucherin des k.k. Hofburgtheaters nahm sie später in Wien regen Anteil am Spielplan, sammelte Theaterprogramme, Besprechungen über die verschiedenen Aufführungen und Gedenkartikel zu den Geburtstagen und Jubiläen der großen Schauspieler.

Sophie war gebildet und belesen, sie hatte einen scharfen Verstand, war willensstark und tief religiös. Und sie hatte noch eine Eigenschaft, die bei Königskindern verhältnismäßig selten in dieser Intensität anzutreffen ist: Sie hatte eine ungewöhnlich starke Bindung an ihre Eltern. Sie liebte ihre Mutter mit allen Fasern ihres Herzens und verehrte ihren Vater, wenn ihr auch dessen Pünktlichkeitsfanatismus dann und wann auf die Nerven ging. Aber welches Kind hätte nicht darunter gelitten?

Sophie von Bayern entwickelte sich auch körperlich bestens. Sie war als junges heiratsfähiges Mädchen zwar keine ausgesprochene Schönheit, aber sie hatte ein anziehendes, anmutiges Gesicht und eine gute Figur, sie wirkte frisch, gesund und natürlich. Mit ihren hübschen Ringellocken und ihren romantischen Neigungen paßte sie rein äußerlich eigentlich recht gut in die Zeit des Biedermeier.

Für die bayerische Königstochter einen passenden Ehegespons zu finden war unter diesen Umständen gewiß nicht einfach. Ebenbürtigkeit vom Geblüt her ist eine Sache, charakterliche und geistige Gleichrangigkeit eine andere. Für den königlichen Papa zählte freilich nur das erstere Auswahlkriterium. Als man für Sophie nach einem Gatten Ausschau hielt und beinahe gleichzeitig die habsburgische Kaiserfamilie für einen ihrer Söhne eine Braut aus einem katholischen Herrscherhaus suchte, war man zwischen Wien und München bald handelseins.

Das männliche Heiratsobjekt war Erzherzog Franz Karl, der zweite Sohn des Kaisers aus dessen zweiter Ehe. Franz Karl war alles andere als eine attraktive Erscheinung und so gar nicht dazu geschaffen, das Herz einer Frau bei seinem Anblick höher schlagen zu lassen. Er war klein, sein länglicher Kopf saß unproportional auf einem schmächtigen Körper. Königin Karoline von Bayern, die Mutter Sophies, fand ihn wenig einnehmend. »Was soll ich Ihnen von unserem Erzherzog sagen?« schrieb sie nach dem ersten Zusammentreffen mit ihm der Mama. »Er ist ein bon garçon, bestrebt Gutes zu tun. Er fragt jedermann um Rat, mais il est terrible… mich würde er zu Tode langweilen…« Sophie selbst war geradezu schockiert, als sie ihn im Mai 1824 in Tegernsee zum erstenmal zu Gesicht bekam. Diese Karikatur eines jungen, kraftstrotzenden Mannes, der, wie sich bald herausstellte, auch geistig völlig unbedeutend war, sollte sie heiraten?

Mutter und Tochter stimmten in ihrem abfälligen Urteil überein. Allein, und das fiel bei allen weiteren Überlegungen beträchtlich ins Gewicht, Franz Karl war der Sohn des österreichischen Kaisers mit guten Aussichten auf die Thronfolge. Ferdinand, der Erstgeborene, kam infolge seiner unglücklichen körperlichen und geistigen Verfassung für die Kaiserwürde wohl kaum in Frage. Das wußte jedermann in Wien, das pfiffen die Spatzen von den Dächern. Und das wußten natürlich auch der König und die Königin von Bayern. Franz Karl war, von diesem Aspekt her betrachtet, eine gute, eine geradezu glänzende Partie. Ihre anmutige, begehrenswerte Tochter könnte möglicherweise einmal Kaiserin von Österreich werden. Es fiel den beiden Majestäten daher gar nicht einmal so schwer, Sophie diesem Mann zur Frau zu geben. Und diese glanzvollen Aussichten erkannte wahrscheinlich auch die kluge und ehrgeizige Sophie selbst. Jedenfalls gab sie ihren anfänglichen Widerstand gegen das Eheprojekt bald auf und fügte sich in ihr Schicksal.

Am 4. November 1824 fand in der Wiener Augustinerkirche die Hochzeit des Paares statt. Der Rahmen war, wie stets bei einem solchen Ereignis im österreichischen Kaiserhaus, überaus würdevoll, für den Hausstand der beiden Brautleute war standesgemäß gesorgt. Franz Karl erhielt vom kaiserlichen Papa eine ansehnliche Apanage, die Aussteuer der Braut ließ keinen Wunsch offen. Das war der König von Bayern seiner Reputation selbstverständlich schuldig.

Sophie gefiel Wien, und sie gefiel den Wienern. Ihre jugendliche Frische und Unbekümmertheit imponierte ihnen. Sie war der Typ des »süßen Mädels«, für das man im Biedermeier in der Kaiserstadt an der Donau viel übrig hatte. Trotzdem fand sich die frischgebackene Erzherzogin in ihrer neuen Umgebung nur schwer zurecht. Sie hatte entsetzliches Heimweh und sehnte sich sehr nach ihren Eltern. Ihre Briefe nach München sind voll des Jammers über die Trennung.

Es dauerte einige Zeit, ehe sich die frisch-fröhliche Königstochter aus Bayern in der Wiener Hofburg eingewöhnte. Ab und zu gab es dort ja auch ein paar Feste, die sie bis zur Neige genoß. Sophie liebte die Geselligkeit, und sie hatte ein Faible für die Repräsentation. Auch mit ihrem Gemahl kam sie besser zurecht, als sie gedacht hatte. Er war zwar kein Genie, und von einem Helden hatte er schon gar nichts an sich. Aber die Ehe schien zu klappen. »Mein guter Franz ist viel reifer geworden«, schrieb sie der Mutter, »und liebt mich so innig ... selbst für die kleinen Prüfungen danke ich dem Himmel.«

Mit den kleinen Prüfungen meinte die lebenslustige Erzherzogin die Fehlgeburten, die sie in den beiden ersten Ehejahren erlitten hatte. Sie war darüber zwar sehr betroffen, aber doch noch viel zu jung und unbeschwert, um daraus eine Tragödie zu machen. Noch nahm sie das Leben von der heiteren Seite und genoß es, von den jungen Galans am Kaiserhof angehimmelt zu werden. Einer von ihnen war der schwedische Prinz Gustav Wasa, der fast täglich bei ihr und ihrem Gemahl verkehrte, ein anderer der Herzog von Reichstadt, der Sohn Napoleons aus der Ehe mit Marie Louise, der Tochter Kaiser Franz' I.

Sophie konnte sich der Liebe »Fränzchens«, wie Napoleons Sohn am Kaiserhof liebevoll genannt wurde, kaum erwehren. Er war zu einem bildhübschen, aber seelisch ungefestigten jungen Mann herangewachsen. Er packe sie oft ungestüm an und versuche, sie zu küssen, so daß sie ihn zurechtweisen müsse, berichtete Sophie nach München.

Trotz des Hofklatsches, der sich alsbald um die beiden jungen Menschen rankte, tanzte sie mit dem »kleinen Napoleon«, der auch ihr ständiger Theaterbegleiter war, durch den Fasching. Musik, Theater und Dichtkunst waren das geistige Band, die Grundlage ihrer freundschaftlichen Zuneigung.

Als sich im Juni 1827 abermals eine Fehlgeburt einstellte – bis 1830 sollen es insgesamt fünf gewesen sein –, begann die Situation Sophies am Wiener Kaiserhof unangenehm zu werden. Die Hofschranzen rümpften ihre hochnäsigen Nasen, die kaiserliche Familie war besorgt. Man erwartete von der Erzherzogin, wie von jeder anderen auch, männliche Nachkommenschaft. Doch die wollte sich nicht und nicht einstellen.

Nun wurden die Ärzte und die Kuranstalten bemüht. Sophie nahm wiederholt Sole-, Salzschwefel- und Salzschlammbäder in Ischl und absolvierte in den Jahren 1827 bis 1830 mehrere Kuren in dem nördlich von Wien gelegenen Schwefel- und Moorbad Pirawarth, wo sie sich schrecklich langweilte. Schließlich und endlich schienen die ärztlichen Anweisungen, denen sich die Erzherzogin zähneknirschend, aber bedingungslos unterwarf, Erfolge zu zeitigen. Zu Jahresende 1829 fühlte sich Sophie wieder einmal schwanger, im Februar des darauffolgenden Jahres glaubte sie, die ersten Kindesbewegungen in ihrem Körper zu verspüren. Und diesmal klappte es tatsächlich. Die Schwiegertochter des Kaisers trug zur Freude und Erleichterung des Hofes die Schwangerschaft aus.

Als der Geburtstermin näherrückte, wurde in der Person der Baronin Louise Sturmfeder eine tüchtige Aja gefunden, ein genauer Erziehungsplan ausgearbeitet, und alle sonstigen Vorbereitungen für das bevorstehende freudige Ereignis wurden getroffen. Und dann war es soweit. Am 18. August 1830 schenkte Sophie nach einer 43 Stunden dauernden schweren Zangengeburt einem Knaben das Leben. Sophies Mutter berichtete nach München: »Sophie ist soeben eines starken, schönen und gesunden Knaben genesen. Wir sind trunken vor Freude…«

101 Kanonenschüsse, die von den Basteien abgefeuert wurden, verkündeten den Wienern die Geburt eines potentiellen Thronerben. Am Freitag, dem 20. August 1830, fand in der Hofburgkapelle der feierliche Taufakt statt. Das Kind erhielt den Namen Franz Joseph.

Sophie war offenbar von allem Anfang an davon überzeugt, einen zukünftigen Kaiser zur Welt gebracht zu haben. Sie tat jedenfalls in Hinkunft alles, um diese Vision Realität werden zu lassen. Sie dachte jetzt nur noch dynastisch. Schon der Säugling wurde von den Hofdamen wie ein Herrscher von Gottes Gnaden umhegt und umsorgt. Die Erzherzogin kümmerte sich höchstpersönlich um das Gedeihen ihres geliebten Franzi.

Das Kind wurde nach der Geburt zweimal täglich von der Mutter gestillt, was für eine Persönlichkeit ihres Ranges noch ein paar Jahre zuvor undenkbar gewesen wäre. Ein Kind selbst zu stillen galt in Adelskreisen als unschicklich. Die neue Mutter-Kind-Beziehung, die im Biedermeier im Bürgertum Platz gegriffen hatte, hatte auch das Kaiserhaus erfaßt. Sophie war jedenfalls von diesem neuen bürgerlichen Muttergefühl geprägt. Sie behütete ihren Erstgeborenen wie ihren Augapfel, überwachte seine Ernährung, half dann und wann beim Wickeln und Anziehen und genoß ihr junges Mutterglück. Die Briefe an ihre Mutter reflektieren die zärtliche Anteilnahme, die sie an der Entwicklung ihres Sohnes nahm. »Er liegt so hübsch in seinem Bettchen«, schrieb sie ihr am 20. September 1830, und ein paar Tage später berichtete sie: »Das liebe Kind ist so leutselig, die grantigsten Menschen sind ihm willkommen ... Ich muß ihn täglich nach dem Essen dem Kaiser bringen ...« Die Erzherzogin beobachtete ihren kleinen Liebling sehr genau: »Er aß die Suppe mit riesigem Appetit ... er schaut ordentlich danach und bläst die Backen auf ... er sieht aber auch so glücklich aus, wenn er seine Suppe bekommt«, frohlockte sie ein andermal. Und in dieser Tonart geht es in einem Gemisch aus flüssigem Französisch und niveauvollem Deutsch weiter.

Auch der erste Zahn wurde von der Mutter gebührend registriert und genau vermerkt, wann der Kleine das Wort »Papa« zum erstenmal gelassen aussprach.

Die Erzherzogin war, man kann es nicht anders sagen, in ihren Erstgeborenen vernarrt, sie erträumte für ihn die Kaiserkrone. Ihre Vision fußte auf realpolitischen Überlegungen. Sie konnte sich ihren Gemahl beim besten Willen nicht als achtunggebietenden Herrscher über ein so großes Reich, wie es die Habsburgermonarchie nun einmal war, vorstellen, und ihren Schwager, den epileptischen Ferdinand, hielt sie für nicht heiratsfähig. Aber sie täuschte sich. Eines Tages überraschte sie der kaiserliche Schwiegervater mit der Mitteilung, daß er für Ferdinand eine Braut ausgesucht habe. Sophie fiel bei dieser Nachricht beinahe in Ohnmacht. Sie konsultierte die Ärzte, die den armen Ferdinand behandelten,

Der Herzog von Reichstadt, der Sohn Napoleons, mit dem kleine Franz Joseph und Lina von Salerno

und erfuhr Tröstliches. An Kindersegen, davon waren sie überzeugt, sei nicht zu denken. Der Erzherzogin fiel ein Stein vom Herzen. Unverzüglich gab sie die frohe Botschaft an die Frau Mama in München weiter. Sophie mußte sich vorerst mit Geduld wappnen. Wenn Ferdinand auch nicht zeugungsfähig war, die Herrschergewalt ging nach dem Tode des Kaisers, der am 2. März 1835 aus dem Leben schied, trotzdem auf ihn über. Das konnte sie nicht verhindern.

Die ehrgeizige Erzherzogin fügte sich in das Unvermeidliche und konzentrierte sich nun voll auf die Erziehung und Ausbildung ihres Sohnes. Sie bestimmte das Lernprogramm, wohnte den Unterrichtsstunden bei, vor allem in Religion und Geschichte, den beiden Fächern, denen sie besondere Bedeutung beimaß, und beobachtete den erzieherischen Fortschritt mit Argusaugen. Die Erzherzogin hatte klare pädagogische Zielvorstellungen. Sie orientierte sich offenbar am Erziehungsprogramm Maria Theresias, deren herbe Mütterlichkeit sie sich in manchen Dingen zum Vorbild nahm.

Sophie widmete sich in diesen Jahren vordringlich der Familie und ging ihren Vorlieben und Neigungen nach. 1835 schenkte sie nach drei Söhnen – Franz Joseph (1830), Maximilian (1832), Karl Ludwig (1833) – einer Tochter, Maria Anna, das Leben. Sie war Epileptikerin und wurde keine fünf Jahre alt. Als Maria Anna Anfang Februar 1840 starb, war die Erzherzogin bereits wieder guter Hoffnung. Das Kind, ein Knabe, kam Ende Oktober tot zur Welt. Nach diesem traurigen Ereignis erlebte sie nur noch einmal Mutterfreuden: Im Mai 1842 gebar sie, siebenunddreißigjährig, einen Sohn, der auf den Namen Ludwig Viktor getauft wurde. Das kaiserliche Nesthäkchen entwickelte sich, wie dies auch in anderen Familien nicht selten der Fall zu sein pflegt, zum Sorgenkind. Ludwig Viktor machte sich als Erwachsener vor allem durch öffentliche Skandale und Tratschgeschichten einen Namen.

Immer mehr und immer stärker begann sich die energische und intelligente Frau am Wiener Kaiserhof auch politisch zu profilieren. Offiziell nahm sie auf die Politik wohl keinen Einfluß, aber hinter den Kulissen zog sie als graue Eminenz die Fäden und mischte bei wichtigen Entscheidungen über ihren Onkel Ludwig, mit dem sie einen regen persönlichen und brieflichen Kontakt unterhielt, kräftig mit. Sophie wurde bald zu einem politischen Faktor, den Staatskanzler Metternich bei allen seinen Überlegungen und Entschlüssen in Rechnung stellen mußte.

Das politische Weltbild der Erzherzogin war mit dem Staatsabsolutismus des 18. Jahrhunderts vollkommen deckungsgleich. Von den Freiheitsbestrebungen der Aufklärung blieb sie geistig gänzlich unberührt. Das Gottesgnadentum des Herrschers war für sie das unverrückbare Fundament der monarchischen Regierungsgewalt. Der Monarch war für alle seine Handlungen niemandem außer Gott verantwortlich, das Volk als politischer Faktor existierte nicht. So umgänglich sie im persönlichen Verkehr sein konnte, im politischen und staatlichen Bereich gab es für sie nur Untertanen, die sich bedingungslos dem Machtanspruch des Herrschers zu fügen hatten. Dieses politische Credo hat sie durch ihren persönlichen und erzieherischen Einfluß auf Franz Joseph, ihren erstgeborenen Sohn, den späteren Kaiser, übertragen. Auf diese Weise hat sie das politische Geschick der Donaumonarchie entscheidend mitbestimmt und mitgeprägt.

Die Erzherzogin las viel, auch Bücher und Zeitungen, die dem Metternichschen Herrschaftssystem kritisch und ablehnend gegenüberstanden. Sie war stets gut informiert, verfolgte mit großer Aufmerksamkeit und Interesse die politische Entwicklung in Europa und war aus diesem Grund in allem, was Politik betraf, überaus sensibel und hellhörig. Sie spürte, wie die Kraft des gewieften alten Staatskanzlers aus dem Rheinland allmählich nachließ, sah, wie da und dort der »böse Geist« der Freiheit und des Liberalismus sein Haupt erhob. »Welch traurige Zeiten sind die unsrigen«, notierte sie am 10. Januar 1848 in ihrem Tagebuch. »Die leidenschaftliche Erhitzung der Geister breitet sich immer mehr aus und insbesondere in diesem armen, schönen Italien, das so glücklich sein könnte, wenn es vernünftig wäre ...«

Es war eine Anspielung auf die antihabsburgischen Ausschreitungen in Oberitalien, die sie außerordentlich beunruhigten.

Am 13. März 1848 wurde auch das kaiserliche Wien von der revolutionären Strömung erfaßt. Bürger, Studenten und Arbeiter erhoben sich gegen das verknöcherte System des Fürsten Klemens Wenzel Lothar Metternich, das ihnen Rechte vorenthielt und zuwenig Raum zur Entfaltung ließ. Die Hofburg sollte von den tumultuösen Vorgängen, die sich in den Straßen der Wiener Innenstadt und in den Vorstädten abspielten, nicht verschont bleiben.

Welche Rolle die Erzherzogin an diesem und an den folgenden Tagen

gespielt hat, ist quellenmäßig schwer belegbar. In ihrem Tagebuch, das sie jahrzehntelang bis zu ihrem Tod führte, gibt sie sich auffallend wortkarg. »Schreckliche, unheilvolle Tage«, notierte sie knapp, »die in meinem Herzen einen Schmerz zurückgelassen haben, eine herzzerreißende Erinnerung, die mich niemals verlassen wird und eine Schande für mein teures Wien ist ...« – »Am 15. wurde vom Kaiser eine Konstitution erlassen«, fügte sie hinzu, und »am Montag abend hat unser guter alter Metternich seine Demission gegeben.«
Aus zeitgenössischen Berichten geht hervor, daß sie in diesen dramatischen Tagen als eine der wenigen Persönlichkeiten in der Wiener Hofburg die Ruhe bewahrt hat, männliche Tatkraft bewiesen und kräftig Mithilfe zum Sturz Metternichs geleistet hat. Im Mai 1848, als Wien von der nächsten revolutionären Welle überrollt wurde, entschloß sich der Hof, die Hauptstadt zu verlassen. »Wir müssen fort«, notierte Sophie, »denn wir sind ja hier wie in einer Mausefalle gefangen. So haben Franz Karl und ich mit unseren Kindern unsere traurigen Zimmer verlassen, wo wir so liebe Dinge zurücklassen mußten, wo wir volle dreiundzwanzig Jahre ruhig und glücklich waren.«
Im August kehrte die kaiserliche Familie aus Innsbruck wieder nach Wien zurück. Am 7. Oktober, nach einem neuerlichen Aufflammen der Revolution, hieß es abermals die Koffer packen. Diesmal war das Fluchtziel das mährische Olmütz, wo der Kaiserhof in der Sommerresidenz des Fürsterzbischofs Quartier bezog.
Die resolute Erzherzogin war aber nicht die Persönlichkeit, sich von den revolutionären Zeitläufen unterkriegen zu lassen. Auch in der Stunde der ärgsten Bedrängnis hielt sie unbeirrbar an ihren konservativen Prinzipien fest. Als die Revolution nach der Einnahme Wiens durch die kaiserlichen Truppen Ende Oktober 1848 ihren Höhepunkt überschritten hatte, baute sie im Olmützer Exil schon eifrig an einer neuen Zukunft.

Die Nachfolge für Kaiser Ferdinand war spruchreif geworden. Österreich brauchte in dieser bewegten, aufgewühlten Zeit nicht nur eine starke Regierung, sondern auch einen jungen, unverbrauchten Kaiser.
Der starke Mann, dem der kaiserliche Hof die Energie und Willensstärke zutraute, die revolutionären Kräfte endgültig zu überwinden, war rasch gefunden. Er war 48 Jahre alt, schlank, hochgewachsen, früh er-

graut und hieß Fürst Felix Schwarzenberg. Schwarzenberg wurde am 1. November 1848 zum Ministerpräsidenten ernannt. Sogleich machte er sich gemeinsam mit Erzherzogin Sophie an die Aufgabe, den Thronwechsel in die Wege zu leiten, das österreichische Kaiserreich von der Spitze her zu regenerieren.

Schwarzenberg und Sophie begannen im Schloß des Fürsterzbischofs von Olmütz ihre Fäden zu spinnen. Die Erzherzogin redete mit dem alten Kaiser, mit ihrem Gemahl, ihrem Sohn. Ferdinand war für die Idee, auf den Thron zu verzichten, leicht zu gewinnen. Es bedurfte dazu keiner großen Überredungskünste. Mit Franz Karl hatten Schwarzenberg und Sophie kein so leichtes Spiel. Er konnte erst nach langen, mühsamen Gesprächen dazu gebracht werden, auf seine Thronrechte zugunsten seines ältesten Sohnes zu verzichten. Und dann kam der 2. Dezember 1848, der Tag der Thronbesteigung Franz Josephs, der Tag, den die ehrgeizige Erzherzogin jahrelang herbeigesehnt hatte. Es war ihr Tag, der schönste ihres Lebens, und Sophie kostete ihn in vollen Zügen aus. Aber ihre politische Rolle war mit der Thronbesteigung ihres geliebten Erstgeborenen noch nicht ausgespielt. Sie blieb in den nächsten Jahren die wichtigste Bezugsperson des jungen Kaisers, der seine Mutter liebte und verehrte, ihren Rat schätzte, auf ihre Meinung hörte. Mit einem Wort: Die Erzherzogin war die heimliche Kaiserin Österreichs.

Nach dem Thronwechsel beobachtete sie mit Bewunderung und Stolz die einzelnen Handlungen und Schritte ihres kaiserlichen Sohnes und wurde nicht müde, ihre Wahrnehmungen, Überlegungen und Gedanken ihrem alten Vertrauten, Erzherzog Ludwig, mitzuteilen. »Nach dem zweiten Dezember waren die Tage sehr anstrengend«, schrieb sie ihm. »Er mußte öfters bis Mitternacht am Schreibtisch sitzen. Gleich den vierten Tag hatte er eine Conferenz mit den Ministern, die v i e r Stunden dauerte – wohl sehr ungewohnt für einen 18jährigen Jüngling solchen gediegenen, ausgezeichneten Männern gegenüber.«

Zunehmend machte sie sich Sorgen um die Gesundheit ihres Sohnes. »Für unseren Kaiser habe ich in der letzten Zeit wieder die marterndste Angst ausgestanden«, gestand sie am 7. Januar 1850, »denn die Geschäfte häuften sich so, daß er mehrere Tage nacheinander schon nach 6 Uhr früh am Schreibtisch saß – o f t geschieht es, daß er ihn von 9 Uhr früh bis 4 Uhr nachmittags nicht verläßt – dann untertags auf Luft und Bewegung verzichten muß und täglich setzt er sich gleich nach

Tisch wieder an den Schreibtisch ... Oft sieht er sehr angegriffen und müde aus – zumal an den Audienztagen – wo leider sich so viele dazudrängen. Und das alles mit 19 Jahren!!! Wäre er 26 oder 30 Jahre alt so wollte ich mich noch zufriedengeben – aber in der Entwicklung, im Wachstum d i e s e Anstrengung!«

Warum sie so jammerte, ist schwer zu begreifen. Daß das Kaisertum riesige Pflichten mit sich brachte, daß es eine schwere Bürde war, muß sie doch gewußt haben. Sie selbst hatte doch im (intriganten) Spiel um die Macht den Ton angegeben, es genau so gewollt, wie es gekommen war. Franz Joseph und seine Ratgeber drehten die Zeiger des Habsburgerreiches auf der Weltenuhr langsam, aber unbeirrbar wieder zurück. Ab dem 1. Januar 1852 regierte der junge Monarch wieder absolut. »Wir haben das Konstitutionelle über Bord geworfen, und Österreich hat nur noch e i n e n Herrn«, teilte Franz Joseph der Mutter mit, die ob dieser Freudenbotschaft in ein Lob Gottes ausbrach.

Die Erzherzogin hätte mit dem Erreichten zufrieden sein können. Aber in ihrem staatspolitischen Konzept, in ihrem politischen Weltverständnis fehlte noch ein wesentlicher Baustein: die Verbindung von Staat und Kirche, der Abschluß eines Konkordates mit Rom. Die Mutter des Kaisers war eine fromme, ja bigotte Frau. Die Durchflutung aller Lebensbereiche mit christlichem Geist, die geistliche Vormachtstellung der katholischen Kirche im Staatskörper waren ihr ein ein Herzensbedürfnis. Die Vereinbarungen, die schließlich im August 1855 zustandekamen und der katholischen Kirche in Österreich eine privilegierte Stellung im öffentlichen Leben einräumten, trugen die geistige Handschrift der Erzherzogin, die mit dem Abschluß des Konkordates den Höhepunkt ihres politischen Einflusses am Wiener Kaiserhof erreicht hatte.

Im privaten Bereich, innerhalb der Familie, blieb sie weiterhin tonangebend. Sie kümmerte sich schlicht und einfach um alles. Sie suchte die Braut für den Kaiser aus – wobei Franz Joseph allerdings zum erstenmal seinen Willen durchsetzte und statt der vorgesehenen Nené Sisi von Bayern nahm –, sie übte auf die Erziehung des Thronfolgers bestimmenden Einfluß aus und focht mit der jungen, eigenwilligen Kaiserin Sisi so manchen harten Strauß aus. Mit zunehmenden Jahren wurde Sophies Einfluß dann allmählich schwächer und schwächer. Der Kaiser emanzipierte sich von ihr auf politischem, die Kaiserin auf erzieherischem Gebiet.

Nach der Niederlage bei Königgrätz gegen die Preußen im Jahre 1866, der Erschießung ihres zweitgeborenen Sohnes Maximilian im mexikanischen Queretaro und dem Ausgleich mit Ungarn im Jahre 1867 war die Erzherzogin eine gebrochene Frau. Schließlich mußte sie sogar noch mit ansehen, daß Franz Joseph das Konkordat mit Rom unter dem Zwang der Verhältnisse aufkündigte.

Am politischen Horizont tat sich eine Welt auf, die sie nicht mehr verstand, die nicht mehr die ihre war. »Der Höhepunkt des Ruhmes Österreichs ist überschritten«, notierte sie an ihrem Lebensabend resigniert in ihrem Tagebuch. Die prinzipientreue Erzherzogin sah ringsum nur noch politische Grundsatzlosigkeit, moralische Verderbtheit und abgrundtiefe Irreligiosität. Sie malte sich die Zukunft in düstersten Farben aus.

Im Mai 1872 erkrankte Sophie schwer. Als sich ihr Zustand verschlimmerte, versammelte sich die kaiserliche Familie in ihrem Sterbezimmer, Franz Joseph verbrachte jede Minute, die er erübrigen konnte, am Sterbebett seiner geliebten Mutter.

Erzherzogin Sophie verschied am Dienstag, dem 28. Mai 1872, um 3 Uhr 15 Minuten morgens in der Hofburg an einem Herzkrampf. Sie hinterließ einen 1862 verfaßten Abschiedsbrief, in welchem sie den Kaiser zum Festhalten an den von ihr zeitlebens verfochtenen Grundsätzen verpflichtete. Aber die Zeit – und Sophie hatte es noch erlebt – war über diese Prinzipien längst hinweggegangen.

Der Tod der Mutter des Kaisers wurde selbstverständlich allerorts ausführlich kommentiert. In der »Neuen Freien Presse« hieß es treffend: »Ihr Geist war hochgebildet, ihr Verstand scharf, ihr Urteil durchdringend. Sie war eine merkwürdige Frau von ungewöhnlicher Art, fest, beinahe starr in ihren Grundsätzen, eine Frau von seltener Begabung, eine vortreffliche Mutter.«

Mit Erzherzogin Sophie starb eine Frau, deren stockkonservative Grundsätze, Überzeugungen und Auffassungen dem habsburgischen Kaiserstaat nicht immer zum Vorteil gereicht haben. Vielleicht haben sie ihm mehr Schaden zugefügt als Nutzen gestiftet. Eines steht allerdings fest: Sophie war mit Sicherheit neben Maria Theresia die politisch begabteste und bedeutendste Frau in der langen Geschichte des österreichischen Kaiserhauses.

Der Kämpfer für Freiheit und Volksrechte, Anton Doblhoff-Dier, spielte 1848 eine wichtige Rolle

ANTON VON DOBLHOFF-DIER

Der liberal gesinnte Aristokrat

Im habsburgischen Kaiserreich gab es Kräfte, die das bestehende politische System erhalten und konservieren wollten. Sie saßen an den Hebeln der Macht. Und es gab Kräfte, die es behutsam verändern wollten, sich das Ziel steckten, die absolute in eine konstitutionelle Monarchie umzuwandeln und eine freiere, gerechtere Gesellschaftsordnung zu schaffen. Zur zweiten, nicht eben sehr zahlreichen Gruppe gehörte Anton von Doblhoff.

Doblhoff, dessen Name heute nur noch die Fachhistoriker kennen, war beileibe kein Revolutionär. Er war ein fortschrittlich gesinnter Mann, ein gemäßigt Liberaler. Aber das allein genügte in der Metternich-Ära schon, um als Regimegegner verdächtigt und von der Polizei bespitzelt zu werden. Der allgewaltige, gefürchtete Polizeiminister Joseph Graf Sedlnitzky warf ein scharfes Auge auf ihn.

Die liberale Gesinnung war Anton Doblhoff natürlich nicht in die Wiege gelegt worden. Unter seinen Vorfahren, die einem alten Tiroler Geschlecht angehörten, gab es eine Reihe von verdienstvollen höheren Verwaltungsbeamten, der Adel war in der Familie seit dem Ende des 17. Jahrhunderts erblich.

Der Vater, Joseph Gabriel Freiherr von Doblhoff-Dier, war ein streng konservativ gesinnter Staatsbeamter und treuer Diener des Monarchen. Als sein erster Sohn, Anton, am 10. November 1800 zur Welt kam, war er Landrat in Görz. Er unterzog sich dort in der Napoleonischen Kriegszeit der schwierigen Aufgabe, die Versorgung der russischen Truppen zu gewährleisten, die im Zweiten Koalitionskrieg (1799 bis 1802) als Verbündete des Kaisers durch die Täler zogen. Er tat es zur Zufriedenheit seiner vorgesetzten Behörde, und die Belohnung blieb nicht aus. Im Jahre 1803 wurde er als Gubernialrat nach Venedig versetzt. Die Familie bezog den Palazzo Ca d'oro am Canal grande. In der Lagunenstadt verbrachte der Knabe drei eindrucksvolle, unvergeßliche Kindheitsjahre, ehe die Familie 1806 nach Bruck an der Mur übersiedelte, wo der Vater das Amt des Kreishauptmannes übernahm. Zwei

Jahre später wurde der verdienstvolle Staatsbeamte zum Hofrat der vereinigten Hofkanzlei ernannt und domizilierte von da an in der kaiserlichen Haupt- und Residenzstadt Wien.
Anton und seine drei Geschwister wurden von der Mutter, einer dem habsburgischen Herrscherhaus unerschütterlich ergebenen Frau, und einem Hofmeister streng konservativ erzogen. Anton Doblhoff konnte sich von der konservativen Saat, die ihm in seiner Kindheit und Jugend in das Herz gepflanzt wurde, nie vollkommen freimachen. Das ist auch der Grund, warum die liberal gesinnten Kräfte im habsburgischen Kaiserstaat ihm gegenüber nie ganz frei von Argwohn waren.
Als er in das entsprechende Alter gekommen war, besuchte Anton Doblhoff das Wiener Schottengymnasium, wo unter anderen auch Moritz von Schwind, der sich später als Maler einen Namen machte, Eduard von Bauernfeld und der um fünf Jahre jüngere Anton von Schmerling, der nachmalige liberale kaiserliche Staatsminister, die Schulbank drückten. Es ist nicht anzunehmen, daß er bei den Schotten mit freiheitlich-liberalem Gedankengut infiziert wurde. Wohl aber wehte ihm an der juridischen Fakultät der Universität Wien, an der er nach Ablegung der Reifeprüfung studierte, und bei seinen rechtswissenschaftlichen Studien in Padua ein frischer, freier Geist um die Ohren, den der romantisch veranlagte Jüngling begierig in sich aufsog.
Eine andere Quelle freiheitlich-liberaler Geistigkeit, aus der der junge Doblhoff schöpfte, war sein Freundeskreis. Der Jusstudent vertiefte an der Universität die seit der Gymnasialzeit bestehende Bekanntschaft mit Eduard von Bauernfeld, mit dem er dann in enger Verbindung blieb. Der bürgerlich-liberale (heute würde man sagen »linksliberale«) Bauernfeld, der dem Metternich-Regime äußerst kritisch und ablehnend gegenüberstand und der sich selbst als »Vorschimpfer« bezeichnete, beeinflußte den Freund tief. Gemeinsam mit Bauernfeld gehörte er dem Künstlerkreis um Franz Schubert und Moritz von Schwind an, wo sich Doblhoff vor allem zu Franz von Schober hingezogen fühlte. Die Freundschaft mit ihm dauerte ein Leben lang. Im Haus der Familie Schober verbrachte Doblhoff während seiner Studentenzeit seine schönsten Abende.
Stärker noch als Bauernfeld dürfte der aus Tirol stammende Dichter und Freiheitskämpfer Johann Michael Senn den jungen Doblhoff beeinflußt haben. Senn, der in jungen Jahren nach Wien gekommen war,

hatte mit Franz Schubert das k.k. Konviktsgymnasium besucht und wegen seiner politischen Freisinnigkeit den Stiftsplatz verloren. Auch er gehörte wie der Sänger Michael Vogl, Joseph Spaun, Leopold Kupelwieser und andere Künstler zum Kreis um Schubert. Im Frühjahr 1820 wurde Senn nach dem Mord am Dichter August von Kotzebue verhaftet und unter dem Verdacht subversiver Tätigkeit gemeinsam mit Schubert, der sich zu diesem Zeitpunkt gerade in seiner Wohnung aufhielt, festgenommen. Aus Wien zurückgewiesen, wurde er auf dem Schubweg gewaltsam nach Tirol zurückgebracht, wo er unter ständiger Polizeiaufsicht zunächst als Schreiber in einer Anwaltskanzlei und später als Soldat sein Leben fristete. Doblhoff unternahm als Student in den Ferienmonaten zahlreiche Wanderungen, die ihn des öfteren nach Tirol, Vorarlberg und in das Trentino führten. Er traf dann zuweilen mit Senn zusammen und hielt mit ihm eine Korrespondenz aufrecht. Es war ein gewagtes Unterfangen, das für ihn spielend leicht hätte Konsequenzen zeitigen können. Aber es passierte nichts. Der Metternichsche Polizeistaat war doch nicht allgegenwärtig-totalitär.
Die Familie sah die Beziehungen Antons zu seinem liberalen Freundeskreis mit Besorgnis. Vor allem die Mutter bangte um die Zukunft ihres ältesten Sohnes. Würde er in den Staatsdienst aufgenommen werden, wenn er fortfuhr, diese Verbindungen zu pflegen? Fürst Metternich, dessen Nachbarn die Doblhoffs in ihrem Sommerhaus am Rennweg waren, hörte mit Mißvergnügen die »freiheitlichen« Studentenlieder, die Anton und seine Kumpane bei geselligen Zusammenkünften im nachbarlichen Garten sangen. Auf den jungen Doblhoff war der allmächtige Staatskanzler gar nicht gut zu sprechen. Man mußte auf ihn ein waches Auge haben.
Für die bekümmerte Mutter war es eine große Beruhigung, als Anton, zumindest vorübergehend, durch eine Herzensangelegenheit von seinen gefährlichen politischen Ideen abgelenkt wurde. Wahrscheinlich im Jahre 1823 verlobte er sich mit Jeanette Cuny de Pierron, einem Mädchen, das einer französischen Emigrantenfamilie entstammte. An eine Heirat war zunächst nicht zu denken, da Anton sein Studium noch nicht abgeschlossen und sich noch keine Lebensgrundlage geschaffen hatte. Die Ehe kam auch nicht zustande, die Braut verstarb jung. Erst 1849 vermählte sich Doblhoff mit Jeanettes ältester Schwester, Maria. Diese Verbindung blieb kinderlos.

Anton Doblhoff schloß 1825 seine Studien mit dem Doktor juris ab. Im März 1826 trat er in den Staatsdienst ein, dem er, wie sich bald herausstellte, nicht viel abgewinnen konnte. Er fand seine Tätigkeit als Konzeptspraktikant in der Hofkammerprokuratur eintönig und langweilig. Dazu kam, daß seine liberale Gesinnung, die den vorgesetzten Dienststellen natürlich bekannt war, eine rasche Karriere verhinderte. Immer wieder gab es Zerwürfnisse mit Kollegen und Vorgesetzten. Dennoch blieb der junge Jurist ein Jahrzehnt im ungeliebten Staatsdienst. Der Grund hiefür waren die unglücklichen Familien- und unerfreulichen Vermögensverhältnisse. Am 7. Mai 1831 war nach langem Leiden Antons Vater verstorben, knapp einen Monat später verschied plötzlich und unerwartet seine Braut. Der Tod der beiden geliebten Menschen stürzte den Einunddreißigjährigen in eine schwere seelische Krise, die er mit Hilfe der fürsorglichen Mutter allmählich überwand.
Finanziell war es mit den Doblhoffs in dieser Zeit schlecht bestellt. Die Mutter erwirkte für sich nach einigen Vorsprachen am Kaiserhof nur eine bescheidene Pension, die Herrschaft Weikersdorf bei Baden in Niederösterreich, seit langem im Familienbesitz, war schwer verschuldet. 1837 wurde Anton nach dem Tod eines kinderlosen Onkels als nächster Neffe Majoratsherr. Von nun an widmete er sich ganz dem familiären Erbe. Er erlernte in Theorie und Praxis die Tätigkeiten des Landwirtes, widmete sich mit Feuereifer Agrarfragen und sanierte allmählich durch sparsamste Verwaltung den herrschaftlichen Betrieb.
Durch seine Arbeit als Gutsherr kam der Adelige in engeren Kontakt mit der Landbevölkerung, lernte ihre Sorgen und Nöte kennen. Höchstwahrscheinlich reiften in diesen Jahren seine Reformideen, die darauf abzielten, das Los der Bauern zu erleichtern. Damals waren die Bauern noch den Grundherren zu jährlichen Abgaben des Ernte-Ertrages (Zehent) und zu persönlichen Dienstleistungen (Robot) verpflichtet.

Im Herbst 1838 brach der liberal gesinnte Majoratsherr zu seiner ersten großen Auslandsreise nach Frankreich und England auf. Er wollte seine Kenntnisse in der Landwirtschaft vertiefen und die beginnende Industrialisierung mit ihren Auswirkungen studieren. Möglicherweise verfolgte er auch eine politische Absicht. Für einen Gegner der absoluten Monarchie muß das Studium der politischen Verhältnisse in Westeuropa von großem Interesse gewesen sein.

Doblhoff, der über München, Stuttgart und Straßburg nach Paris reiste, hielt sich mehrere Monate in der französischen Hauptstadt auf. Er ging eifrig seinen Studien nach, nahm mit agrarischen und industriellen Vereinigungen Kontakt auf, interessierte sich für Fabriksanlagen und Ziegelbrennereien, verfolgte mit Anteilnahme die Debatten in den beiden Abgeordnetenkammern und besuchte Theater und Konzerte. Das bunte wirtschaftliche und politische Treiben in der Seinemetropole beeindruckte ihn tief.

»Inmitten des Trubels gehe ich meinen Studien nach«, schrieb er nach Weikersdorf, »die mir von Tag zu Tag höchstes Interesse abgewinnen und mir meinen Abschied von Paris … erschweren werden.«

Im Mai 1839 reiste er über Rouen und Le Havre nach London weiter. Auch vom Leben in der britischen Hauptstadt war er beeindruckt. Mit Alexander Bach, seinem liberalen Gesinnungsfreund, der nach 1848 zum konservativen Wendehals und danach zum Exponenten des Franzisko-Josephinischen Neoabsolutismus wurde, besuchte er noch einige andere Städte, bereiste Irland und kehrte im Juli, reich an Erfahrungen, Eindrücken und Erkenntnissen, in die Heimat zurück.

Sogleich begann er damit, das frisch erworbene Wissen auf seinen Gütern in die Tat umzusetzen. Er ließ durch Drainageanlagen Böden trockenlegen, probierte neues Saatgut aus, errichtete Ziegelöfen, eine Kunstmühle und eine Terrakottafabrik, in der Hausgeräte jedweder Art, wie Wasserkrüge, Blumentöpfe, Milchgefäße etc., erzeugt wurden. Die unternehmerische Tätigkeit des initiativen Gutsherrn war erfolgreich, seine finanzielle Situation verbesserte sich sprunghaft.

Doblhoff dachte jedoch nicht nur an sich. Er stand den benachbarten Landwirten mit Rat und Tat zur Seite, half, wo er konnte, schrieb Artikel in landwirtschaftlichen Fachzeitschriften, regte die Errichtung einer agrarischen Lehrkanzel an der Wiener Universität an und betätigte sich, vom Vertrauen seiner Standesgenossen und der Bauern getragen, an führender Stelle in der im Jahre 1811 gegründeten k.k. Landwirtschafts-Gesellschaft. Bei Kongressen im In- und Ausland vertrat er energisch und erfolgreich die Interessen der österreichischen Landwirtschaft und erwarb sich in Fachkreisen als Agrarexperte einen ausgezeichneten Ruf. Immer stärker drängte es ihn, Reformen und Veränderungen in die Wege zu leiten, um die seit ein paar Jahrzehnten bestehende politische und wirtschaftliche Stagnation in seinem Vaterland zu überwinden. Die

Gelegenheit dazu bot sich in verschiedenen Vereinen, in denen sich langsam eine öffentliche Meinung zu bilden begann. 1839 etablierte sich nach Zustimmung von allerhöchster Seite der »Niederösterreichische Gewerbeverein«, eine Interessenvertretung der großbürgerlichen Industrie, der eine umfassende Wirksamkeit entfaltete und sich zu einem Forum oppositioneller Meinungsbildung entwickelte. Anton Doblhoff zählte zu den eifrigsten Mitgliedern. Gemeinsam mit Alexander Bach und anderen liberal gesinnten Männern, vorwiegend Juristen, rief Doblhoff zwei Jahre später den »Juridisch-Politischen Leseverein« ins Leben. Die Mitglieder – Staatsbeamte, Universitätsprofessoren, Adelige, großbürgerliche Unternehmer – traten für eine friedliche Reform des Staates auf der Basis einer konstitutionellen Monarchie ein. Der Verein, dessen Aktivitäten streng überwacht wurden – Polizeiminister Graf Sedlnitzky bezeichnete ihn als einen »Herd der Revolution« –, war von allem Anfang an ein Sammelpunkt bürgerlich-intellektueller Opposition.

Ein weiteres Oppositionszentrum, in dem Doblhoff als Mitglied des Ritterstandes eine maßgebliche Rolle spielte, waren die Niederöster-

Das neuerbaute niederösterreichische Landhaus in der Herrengasse Nr. 13

reichischen Landstände, die 1839 in das neuerbaute Haus in der Wiener Herrengasse (Nr. 13) einzogen. Doblhoff, der 1842 eine geräumige Dienstwohnung im zweiten Stock des Landhauses bezog, entfaltete alsbald eine rege Tätigkeit. Er nahm an fast allen Beratungen teil, griff fachkundig in die Debatten ein und verfaßte gewichtige Petitionen. Insbesondere plädierte der fortschrittlich gesinnte Gutsherr für die Abschaffung des Zehents und der Robot. Er stieß mit diesem seinem ureigensten Anliegen jedoch auf den heftigen Widerstand der konservativen Mitglieder der Ständeversammlung. Andererseits wurden alle seine Versuche, der Versammlung ein größeres Gewicht zu verleihen, von seiten der zuständigen Hofstellen kühl abgewehrt.
Anton Doblhoff ließ nicht locker. Mit zäher Beharrlichkeit diagnostizierte er die Schwächen des vormärzlichen politischen Systems und machte Vorschläge für rasche, zielführende Reformen. Als er in seinen Zimmern im Landhaus Veranstaltungen organisierte, auf denen die Teilnehmer freimütig über die bestehenden Zustände sprachen und sie einer scharfen Kritik unterzogen, erregte er in zunehmendem Maße das Mißfallen der Behörden. Nun wurde er von der Polizei als staatsgefährdende Person bespitzelt. Doblhoff war jedoch kein umstürzlerisch gesinnter Revolutionär und schon gar kein österreichischer Robespierre. Sein Credo war die konstitutionelle Monarchie.

Am 13. März 1848, dem Tag des Ausbruchs der Revolution in Wien, gehörte er der Delegation der Niederösterreichischen Stände an, die sich in die nahe gelegene Hofburg begab, um dort der Staatskonferenz (dem kaiserlichen Regierungsorgan) ein Programm für die Reform des Staates zu überreichen und auf deren Erfüllung zu drängen. Man forderte auch den Rücktritt des in weiten Bevölkerungskreisen verhaßten Staatskanzlers Metternich. Doblhoff soll Metternich die Demission mit den Worten nahegelegt haben: »Eurer Durchlaucht Wirken hat Ihnen längst unsterblichen Ruhm gesichert. Das Opfer, welches Sie heute bringen sollen, wird Ihren Ruhm nur noch erhöhen.«
In den bewegten Tagen nach dem 13. März versuchte Doblhoff, mäßigend auf die Menschen einzuwirken und Gewalttaten zu verhindern, was ihm nicht immer gelang. Er blieb auch in den nächsten Wochen und Monaten im Sturm der aufgewühlten Leidenschaften stets bei seiner Politik des Ausgleichs und der Beschwichtigung. Anton Doblhoff

war eine der wenigen Persönlichkeiten seines Standes, die über die freiheitlich-ideologischen Ziele der Revolution hinaus die soziale Frage nicht aus den Augen verloren. Die Not der Arbeitermassen versuchte er durch ein Arbeitsbeschaffungsprogramm zu lindern.
Als Mann des Ausgleichs hatte er sich so sehr profiliert, daß er im Mai 1848 den Auftrag erhielt, das neugeschaffene Ministerium für Landeskultur, Handel und Gewerbe im Kabinett Pillersdorf zu übernehmen. Nur zögernd und mit Vorbehalt fand er sich dazu bereit. »Mit peinlichem Gefühle und nur den Vorwurf widerlegend, daß ich mich von anderen in der Bereitwilligkeit, dem Vaterland alles aufzuopfern, übertreffen lasse, habe ich angenommen«, schrieb er an seinen Freund Bauernfeld. »Bedaure mich, daß ich als einer der ersten politisch begraben werde, bedaure jeden, der verpflichtet ist, seine Rolle auf dieser schwankenden Bühne auszuspielen.«

Die nächsten fünf Monate – vom Mai bis Oktober 1848 – wurden die ereignisreichsten im Leben des Anton Doblhoff. Als Regierungsmitglied und später eine Zeitlang als Ministerpräsident stand er nun im Zentrum des politischen Geschehens. Nach den Maiunruhen und der Flucht des Hofes nach Innsbruck wurde er zunächst mit der Aufgabe betraut, den Kaiser zur Rückkehr in die Hauptstadt zu bewegen. Doblhoff entledigte sich der heiklen Mission mit Einfühlungsvermögen, Takt und großem diplomatischem Geschick. Trotzdem benötigte er einen ganzen Monat, den Hof dazu zu überreden, Erzherzog Johann nach Wien zu entsenden, um dort stellvertretend die Herrschaftspflichten des Monarchen wahrzunehmen. »Doblhoff hat eine unermüdliche Tätigkeit in Innsbruck an den Tag gelegt, um dem gänzlichen Stocken in den inländischen Geschäften zu begegnen«, lobte ihn der greise Staatsmann Johann Philipp Wessenberg.
Bald nach seiner Rückkehr in die sturmbewegte Kaiserstadt wurde der pflichttreue Baron mit der Bildung eines neuen Kabinetts beauftragt. Es trat am 19. Juli sein Amt an und war stärker demokratisch orientiert als die Regierungsmannschaft, die es ablöste. Dr. Alexander Bach übernahm das Justiz-, der Wiener Fabrikant Theodor Hornbostel das Handelsministerium. Doblhoff selbst leitete das Innenressort.
Das erste große Ereignis nach dem Amtsantritt des neuen Kabinetts war die Eröffnung des Reichstags in der Winterreitschule der Wiener

Hofburg. Die erste allgemeine Volksvertretung in der Geschichte des Habsburgerreiches bot zwar ein Bild der nationalen und politischen Zerrissenheit und erging sich in endlosen, unergiebigen Debatten, sie setzte sich aber mit der Aufhebung der bäuerlichen Untertänigkeitsverhältnisse ein bleibendes Denkmal.
Anton Doblhoff mußte als Innenminister der Volksvertretung beinahe täglich Rede und Antwort stehen. Er machte dabei beileibe keine glänzende Figur. Zwar war seine äußere Erscheinung untadelig, aber er war eher ein Mann der Feder als des geschliffenen Wortes. Seine mit leiser Stimme vorgetragenen Statements und Erklärungen waren auch inhaltlich nicht immer zureichend. Es fehlten ihm für sein neues Aufgabengebiet die nötigen Erfahrungen und die Kenntnisse in der Staatsverwaltung. Da er aber von den besten Absichten beseelt war, das politische Leben im habsburgischen Vielvölkerstaat neu gestalten zu helfen, wurden ihm diese Mängel verziehen.
Die Leitung des Innenministeriums in dieser unruhigen Zeit stellte an den Minister so hohe Anforderungen an Körper, Geist und Seele, daß ihnen Anton Doblhoffs Konstitution auf die Dauer nicht gewachsen war. Schon nach einigen Wochen seiner aufreibenden Tätigkeit machten sich bei ihm die Symptome einer Nervenerkrankung bemerkbar. Zunächst schenkte er ihnen jedoch wenig Beachtung.

In der kaiserlichen Hauptstadt brodelte es an allen Ecken und Enden. Im August 1848 kam es infolge von Lohnkürzungen zu einer Arbeiterdemonstration, die in der Jägerzeile, der heutigen Praterstraße, von der Nationalgarde blutig niedergeschossen wurde. 22 Tote und mehr als 300 Verwundete waren das traurige Ergebnis der »Praterschlacht«. Die für Anfang September angekündigte Leichenfeier für die Opfer wurde von Doblhoff mit Billigung der übrigen Regierungsmitglieder untersagt. Sie fand trotzdem statt und wurde zu einer machtvollen Demonstration gegen das Kabinett. Der Innenminister kam am 5. September um seine Demission ein – diese wurde ihm aber nicht gewährt. In der Folge geriet er immer stärker unter den Druck der Massen.
Mitte September drangen Demonstranten, die einem Kreditschwindler aufgesessen waren und um ihr Geld bangten, in das Innenministerium ein, demolierten einige Zimmer und bedrohten das Leben des Ministers. Doblhoff, der den Leuten zunächst mannhaft entgegengetreten

war, ließ sich schließlich zur Flucht überreden. Er traf am Abend dieses nervenzermürbenden Tages zum Erstaunen seiner Bediensteten, in einem Schlossergewand verkleidet, auf seinem Schloß in Weikersdorf ein. Seine Nervenerkrankung verschlechterte sich, er stand knapp vor dem physischen Zusammenbruch. Aber er führte sein Amt weiter.
Die Intrigen gegen ihn nahmen zu. Anfang Oktober häuften sich die Anzeichen für ein neuerliches Aufflammen der Revolution. Als der Sturm schließlich losbrach, konnte Doblhoff sein Leben abermals nur durch die Flucht auf sein Gut Weikersdorf retten. Jetzt hatte er endgültig genug. Obwohl ihn einige Mitglieder des Reichstages mit kaiserlicher Billigung ersuchten, neuerlich ein Ministerium zu bilden, zog er sich aus seinem Regierungsamt zurück.

Die politische Karriere Anton Doblhoffs war mit seinem Rücktritt als Minister jedoch noch nicht zu Ende. Der Baron war im Juli vom Wahlkreis II, Innere Stadt, in den Reichstag gewählt worden, der sich nach den Oktoberereignissen in das mährische Städtchen Kremsier vertagte. Trotz seiner Erkrankung nahm Doblhoff ab dem 22. November 1848 an den Sitzungen der Volksvertretung teil und erlebte die Genugtuung, mit 213 von 233 abgegebenen Stimmen zum ersten Vizepräsidenten der Versammlung gewählt zu werden. Es war die verdiente Anerkennung für seinen beharrlichen Kampf um die Grundrechte des Volkes. Er konnte jedoch an den Beratungen über die Verfassung nicht mit jener Betriebsamkeit und Arbeitslust teilnehmen, die man von ihm gewöhnt war. Sein angeschlagener Gesundheitszustand ließ es nicht zu.
Der Kremsierer Reichstag wurde bekanntlich vor der Abstimmung über den zukunftsweisenden Verfassungsentwurf, den er ausgearbeitet hatte, im März 1849 vom Militär auseinandergejagt. Anton Doblhoff befand sich zu diesem Zeitpunkt nicht mehr in Kremsier. Er hatte sich zu Beginn des Jahres aus dem politischen Leben zurückgezogen. Unter einem Decknamen reiste er nach Berlin, wohnte in Hamburg der Eröffnung der Eisenbahnlinie Hamburg–Kiel bei und blickte im übrigen voll banger Hoffnung in die Zukunft. Seine persönliche Situation schien nach der Niederlage der Revolution mehr als triste zu sein. Würde er je wieder in seine Heimat zurückkehren können? Er sah seine Lage – ohne Zweifel – zu pessimistisch. Anton Doblhoff war zwar konstitutionell gesinnt, aber er hatte keinen Augenblick lang die Monarchie in Frage gestellt. Nicht

alle Mitglieder des Kaiserhauses waren ihm gram. In seiner Person spiegelte sich jedenfalls die Zweispältigkeit der Revolution des Jahres 1848. Sie war im Grunde genommen zu loyal, zu halbherzig, um erfolgreich zu sein.

Es kam unerwarteterweise anders und besser, als Doblhoff es sich erwartet hatte. Der junge, 1848 an die Macht gekommene Kaiser Franz Joseph ernannte ihn im März 1849 zum Gesandten und bevollmächtigten Minister Österreichs am Hofe zu Den Haag.

Wie war es dazu gekommen? Es gibt zwei Erklärungen für diese kaiserliche Entscheidung. Zum einen: Man wollte den noch immer populären Politiker auf das diplomatische Geleise abschieben. Zum anderen: Doblhoff hatte sich als Innenminister als Mann der Ordnung erwiesen. Das Haus Österreich wollte ihm dafür danken. Vielleicht war es eine Kombination dieser beiden Überlegungen, die für diese Maßnahme den Ausschlag gegeben hat.

Das Amt des österreichischen Botschafters in den Niederlanden hatte Anton Doblhoff bis 1858 inne. Er fühlte sich in Den Haag wohl, die politische Ruhe in dem wohlhabenden, konstitutionell regierten Land tat ihm gut, sein Gesundheitszustand besserte sich zusehends. Neben seiner offiziellen Tätigkeit, Empfängen, Verhandlungen mit Regierungsstellen, Berichten an die kaiserlichen Behörden in Wien, studierte der passionierte Gutsbesitzer mit Eifer und Interesse die Bewässerungs- und Berieselungsanlagen des Landes, verfaßte eine längere Abhandlung über Drainage und unterhielt einen regen Briefwechsel mit Erzherzog Johann und seinen Freunden Wessenberg und Schober.

Die politische Entwicklung in der Heimat verfolgte er mit Sorge, das neoabsolutistische Regierungssystem Kaiser Franz Josephs lehnte er ab. Bei einigen Kurzbesuchen in Wien und auf Schloß Weikersdorf verspürte er ein Gefühl der Fremdheit, glaubte er auf Unverständnis und Ressentiments gegenüber seiner Person zu stoßen. »Die Zeit wird mir Gerechtigkeit widerfahren lassen«, schrieb er an Schober, »ich bin dessen gewiß – ob ich diesen Zeitpunkt erlebe, ist eine andere Frage, für meinen inneren Frieden übrigens gleichgültig.«

Nach dem Tod des Bruders, der den Gutsbesitz vorbildlich verwaltet hatte, gab Doblhoff den Botschafterposten in den Niederlanden auf und kehrte in die Heimat zurück. Der nunmehr Achtundfünfzigjährige wollte den Lebensabend auf seinem Schloß verbringen, ein stilles,

zurückgezogenes Landleben führen, das »Chaos seiner Erlebnisse« sichten. Bei diesem Vorhaben blieb es aber nicht.
Nach der militärischen Niederlage des Jahres 1859 gegen das mit Frankreich verbündete Königreich Piemont-Sardinien mußte Kaiser Franz Joseph seine anachronistische Alleinherrschaft aufgeben. Der Monarch mußte sich nun doch dazu bequemen, konstitutionell zu regieren.
Als sich das parlamentarische Leben in Österreich wieder zu regen begann, vergaß Anton Doblhoff, der alte Vorkämpfer des Konstitutionalismus, auf alle seine Vorsätze und widmete sich wieder mit vollstem Einsatz dem politischen Geschehen. Wie schon im Vormärz, setzte sich Doblhoff in zahlreichen Ausschüssen als Mitglied des Reichsrates und später des Herrenhauses, dessen Mitglieder vom Kaiser ernannt wurden, für liberale Anliegen und Forderungen ein: für die Gleichberechtigung aller Staatsbürger vor dem Gesetz, die Teilnahme des Volkes an der Regierung, für Presse- und Redefreiheit, Öffentlichkeit des Gerichtsverfahrens, Gleichstellung der Konfessionen, für Lehr- und Lernfreiheit, die verfassungsmäßige Verankerung der staatsbürgerlichen Grundrechte. Er sprach sich sogar, was damals nur kopfschüttelndes Unverständnis auslöste, für das Frauenwahlrecht aus.
Der Kampf der Liberalen um eine Verfassung war von Erfolg gekrönt. Am 21. Dezember 1867 setzte der Kaiser für die österreichische Reichshälfte eine Verfassung in Kraft, die einen neuen politischen Abschnitt in der Geschichte des Habsburgerreiches einleitete. Es muß einer der schönsten Tage im Leben des Anton Doblhoff gewesen sein, hatte er doch jahrzehntelang seine ganze Kraft diesem Ziel gewidmet. Zu Beginn des folgenden Jahres trat die erste parlamentarische Regierung Österreichs, das Kabinett des Fürsten Karl Auersperg, ihr Amt an. So prominente liberale Politiker wie Johann Nepomuk Berger, Ignaz Plener und Eduard Herbst gehörten ihm an.
Anton Doblhoff arbeitete unermüdlich weiter. Im niederösterreichischen Landtag und in der Landwirtschaftsgesellschaft setzte er sich mit Beharrlichkeit für die Belange des Bauernstandes ein, als Präsident der k.k. privilegierten Staatseisenbahngesellschaft plädierte er erfolgreich für die Verbesserung der im Vergleich zum westlichen Ausland rückständigen Verkehrsverhältnisse.
Schließlich blieb auch die Anerkennung für sein verdienstvolles Wirken

auf zahlreichen Gebieten des öffentlichen Lebens nicht aus. 1869 ernannte ihn der Kaiser zum Vizepräsidenten des Herrenhauses, die Landwirtschafts-Gesellschaft ernannte ihn zu ihrem Präsidenten, der König von Schweden zeichnete ihn mit dem Kommandeurkreuz des königlich-schwedischen Wasa-Ordens aus.

Seine Kräfte und seine angeschlagene Gesundheit reaktivierte er immer wieder mit Kuraufenthalten, an eine Beendigung seiner Tätigkeit schien er nicht zu denken.

Erst der Tod setzte seinem rastlosen Leben im Dienste der Mitmenschen und des Staates ein Ende. Anton Doblhoff starb am 16. April 1872. Dem Sarg mit seinem Leichnam, der auf dem Währinger Friedhof beigesetzt wurde, folgten neben seinen Angehörigen Fürst Auersperg mit seinem Kabinett, der Bürgermeister von Wien, Cajetan Felder, höchste Ministerialbeamte und Militärs, unzählige seiner Freunde und Mitarbeiter. Ein Mitglied des Kaiserhauses war nicht darunter.

UNTERNEHMER, ERFINDER UND FINANCIERS

In den drei Jahrzehnten zwischen 1815 und 1848 vollzog sich auch in der Habsburgermonarchie der Übergang von der manuellen zur maschinellen Fertigung einer Reihe von Waren. Die Manufaktur wurde zur Fabrik. Am frühesten wurde in der Textilindustrie der Übergang von der Handarbeit zur Maschine bewerkstelligt.

Zentren der Seidenweberei, der Baumwollspinnerei und der Schafwollwarenindustrie waren das Viertel unter dem Wienerwald und Vorarlberg. Renommierte Inhaber von Textilwarenfabriken waren in Wien Rudolf von Arthaber und in Vorarlberg Franz Martin Hämmerle und Franz Martin Rhomberg. Philipp Haas nahm in Wien die Fabrikation von Teppichwaren auf, Johann Nepomuk Reithoffer begründete die österreichische Kautschukindustrie, Michael Thonets Bugholzmöbel erlangten Weltruf, Anton Dreher besaß das größte Bierbrauunternehmen auf dem europäischen Kontinent. Alois Miesbach schuf sich mit seinen Ziegelbrennereien und Kohlenbergwerken ein gewaltiges Vermögen. Die Metallwarenindustrie nahm einen großen Aufschwung. So gründete z. B. Alexander Schoeller gemeinsam mit Hermann Krupp in Niederösterreich eine Metallwarenfabrik, in der Stahlindustrie fanden neue technische Errungenschaften – wie etwa das Puddelverfahren – Eingang.

Mit der Begründung des »k.k. Polytechnischen Institutes«, des Vorläufers der Technischen Universität, von Gesellschaften zur Entwicklung von Landwirtschaft und Industrie, mit neuen Patentgesetzen, technologischen Verbesserungen und dem Bau von Straßen, Eisenbahnlinien und Kanälen wurden die Weichen für die weitere wirtschaftliche Aufwärtsentwicklung gestellt.

Trotz des industriellen Wachstums und des technisch-wissenschaftlichen Fortschritts war die Wirtschaft der Donaumonarchie im Vergleich zu

Großbritannien und Frankreich, den beiden damals führenden Industriestaaten, relativ rückständig. Es fehlte an Kapital und dem Knowhow, wie man heute sagen würde.
Die Industrialisierung schuf riesige soziale Probleme. Handwerk und Kleingewerbe waren dem Konkurrenzdruck der Massenproduktion nicht gewachsen, die Arbeiter in den Fabriken wurden brutal ausgebeutet. Die tägliche Arbeitszeit betrug 14 bis 16 Stunden, es gab keine Kranken- und Altersversorgung, Frauen und Kinder waren gezwungen, zum Familienunterhalt beizutragen. Häuslichkeit und ein geordnetes Familienleben waren ein Privileg des Bürgertums. Mißernten, periodisch wiederkehrende Cholera- und Typhusepidemien verschlimmerten das Los der Unterschichten. Die Wohnungsnot in den Städten war groß. In Wien wuchs innerhalb des Linienwalls die Bevölkerung durch die hohe Kinderzahl und den Zuzug, vor allem aus dem böhmisch-mährischen Raum, von 260 000 im Jahre 1820 auf 431 000 im Jahre 1852. In den städtischen

Frauenarbeit im Biedermeier. Der einstige Apollo-Tanzsaal wurde in eine Kerzenfabrik umgewandelt

und ländlichen Elendsquartieren herrschten unbeschreibliche Zustände. Eine oder mehrere kinderreiche Familien wohnten zusammengepfercht auf engstem Raum.
Die Donaumonarchie war im Zeitraum zwischen 1815 und 1848 ein Agrarstaat. Mehr als 70 Prozent der Bevölkerung waren im landwirtschaftlichen Sektor tätig (1790: 75%, 1850: 72%). Die politisch, gesellschaftlich und wirtschaftlich führende Schicht war der Adel – im Rahmen der Gesamtbevölkerung eine verschwindende Minderheit.

Familienszene: Rudolf von Arthaber mit seinen drei Kindern

RUDOLF VON ARTHABER
Biedermeierlicher Unternehmer und Kunstmäzen

Friedrich von Amerling hat ihn 1837 gemalt, umgeben von seinen drei Kindern aus erster Ehe: Rudolf, Emilie und Gustav. Es ist eines jener typischen Biedermeier-Gemälde, die eine bürgerliche Familienidylle zum Thema haben. Es fehlt allerdings in diesem Bild der familiäre Beziehungsmittelpunkt, die Mutter. Johanna Georgine von Scheidlin, die Tochter eines Großhändlers, die Arthaber im Jahre 1828 geheiratet hatte, war ein paar Jahre zuvor gestorben. Die Trauer über den Verlust der Gattin steht Arthaber ins Gesicht geschrieben.
Rudolf von Arthaber war im Jahre 1837 bereits ein vermögender Mann. Er hatte 1833, im Todesjahr seiner geliebten Frau, ein Grundstück mit dem alten Tullner Hof im Vorort Döbling gekauft und sich an dessen Stelle, von einem weitläufigen Park umgeben, ein geräumiges Landhaus errichten lassen. Das Treppenhaus schmückte kein Geringerer als Moritz von Schwind mit Wandmalereien. Die Villa, Döblinger Hauptstraße Nr. 96, gelangte 1876 in den Besitz der Familie Wertheimstein und beherbergt heute das Döblinger Heimatmuseum.
Arthaber, ein eifriger Kunstsammler und großzügiger Kunstmäzen, richtete im ersten Stock seiner luxuriös ausgestatteten Villa eine Gemäldegalerie ein. Er hatte Werke des 18. Jahrhunderts, aber auch Bilder zeitgenössischer Künstler zusammengetragen. In seiner umfangreichen, wertvollen Sammlung befanden sich z. B. das Bild »Die Klostersuppe« des mit ihm befreundeten Malers Joseph Danhauser, aber auch Arbeiten von Ferdinand Waldmüller, Leopold Kupelwieser, Joseph Führich und vielen anderen Malern, die er durch den Ankauf ihrer Bilder finanziell unterstützte.
Das Mäzenatentum des reichen Industriellen beschränkte sich nicht nur auf den Ankauf von Gemälden. Arthaber vergab an junge, talentierte Künstler Stipendien, verschaffte ihnen Auslandsaufenthalte und ermöglichte ihnen eine Ausbildung bei berühmten Lehrern.
Nach seiner Erhebung in den erblichen Adelsstand, 1841, und seiner Verehelichung mit Luise Fick im selben Jahr führte Arthaber in seiner

Villa auf der Döblinger Höhe ein gastfreundliches, offenes Haus. An bestimmten Tagen war der Park öffentlich zugänglich, gegen Entrichtung eines Eintrittsgeldes öffnete er seine Gemäldegalerie und die Gewächshäuser dem Publikum. Die Summen, die dabei in seine Kassen flossen, dienten nicht zur persönlichen Bereicherung, sondern er verwendete sie für die weitere Versorgung und Unterstützung der Kinderbewahranstalt in Oberdöbling, die er, höchstwahrscheinlich von seiner Frau dazu bewogen, 1844 gegründet hatte.

Rudolf von Arthaber war nicht nur ein sozial engagierter Kunstmäzen. Er war auch eine tüchtige, weitblickende Unternehmerpersönlichkeit, ein Patriarch alter Schule, der nicht nur nobel, sondern auch schroff und herrisch sein konnte, wenn es die geschäftliche Situation erforderte.

Der am 4. September 1795 in Wien geborene Sohn eines Kaufmannes wuchs in der Kaiserstadt auf. Er erlebte die zweimalige Besetzung der Donaumetropole durch die Truppen Napoleons (1805, 1809), hatte aber das Glück der Geburt. Er war zu jung für die Teilnahme an den sogenannten Befreiungskriegen. Das bunte gesellschaftliche Treiben auf dem Wiener Kongreß 1814/15 sah er bereits mit den Augen des jungen Mannes aus gutbürgerlichem Haus, der sich über die Offiziere in ihren ordensgeschmückten Uniformen und die eleganten, modisch gekleideten Damen nicht genug wundern konnte.

Über seine Schulbildung und seine Berufsausbildung sind wir nicht unterrichtet. Es ist aber anzunehmen, daß er im väterlichen Geschäft »Zum weißen Stern« im Herzen Wiens beschäftigt war. 1819, ein Jahr nach dem Tod des Vaters, übernahm er jedenfalls dessen Kurrentwarenhandlung. Sogleich begann er damit, das Geschäft umzubauen, zweckmäßiger einzurichten und neuen, moderneren Standards anzupassen. Arthaber expandierte, wie man heute sagen würde. Er errichtete in Pest eine Zweigniederlassung und in der oberitalienischen Lombardei eine Vertretung. Der Erfolg ließ nicht auf sich warten und ermutigte ihn zu weiteren unternehmerischen Schritten. Im Jahre 1826 übersprang er die Schutzzollmauern der Donaumonarchie und gab Auftrag zum Bau eines Geschäftshauses für österreichische Manufakturwaren in Leipzig, das damals im europäischen Handelsleben eine zentrale Rolle spielte. Wiederum setzte er sich durch und erzielte gegen harte englische, französische und deutsche Konkurrenz einen beachtlichen Ge-

schäftserfolg. Er war der erste österreichische Unternehmer, der international bestehen konnte.
Die Gründe für diesen überraschenden Aufstieg einer österreichischen Firma sind im persönlichen und im Geschäftsbereich zu suchen. Arthaber war ein geschickter und zukunftsorientierter Kaufmann, der die Entwicklungen, Trends und Moden auf den europäischen Märkten mit klarem Blick erkannte und entschlossen handeln und zupacken konnte. Er hatte gegenüber seiner Konkurrenz aber auch den Vorteil, daß ihm im Wirtschaftsraum der Monarchie die Rohstoffe zur Verfügung standen, die er für die Erzeugung seiner Produkte benötigte: ungarische Schafwolle und italienische Seide.
Rudolf von Arthabers gängigster Ausfuhrartikel waren Schultertücher, »Shawls«, die in der Biedermeierzeit groß in Mode waren und sich bis in die sechziger Jahre des vorigen Jahrhunderts in allen Gesellschaftsschichten größter Beliebtheit erfreuten. Der kluge, tatkräftige Unternehmer exportierte sie auf dem Höhepunkt seiner Geschäftserfolge bis nach Rußland und Nordamerika.
Die Schalindustrie hatte erst zu Beginn des 19. Jahrhunderts in Europa Eingang gefunden. Die mit den verschiedensten Mustern erzeugten Halstücher wurden im habsburgischen Kaiserreich zunächst von klei-

Das väterliche Geschäft: Joseph Arthabers Warenhandlung

nen Webermeistern hergestellt. Sie arbeiteten natürlich nur für den heimischen Markt, der ausländischen Konkurrenz waren sie nicht gewachsen. Arthaber, der selbst in Wien über eine eigene Seidenweberei verfügte, lieferte diesen kleinen Handwerksbetrieben Garn auf Kredit und half ihnen finanziell bei der Verbesserung ihrer Webstühle. Ihre preislich und qualitätsmäßig konkurrenzfähig gewordenen Waren setzte er dann gemeinsam mit den eigenen Produkten im Export ab.
Um im internationalen Konkurrenzkampf bestehen zu können, muß ein Unternehmer innovativ sein. Auch das hat Rudolf von Arthaber bereits erkannt. Als sich in ihm die Meinung gefestigt hatte, daß die Dessins seiner »Shawls« nicht mehr zugkräftig genug waren, stellte er in seiner Fabrik »Dessinateure« und Hilfszeichner an, die neue Muster entwarfen und Webereischablonen herstellten. Mit dieser für die damalige Zeit ungewöhnlichen Neuerung setzte er zukunftsweisende unternehmerische Maßstäbe.
Es konnte nicht ausbleiben, daß dem unternehmungslustigen Schalfabrikanten die vormärzliche staatliche Wirtschaftspolitik bald zum Ärgernis wurde. Gemeinsam mit anderen tatkräftigen Unternehmern gründete er daher 1837 den Niederösterreichischen Gewerbeverein, dessen Statuten zwei Jahre später nach etlichen Abänderungen mit Allerhöchster Entschließung genehmigt wurden. Zweck des Vereines, dem Industrielle, Kaufleute und Gewerbetreibende, aber auch Mitglieder des Adels, der Armee und der Beamtenschaft angehörten, war es, Gewerbe, Handel und Industrie zu fördern und sich aus der wirtschaftlichen Bevormundung durch den Staat zu lösen. Der Verein, dessen wichtigste Persönlichkeiten sich an bürgerlich-liberalen Vorstellungen orientierten, erlangte rasch Ansehen und war der sichtbare Ausdruck für das gesteigerte Selbstbewußtsein einer neuen Unternehmerschicht.
Der Niederösterreichische Gewerbeverein entwickelte sich in den Jahren vor 1848 zu einem Sammel- und Treffpunkt der Opposition gegen das reaktionäre Regime des Fürsten Metternich. In seinem Schoße wurden zahlreiche Petitionen zur Verbesserung der wirtschaftlichen und politischen Situation im österreichischen Kaiserstaat ausgearbeitet, die seitens der Machthaber jedoch wenig Beachtung fanden. Arthaber, der nach einem Schlaganfall zu Beginn der vierziger Jahre die Leitung seines Unternehmens tüchtigen Mitarbeitern überließ und sich nur noch die wichtigsten Entscheidungen vorbehielt, widmete sich ab dieser Zeit

neben seiner Sammlertätigkeit in zunehmendem Maße wirtschaftlichen Zielen. Er trat gegenüber der Regierung als Sprecher der Unternehmerschaft auf und spielte auch in den Märztagen des Jahres 1848 eine Rolle. An der Spitze einer Delegation trat er für die Schaffung der Nationalgarde ein, einer aus Bürgern bestehenden militärischen Organisation. Ihr gelang es, in den Vorstädten, wo die Arbeiter Maschinen zerstörten und Fabriken verwüsteten, die Ruhe und Ordnung wiederherzustellen. Arthaber wird wohl auch um seinen Besitz gebangt haben. Die Bürger distanzierten sich jedenfalls schon in den ersten Revolutionstagen von den Forderungen und Ausschreitungen der Arbeiter. »Während das Wiener Volk in der inneren Stadt für sein politisches Recht sein Leben wagte und sein Blut zum Opfer brachte«, schrieb ein Zeitgenosse, »sammelte sich in den Vorstädten Mariahilf, Lerchenfeld, Gumpendorf und in den daran angrenzenden Vororten Fünf- und Sechshaus, Neulerchenfeld und Umgebung der Pöbel und ein Proletariat der gefährlichsten Art zusammen und zog plündernd und raubend, sengend und brennend durch die Straßen! Auch diese Horden hatten die Devise Freiheit auf ihre Fahnen geschrieben, benützten aber die plötzlich so veränderte Gesamtstimmung zum Rauben und Plündern und verübten Greuelthaten jeder Art.«
Noch vor Ausbruch der Revolution, am 9. März 1848, schlug Arthaber die Gründung von Handelskammern nach französischem Vorbild vor und setzte sich auch mit diesem Vorhaben durch. Sein Kollege, der Wiener Seidenfabrikant Theodor Hornbostel, der 1848 Handelsminister war, ließ ein Handelskammergesetz entwerfen, das am 15. Dezember 1848 in Kraft trat. Genau einen Monat später fand die konstituierende Sitzung statt, in der Hornbostel zum Vorsitzenden gewählt wurde.
In seinen beiden letzten Lebensjahrzehnten beschäftigte sich Rudolf von Arthaber mit Währungs- und Musterschutzfragen, war Mitglied des Wiener Gemeinderates und geschäftsführender Präsident des Österreichischen Kunstvereins, der sich unter initiativer Beteiligung Ferdinand Georg Waldmüllers mit Nachdruck gegen den Klassizismus der Akademie der bildenden Künste aussprach. Über Mangel an Beschäftigung brauchte er sich wahrlich nicht zu beklagen.
Der rastlos tätige, kunstfreundliche Fabriksbesitzer schied am 9. Dezember 1867 in seiner Villa in Oberdöbling aus dem Leben. Er fand auf dem Matzleinsdorfer Evangelischen Friedhof seine letzte Ruhestätte.

Einer der erfolgreichsten Unternehmer im biedermeierlichen Österreich war Alois Miesbach

ALOIS MIESBACH
Der Wienerberger Ziegelkönig

Seine Wiege stand nicht im kaiserlichen Wien, wo er zum erfolgreichen Unternehmer und vermögenden Mann wurde, sondern im mährischen Ort Röschitz im Bezirk Krumau. Dort wurde er am Neujahrstag 1791 geboren. Alois und seine drei Schwestern wuchsen in einem bürgerlichen Haus auf. Der Vater, Dr. Josef Miesbach, war Professor. Über die schulische Ausbildung des Knaben ist wenig bekannt. Er besuchte offenbar eine Ingenieursfachschule, wurde aber in der Zeit der härtesten Bedrängnis seines Vaterlandes durch Napoleon bereits im Alter von siebzehn Jahren zu den Waffen gerufen. Er diente zunächst im »combinierten Znaimer Landwehr-Battaillon«, wurde dann als Fähnrich in ein Infanterieregiment versetzt und im Januar 1810 über eigenes Ersuchen wieder aus dem Heeresdienst entlassen. Der kaiserlichen Armee erwuchs daraus kein Nachteil, wie es in seiner Personalbeschreibung wenig schmeichelhaft heißt.
Das Militär war Miesbachs Sache nicht. Er wollte sich in einem Zivilberuf seinen Lebensunterhalt verdienen. Der junge Mann muß über gute Beziehungen verfügt haben und sehr begabt gewesen sein. Denn schon bald nach seinem Ausscheiden aus der Armee trat er in die Dienste des Fürsten Kaunitz-Rietberg-Questenberg, eines Nachkommen des berühmten Staatskanzlers Maria Theresias. Miesbach veröffentlichte Schriften über ökonomische und industrielle Themen, die fachlich offenbar ein so hohes Niveau hatten, daß die Pariser Ackerbaugesellschaft den 24jährigen zu ihrem korrespondierenden Mitglied machte. Andere wissenschaftliche Vereinigungen sandten ihm Diplome zu.
Bedeutsamer als diese Anerkennung seitens gelehrter Gesellschaften waren für seinen weiteren Lebensweg die Auslandsreisen, die er mit dem Fürsten Kaunitz unternahm: 1816 nach Madrid, 1817 nach Rom, wo man zwei Jahre blieb. In Spanien, vor allem jedoch in Italien, erregten die antiken Bauwerke sein Interesse und seine Bewunderung. »Schon 1816, bei Gelegenheit eines verlängerten Aufenthaltes, den ich in Spanien nahm«, schrieb er viele Jahre später, »sah ich in Cadix die

schönsten und kunstvollsten Aquädukte. In Granada sah ich die prachtvollen Gebäude der Araber, gebaut aus Marmor und Steinen und verbunden mit roten Ziegeln ...« Und über seine Eindrücke in Italien schwelgte er: »Es ist vor allem der ›Monte Gibello‹ [Ätna] ... wie der Anblick der Gebäude zu seinen Füßen in Catania sowie das Amphitheater von Taormina, und die Städte Herculaneum und Pompeji im Königreich Neapel, die mich mit Bewunderung und Entzücken erfüllten. Der Tempel und das Amphitheater von Pompeji enthalten die schönsten gebrannten Steine von allen Formen ... Vor allem der Tempel der Isis ... erbaut aus ungebranntem, sehr gutem Ton, ist wert, vermerkt zu werden. Die Ziegel sind so gut erhalten, als kämen sie aus der Ziegelwerkstätte.« Die Produktion von Ziegelsteinen sollte zu seinem Lebensinhalt werden.

Im Jahre 1819 verließ Miesbach die Dienste des Fürsten Kaunitz, ließ sich in Wien nieder und pachtete im Januar 1820 vom damaligen Besitzer der Herrschaft Inzersdorf, dem Herzog a Sancto Mauro von Corrigliano, eine Ziegelei. Es war ein kleines Werk mit zwei Öfen, drei Trockenschuppen und einer Jahresproduktion von 1,5 Millionen Stück. Miesbach hatte mit einem untrüglichen Sinn für wirtschaftliche Gegebenheiten und Entwicklungsmöglichkeiten die Bedeutung der Ziegelbrennereien für den nach den Napoleonischen Kriegen zu erwartenden Ausbau der Kaiserresidenz vorausgesehen. Mehr noch: Er hatte erkannt, daß der Wienerberg für den Bau einer großen Ziegelfabrik als Standort vorzüglich geeignet war. Der Ton als Rohmaterial für den gebrannten Baustein war von bester Qualität, die Verkehrsverbindungen waren günstig – das Gelände lag an der Hauptverbindungsstrecke Wien–Triest –, das Tonlager reichte, wie Bohrungen bewiesen, bis in eine Tiefe von fünfzig Metern.

Alois Miesbach baute das kleine Unternehmen Schritt für Schritt zu einem Ziegelimperium aus. 1826 kaufte er die Herrschaft Inzersdorf, 1830 erwarb er das angrenzende Gut Steinhof. Auf der ihm zur Verfügung stehenden Fläche, die er bis zu seinem Ableben im Jahre 1857 von 3 auf 450 Joch erweiterte, konnte er nun darangehen, einen rationell eingerichteten Großbetrieb zu schaffen. Er legte Pumpbrunnen, Reservoirs zum Sammeln des Regenwassers und Entwässerungsstollen an und gliederte seine Wienerberger Ziegelfabrik, der größeren Übersichtlichkeit und leichteren Verwaltbarkeit halber, in vier Hauptwerke. Die

Zahl der Brennöfen erhöhte sich im Laufe der Jahre von drei auf siebenunddreißig, die wöchentliche Produktion wurde auf zwei Millionen Stück gesteigert, für den Transport standen Hunderte von Pferden in eigenen Stallungen bereit.

Da der Wienerberger Ziegelgroßbetrieb die steigende Nachfrage bald nicht mehr befriedigen konnte, kaufte Miesbach am laufenden Band neue Ziegeleien an, die er beständig erweiterte. So erwarb er 1847 das Ziegelwerk von Vösendorf, 1850 erstand er bei einer Exekution die Fabriken am Laaerberg, 1852 folgten Guntramsdorf, 1853 Biedermannsdorf, Stammersdorf und Zillingdorf bei Wiener Neustadt. Ab 1838 war er auch in Ungarn tätig, wo nach verheerenden Donau-Überschwemmungen, bei denen Tausende von Häusern zerstört oder beschädigt wurden, ein akuter Mangel an Bausteinen bestand.

Miesbach ließ in der Nähe der ungarischen Hauptstadt Bohrungen durchführen und stieß am Fuße des Berges Rákos auf mächtige Tonschichtlager. Er errichtete dort ein Ziegelwerk und vergrößerte es laufend. Der tatkräftige Unternehmer besaß zuletzt knapp vor seinem Tod 9 Großziegeleien mit 42 Brennöfen und beschäftigte 4 700 Ziegeleiarbeiter. Sie stellten jährlich 125 Millionen Stück Ziegel her, was einen Wert von 2 Millionen Gulden repräsentierte.

Wo lagen die Gründe für diesen imposanten Aufstieg eines Unternehmers in einer Zeit, die zwar nicht industriefeindlich, in Österreich aber doch auch nicht ausgesprochen unternehmungsfreudig war? Wie ist der außerordentliche Erfolg des Wienerberger Ziegelkönigs zu erklären? Ausschlaggebend war die Unternehmerpersönlichkeit. Miesbach verfügte über unternehmerischen Weitblick. Dazu kamen eine ungewöhnliche Dynamik, eine hohe geistige Flexibilität und die Bereitschaft, aus praktischen Erfahrungen zu lernen. Er arbeitete stets an der Verbesserung der Qualität seiner Erzeugnisse, erweiterte die Produktenpalette (Tonrohre, Hohlziegel, Dekorationsziegel usw.) und paßte die Arbeitsmethoden in seinen Betrieben neuesten wirtschaftlichen Erkenntnissen an. Durch Reisen ins Ausland, aber auch durch das Studium der Ziegelfabrikation in vergangenen Zeiten, etwa im vorchristlichen Babylonien, verschaffte er sich die Kenntnisse, die für die Weiterentwicklung seiner Fabriken nötig waren. Die konstante Verbesserung der Brennöfen etwa war sein persönliches Verdienst.

Die bedeutendste und zukunftsträchtigste Neuerung, die er in seinem Ziegelreich einführte, war die Umstellung von der Holzfeuerung auf die Kohlenfeuerung der Brennöfen. Da das Holz als Brennmaterial immer knapper und teurer wurde, entschloß sich Miesbach dazu, Kohle zu verwenden und sie sich gleich in Eigenregie zu beschaffen.
Die ersten Kohlenbergwerke, die er 1830 kaufte, waren jene bei Zillingdorf und Lichtenwörth in Niederösterreich. Im selben Jahr begann er damit, die am rechten Donauufer gegenüber von Krems gelegenen Kohlengruben von Thallern auszubeuten.
Miesbach erhöhte binnen kürzester Zeit die Produktion um ein vielfaches. Er faßte die drei Betriebe unter einer einheitlichen Leitung zusammen und versorgte damit nicht nur seine eigenen Unternehmen, sondern auch die Garnison von Wien mit Brennmaterial. Die Verfrachtung führte er auf der Donau beziehungsweise auf dem Wiener Neustädter Kanal durch, den er 1847 für diesen Zweck pachtete. Der Kanal war 1803 mit dem Teilstück Wien–Wiener Neustadt eröffnet worden. Miesbach erwarb noch weitere Kohlenbergwerke, und zwar im Hausruck- und Innviertel (Zell, Ampfelwang, Frankenberg, Eberschwang, Mattighofen, Pramet), in Niederösterreich (Grünberg am Schneeberg, Gresten, Lunz usw.), in der Steiermark (Kapfenberg, Ilz, Wartberg), in Tirol (Häring, Brandenberg, Kresten), in Krain, Ungarn, Böhmen, Mähren und Polen. Er beschäftigte im Jahre 1855 2 350 Bergleute in seinen Gruben. Sie förderten jährlich 200 000 Tonnen Kohle und als Nebenprodukt Alaun. Die Wertschöpfung aus dem Kohlebergbau entsprach ungefähr jener der Ziegelfabrikation, nämlich 2 Millionen Gulden pro Jahr.
Der rührige Unternehmer hat in seine Bergwerke viel Geld investiert. Da er den Abbau von Kohle wohlüberlegt und planvoll organisierte und die Abbaumethoden immer wieder verbesserte, machten sich die Investitionen bald bezahlt, und der Kohlebergbau warf ansehnliche Gewinne ab. Alois Miesbach hat übrigens seine bergmännischen Kenntnisse und Erfahrungen in einem Buch niedergelegt. Es erschien 1857 unter dem Titel »Die Kohlenindustrie Österreichs«.
Bergbaudirektor in seiner Firma war sein Neffe Heinrich Drasche, der Sohn seiner ältesten Schwester, Anna. Am 19. April 1811 in Brünn geboren, besuchte Drasche das dortige Gymnasium, erhielt aber auch Unterricht in den »kommerziellen« Fächern und verschrieb sich mit Ei-

fer dem Studium von Fremdsprachen. Von seinem unverheirateten Onkel dazu bewogen, nach Wien zu kommen, absolvierte er in der Kaiserstadt das Polytechnikum und widmete sich hierauf im Miesbachschen Großunternehmen den Bergbaubetrieben. Durch ausgedehnte Studienreisen und die Absolvierung der k.k. Bergakademie im slowakischen Schemnitz (Banská Štiavnica) bildete er sich zum hervorragenden Fachmann aus.

Heinrich Drasche erbte 1857 das Miesbachsche Industrie-Imperium und baute es – mit einem unbestechlichen Geschäftssinn begabt – konsequent weiter aus. 1857 war jenes Jahr, in dem Kaiser Franz Joseph per Handschreiben die Schleifung der Wiener Stadtbefestigungen und die Errichtung der Ringstraße anordnete. Der Bedarf an Ziegeln stieg enorm, und Drasche machte die Geschäfte seines Lebens. Durch Grundstückskäufe und den Gewinn aus seinen Unternehmungen wurde er zu einem der reichsten Männer Wiens. 1870 wurde der Großunternehmer vom Kaiser in den Ritterstand erhoben. Er konnte sich nun »Edler von Wartinberg« nennen. Heinrich Drasche, der Bauherr des riesigen Heinrichshofes gegenüber der k.k. Hofoper, verstarb am 24. Juli 1880 in Reichenau in Niederösterreich.

Welche Arbeitsbedingungen herrschten in den Miesbachschen Betrie-

Die Wohnverhältnisse der arbeitenden Bevölkerung waren trist

ben? Wieviel haben die Ziegelarbeiter verdient, wie lange war ihre tägliche Arbeitszeit? Wie war es um die Wohnverhältnisse bestellt? Miesbach selbst berichtet über die Arbeit in seinen Ziegeleien: »Hierorts stehen beim Arbeitstische Mann und Weib. Der Mann macht den Ton abends an, während das Weib den Platz putzt und den Sand ausbreitet, indem ohne Einsandeln kein plastischer Ton geformt werden kann. Früh um 5 Uhr wird im Durchschnitt mit der Arbeit begonnen. Der Mann scheibt den Tegel auf den Tisch und das Weib schlägt Ziegel und leert den Model auf den Platz aus. Um 8–9 Uhr wird gewöhnlich gefrühstückt, dann wieder mit der Arbeit fortgesetzt bis 11 oder 12 Uhr, so daß bis Mittag Mann und Weib 1 500 Ziegel geschlagen und auf den Platz gelegt haben. Es haben auch Schlagerinnen täglich zu 2 000, ja, was einzelne Fälle sind, 2 500 bis 3 000 Stück geschlagen.«
Die Arbeit ging natürlich am Nachmittag weiter und dauerte bis in die Nachtstunden. Die Arbeitszeit war ungeregelt. Sie betrug bis zu 14 Stunden pro Tag. Die Löhne lagen unter dem Existenzminimum. Eine Arbeiterfamilie konnte nur dann ihr Leben fristen, wenn sich alle Familienmitglieder, die Kinder mit eingeschlossen, dem harten, unerbittlichen Arbeitsprozeß unterwarfen.
Die Wohnverhältnisse waren unvorstellbar trist. Die vom Unternehmer zur Verfügung gestellten werkseigenen Unterkünfte, die als »Naturalleistung« vom Lohn in Abzug gebracht wurden, waren eng und überbelegt. Als Schlafstellen dienten mit Stroh bedeckte Holzpritschen. Die hygienischen Verhältnisse waren katastrophal. Wasser- und Abwasserleitungen fehlten, für zahlreiche Familien gab es nur ein Plumpsklosett. Die Folgen waren Krankheiten und verheerende Seuchen.
Die Ziegelarbeiter wurden in eigenen Werkskantinen verpflegt, der Preis, den sie für die Mahlzeiten bezahlen mußten, war verhältnismäßig hoch. Die Arbeitsbedingungen waren schlecht, die Vorschriften streng. Unnötiges Sprechen während der Arbeit wurde mit Lohnabzug geahndet, wer unerlaubt der Arbeit fernblieb, wurde fristlos entlassen. Im übrigen waren die meisten Wienerberger Ziegelarbeiter Wanderarbeiter aus Böhmen. Die »Ziegelböhm« strömten zu Saisonbeginn – es wurde nur in der warmen Jahreszeit gearbeitet – in die Betriebe und kehrten zu Saisonende wieder in ihre böhmischen Heimatdörfer zurück.
Alois Miesbach war beileibe kein unsozialer Unternehmer. Ganz im Gegenteil. Er unterstützte durch Zuwendungen die sogenannten »Bru-

derladen«, die den ersten Versuch der Arbeiter darstellten, ihre kranken, alten und in Not geratenen Arbeitskollegen zu unterstützen. Er errichtete und unterhielt Werksspitäler mit Apotheken, er ermöglichte durch Geldspenden den Bau eines neuen Schulgebäudes in Inzersdorf und warf Stipendien für die Kinder jener Werksangestellten aus, die sich dem Bergbaustudium widmen wollten.

All das war natürlich nicht mehr als der berühmte Tropfen auf dem heißen Stein. Mit Almosen und privater Wohltätigkeit konnte das Elend nur wenig gelindert werden. Die soziale Frage war damit nicht zu lösen. Es genügte nicht, zu seinen Untertanen ein gutes patriarchalisches Verhältnis zu haben, sich ein bißchen um sie zu kümmern, aber sie im übrigen darben zu lassen.

In der Biedermeierzeit dachte man jedoch anders darüber. In dieser Zeit hatten die Menschen kein soziales Gewissen, von echtem sozialem Verständnis war man meilenweit entfernt. Die gesellschaftliche Ordnung, den Unterschied zwischen Arm und Reich hielt man für naturgegeben, die soziale Ungleichheit, so lehrte es die Kirche, war Teil der göttlichen Weltordnung.

Und so konnte es nicht ausbleiben, daß sich ab der Mitte des vorigen Jahrhunderts die Gegensätze zwischen der Unternehmer- und der Arbeiterschaft verschärften, daß soziale Konflikte das politische und gesellschaftliche Leben in allen europäischen Industriestaaten, das Habsburgerreich selbstverständlich mit eingeschlossen, prägten.

Der Großindustrielle Alois Miesbach, der als Vizepräsident der Wiener Handelskammer, als Präsident der »Landwirtschaftsgesellschaft zu Mödling« und als Mitglied des Inzersdorfer Gemeinderates in seinem unmittelbaren Wirkungsbereich auch im öffentlichen Leben eine Rolle spielte, hat den Ausbruch dieser sozialen Kämpfe nicht mehr erlebt. Er starb am 3. Oktober 1857 in Baden bei Wien. Sein gewaltiges Vermögen ging auf seinen Universalerben, Heinrich Drasche, über, der es noch beträchtlich vermehrte. Das prunkvolle Leichenbegängnis des Ziegelkönigs vom Wienerberg entsprach ganz der angesehenen Stellung, die er zu Lebzeiten innegehabt hatte. Die Einsegnung erfolgte im Wiener Stephansdom, dem Sarge folgten neben seinen Verwandten hochstehende Persönlichkeiten aus Politik und Wirtschaft.

Alois von Negrelli: Er entwarf die Pläne für den Suezkanal

Die umwälzendste Neuerung auf dem Gebiet des Verkehrswesens seit der Erfindung des Rades war die Eisenbahn. Tausende von Jahren waren die Menschen zu Fuß, auf dem Rücken eines Reittiers oder in der Postkutsche unterwegs gewesen, wenn sie sich überhaupt freiwillig auf das Abenteuer der Ferne einließen. Ausgerechnet im Biedermeier, der Zeit, in der man jede Neuerung mit Skepsis und Mißtrauen beargwöhnte, wurde durch die Eisenbahn eine neue wirtschaftliche und verkehrspolitische Ära eingeläutet.
Das Mutterland der Bahn war England, wo nach der Erfindung der Dampfmaschine durch James Watt und der Lokomotive durch George Stephenson 1825 zwischen Stockton und Darlington die erste Eisenbahnlinie in Betrieb genommen wurde. Nun konnte man nicht nur schneller und bequemer reisen, man konnte auch Kohle und Waren verschiedenster Art in großen Mengen dorthin bringen, wo man sie benötigte: zu den Textilfabriken und Eisenwerken, die es bereits in größerer Anzahl gab. Diesen kaufmännisch-handelspolitischen Überlegungen verdankte die Eisenbahn eigentlich ihr Entstehen.
Auf dem europäischen Festland hinkte man der Entwicklung nach. Aber auch in Frankreich und Deutschland, in Österreich und zuletzt in Rußland brach in den dreißiger und vierziger Jahren des vorigen Jahrhunderts ein wahrer Eisenbahnboom los.
Österreichische Techniker und Ingenieure waren im Eisenbahnbau an führender Stelle tätig. Franz Anton Gerstner war der Erbauer der ersten Eisenbahn auf dem Kontinent, der Pferdebahn von Linz nach Budweis. Franz Xaver Riepl entwarf die Pläne für eine Bahn, die den Norden der Monarchie mit der Hauptstadt verbinden sollte. Carl Ritter von Ghega erbaute die erste Hochgebirgsbahn der Welt, die Semmeringbahn, das schwierigste Teilstück der Strecke Wien–Triest. Ein anderer großer österreichischer Techniker und Fachmann für den Eisenbahn-, Straßen- und Brückenbau in der Biedermeierzeit war der aus Südtirol stammende Alois von Negrelli.

ALOIS VON NEGRELLI
Ein Pionier des Eisenbahnbaus

Alois Negrelli wurde am 23. Januar 1799 in dem Südtiroler Grenzort Primiero im Tal des Cismone geboren. Das Haus, in dem er zur Welt kam, heißt heute noch »Casa Negrelli«. Der Vater war Italiener, seine Frau Elisabeth Tiroler Abstammung. Alois war als siebentes Kind der erste Knabe in der Familie.

Als Sohn wohlhabender Leute – der Vater hatte ausgedehnten landwirtschaftlichen Besitz – wuchs der kleine Alois, wie es damals üblich war, ohne Schulzwang auf. Seine Erziehung wurde einem klugen, einsichts- und verständnisvollen Hauslehrer anvertraut, der das ausgeprägte Sprachtalent des Knaben förderte und seinen Sinn für die Schönheiten der Natur schärfte. Der tüchtige Mentor kultivierte auch die Neigung seines Schützlings für Malerei und Architektur und dessen offenkundiges Interesse für Mathematik, Physik und Zeichnen.

Die umsichtige Ausbildung des Knaben und die Idylle des Dorflebens wurden 1809 durch die Zeitläufe brutal unterbrochen. Der Vater wurde im Kampf gegen die in das Land eingedrungenen französischen Truppen gefangengenommen, nach Italien gebracht und dort in einem Fort fünf Jahre lang festgehalten. Die Familie geriet in Not. Elisabeth Negrelli schickte ihren begabten Sohn 1812 zu den Schulbrüdern nach Feltre, wo er bis 1817 verblieb und durch besonderen Fleiß und seine ungewöhnliche Begabung für architektonisches Zeichnen die Zuneigung und Anerkennung seiner Lehrer gewann.

Wenn es nach ihm gegangen wäre, hätte sich der junge Negrelli für den Beruf des Architekten entschieden. Er bezog denn auch 1818 die Akademie der schönen Künste in Venedig, aber an die Ausübung eines freien Berufes war wegen der angespannten Vermögensverhältnisse nicht zu denken. Negrelli entschloß sich daher, in den Staatsdienst einzutreten. Voraussetzung dafür war allerdings die Beherrschung der deutschen Sprache.

Alois Negrelli, nur des Italienischen mächtig, ging nach Innsbruck, um Deutsch zu lernen. Dann bewarb er sich um einen Posten in der kai-

serlichen Verwaltung und wurde im Februar 1819 in die k.k. Baudirektion für Tirol und Vorarlberg als Baupraktikant aufgenommen. Zunächst unbesoldet und mit der Verpflichtung, eine Reihe von Kursen zu besuchen und über deren erfolgreiche Ablegung Zeugnisse vorzulegen. Wie er seinen Lebensunterhalt bestritt und mit welchen Mitteln, darum kümmerte sich damals niemand.
Negrelli legte sich gehörig ins Zeug und wurde noch 1819 definitiv in den Staatsdienst übernommen. Schon im nächsten Jahr bekam er das Ingenieursdiplom und erhielt den Auftrag, Straßen und Wasserbauten in Südtirol auszuführen.
Um den Bau, den Zustand und die Erhaltung der Straßen sah es in der Biedermeierzeit in der Donaumonarchie schlecht aus. Die Linienführung der meisten Verkehrswege folgte den Neigungen des Geländes, Steigungen bis zu 19 Prozent waren keine Seltenheit. Ein Unterbau fehlte vollständig, der Schotterkörper bestand aus minderwertigem Schuttmaterial. Für die Erhaltung der Straßen, die in den Alpengebieten durch Wildbäche und Felsstürze immer wieder vermurt und zugeschüttet wurden, fehlte es trotz der verhältnismäßig hohen Mautgebühren an Geld. Die zuständigen Stellen erkannten nur langsam die Bedeutung eines gepflegten und gut ausgebauten Verkehrsnetzes für den zunehmenden Handelsverkehr.
Negrellis Vorgesetzter in der Innsbrucker Baudirektion, Joseph Duile, war ein Mann mit soliden Fachkenntnissen, der seine Untergebenen nicht an den Schreibtisch fesselte, sondern sie praxisorientiert zur Arbeit einsetzte. Negrelli wurde zu Geländeaufnahmen in das Silltal entsandt, er mußte eine Straße neu trassieren und später, als er sich eingearbeitet hatte, Wasserbauten inspizieren. Während der Wintermonate beschäftigten ihn Projektionsarbeiten für den Um- und Ausbau der Arlbergstraße. Nach und nach lernte der junge Ingenieur auf diese Weise das Hauptstraßennetz Tirols kennen und erweiterte sein Wissen. Negrellis Pflichtgefühl und gewandtes Auftreten wurden von seinen Vorgesetzten geschätzt. Graf Reisach-Sternberg, der Chef des staatlichen Bauwesens in Tirol, förderte Negrelli nachhaltig und sandte ihn 1824 zur weiteren Vertiefung seiner Kenntnisse nach Wien. Insbesondere sollte er sich für die Verwendung des Eisens als Baustoff beim Brückenbau interessieren.
Die k.k. Residenzstadt an der Donau mit ihren schönen Adelspalästen

und ihrem kulturellen Ambiente machte auf ihn einen tiefen Eindruck, doch übersah er durchaus nicht ihre Schattenseiten: Die schmutzigen Straßen, die trinkgeldlüsternen Hausmeister und die Wuchermieten der Hausherren erregten seinen Unwillen.

Der kunstbeflissene junge Mann besuchte eifrig Galerien, ging ins Theater, wurde von den ersten aristokratischen Familien zu Soiréen und Hausbällen eingeladen und sogar vom Kaiser in Audienz empfangen. Er betrieb aber selbstverständlich auch eifrig technische Studien. Der Erbauer der Sophienbrücke, der ersten Kettenbrücke in Österreich (heute: Rotundenbrücke) über den Donaukanal, der Wiener Baudirektor Kudriaffsky, und Josef Schemerl, der Leiter des Hofbaurates, ließen ihm ihre persönliche Förderung zuteil werden. In Wien lernte er auch Franz Anton von Gerstner kennen, der ihn für den Eisenbahnbau interessierte. Nach einer Studienreise durch Ungarn und Mähren kehrte Negrelli nach mehrmonatiger Abwesenheit nach Innsbruck zurück.

Die nächste berufliche Station Negrellis war Vorarlberg. Nach Bregenz versetzt, erhielt er den Auftrag, seinem Lehrmeister Tulla bei der Regulierung des Rheins, der mächtige Gerölle vor sich herschob und die Gemeinden und Ortschaften an seinen Ufern beinahe jährlich überschwemmte, helfend zur Seite zu stehen. Negrelli, der nun zum Adjunkten des Kreisingenieurs in Bregenz ernannt wurde, brachte für die neue Tätigkeit nicht nur sein fachliches Können, sondern auch seine menschlichen Qualitäten und sein diplomatisches Geschick ein. Er verstand es meisterhaft, die Bevölkerung für die notwendigen Schutzbauten zu interessieren, und entwickelte im Verkehr mit den Vertretern der Gemeinden eine unerhörte Geduld.

Neben der Rheinregulierung gab es für ihn noch weitere Aufgaben. Alte Straßen mußten instand gehalten, neue projektiert werden, Grundstreitigkeiten waren zu regeln, Erhebungen durchzuführen. Negrelli schuf zusätzliche Hafenbauten am Bodensee und entwarf Pläne für den Bau von Kirchen. Fast jede seiner Tagebucheintragungen aus dieser Zeit endet mit dem Vermerk: »Rasend viel gearbeitet.«

Trotzdem blieb noch ein wenig Zeit für Muße und Unterhaltung. Er las die historischen Romane Sir Walter Scotts, des englischen Modedichters dieser Zeit, spielte Gitarre und nahm an gesellschaftlichen Veranstaltungen teil.

Privat traf ihn in Bregenz ein schwerer Schlag. Seine langjährige Freundin, Gräfin Nanni Sarnthein, erlag nach langer Krankheit einem unheilbaren Leiden. Negrelli, der sich seinem 30. Lebensjahr näherte, sehnte sich nach Familie und Häuslichkeit. Auf der Rückreise von einem Dienstaufenthalt in Wien lernte er im August 1827 Amalie Edle von Pirkenau, die Tochter eines Kärntner Fabriksbesitzers, kennen. 1829 kam es zur Eheschließung. Doch Glück und Zufriedenheit, wie er sie sich erhofft hatte, fand er zunächst nicht. Es dauerte eine Weile, ehe die Ehepartner eine halbwegs erträgliche Form für ihr Zusammenleben fanden. Das Schicksal war ihm um diese Zeit nicht sonderlich gut gesinnt. Seine erstgeborene Tochter starb, der Vater verlor das Augenlicht, der Schwiegervater geriet in finanzielle Bedrängnis. Der monatliche Verdienst reichte gerade zur Beschaffung des Allernotwendigsten.

Negrellis Frau war über das familiäre Mißgeschick verbittert, er selbst wurde von einer schweren seelischen Erschütterung heimgesucht. Er spielte mit Todesgedanken. »Alles, alles drückt mich herab und bei meiner heutigen Stimmung sehe ich der Annäherung der Cholera hoffnungsvoll entgegen«, notierte er im Hochsommer 1831 in seinem Tagebuch.

Er hätte es sich richten, seine Situation verbessern können. Der Versuchungen gab es viele. Da lockte ein Gutsbesitzer bei einem Staßenbauprojekt mit einem verführerischen Angebot, dort versprach ein Bauunternehmer guten Gewinn, wenn er für schlechtes Material hohe Preise genehmige. Negrelli wiederstand allen diesen Anfechtungen. Lieber wollte er hungern als sich verkaufen. Aber schließlich wendeten sich die Dinge zum Besseren. Im Herbst 1831 erhielt er das Angebot, in St. Gallen als Straßen- und Wasserbauinspektor zu wirken. »Männer von Ihrem Fach und Ihren Kenntnissen«, hieß es abschließend im Einladungsschreiben des obersten Regierungsbeamten von St. Gallen, »sind in der Schweiz selten und daher sehr geachtet. Sie persönlich sind sogar geliebt, wo man Sie kennt, und bald würden Sie es überall seyn.« Alois von Negrelli war über das Angebot aus der benachbarten Schweiz natürlich erfreut. Es würde ihn mit einem Schlag von seinen ärgsten finanziellen Sorgen befreien, er könnte freier und selbständiger arbeiten als im Kaiserstaat. Aber er zögerte, holte den Rat des Grafen Reisach ein, der ihn vehement davor warnte, den Posten anzunehmen. Er hätte es, meinte der ultrakonservative Beamte, in St. Gallen mit Liberalen und Protestanten zu tun, er sorge sich um sein Seelenheil. Im übrigen aber stellte er Negrelli einen höheren Posten und eine bessere Bezahlung in Aussicht. Warum hatte der Graf das nicht schon längst getan? Auch damals galt, daß der Tüchtige, der Prophet im eigenen Land, wenig zählte. Alois Negrelli ging allen Warnungen zum Trotz in die Schweiz und entfaltete in seinem neuen Wirkungsbereich eine äußerst ersprießliche, allseits anerkannte Tätigkeit. 1835 schied er nach vierjähriger Arbeit aus dem St. Gallener Kantonaldienst aus und übersiedelte nach Zürich, wo er im Auftrag der Kaufmannschaft eine Reihe von Bauwerken errichtete und für andere Kantone Gutachten über Straßenbauten und Flußregulierungen erstellte.

Als Mitte der dreißiger Jahre das Eisenbahnfieber auch die Schweiz erfaßte, erhielt er im Sommer 1836 den Auftrag, in England, Frankreich und Belgien das Eisenbahnwesen zu studieren. Negrelli sah sich in diesen Ländern gründlich um, stellte über die Bahnstrecken, die er in Augenschein nahm, technische, ästhetische und wirtschaftliche Überlegungen an und kam zu dem Schluß, daß es durchaus möglich sein müßte, auch in den Alpenländern, in der Schweiz, in Tirol und Vorarlberg Eisenbahnen zu bauen. Voraussetzungen für die Rentabilität seien die Verwendung der Dampfkraft und die Vermeidung zu großer Steigungen. Er verfaßte ein diesbezügliches Gutachten für die Züricher Kaufmannschaft und stellte seine Ansichten in Veröffentlichungen zur Diskussion. Sosehr seine Tätigkeit auch in der Schweiz geschätzt wurde, die Vorschläge, Pläne und Projekte für den Eisenbahnbau blieben ohne Wirkung. Zu groß waren die Vorurteile über das neue Verkehrsmittel, zu ausgeprägt der kleinkrämerische Kantönligeist.

Inzwischen hatte sich Negrellis Familie vergrößert. Zwei Knaben, Louis und Oskar, und ein Mädchen, Emilie, waren zur Welt gekommen. Ihrer Ausbildung wegen und nach Erledigung seiner Bauaufträge in der Schweiz zog es Negrelli wieder zurück in die Heimat. Sein Ausscheiden aus dem Dienst der Stadt Zürich wurde allgemein lebhaft bedauert. Und auf seinen fachmännischen Rat verzichtete die Eidgenossenschaft auch in den folgenden Jahren nicht.

Der Zeitpunkt für die Rückkehr in die Heimat war günstig. Gewerbe, Industrie und Handel hatten im Habsburgerreich einen Aufschwung genommen, der Bau von Straßen war zügig vorangetrieben, der Eisenbahnbau in Angriff genommen worden. Negrelli, dessen Können sich nun offenbar auch in Österreich bis in die höchsten Kreise herumge-

sprochen hatte, erhielt nun auch einen Posten, der seinen Fähigkeiten und seinen fachlichen Qualitäten entsprach: Er wurde 1840 zum Generalinspekteur der k.k. priv. Kaiser-Ferdinands-Nordbahn bestellt.
In den folgenden knapp zwei Jahrzehnten bis zu seinem Tod beschäftigte sich der bedeutende Techniker vorwiegend, wenn auch nicht ausschließlich, mit Eisenbahnprojekten.
Die finanzielle Lage auf den wenigen Bahnstrecken, die es um diese Zeit in der Donaumonarchie gab, war keineswegs so günstig, wie es sich die Privataktionäre erhofft hatten. Die Eisenbahn beförderte weniger Güter als angenommen. Das wirkte sich aus: 1841 fielen die Kurse der Kaiser-Ferdinands-Nordbahn um mehr als ein Drittel. Im Spätherbst dieses Jahres baten die privaten Eisenbahngesellschaften den Staat um Finanzhilfe. Es ging vor allem um Startkapital für weitere weitreichende Bauvorhaben. Staatskanzler Metternich winkte ab. Es war Carl Friedrich Baron Kübeck, der damalige Präsident der k.k. Hofkammer – man würde ihn heute als Finanzminister bezeichnen –, der die zukunftsträchtige Bedeutung der Eisenbahn für Handel und Industrie erkannte und einer Beteiligung des Staates beim Ausbau des Schienennetzes das Wort redete. Es gelang ihm, den Staatskanzler von der Richtigkeit seiner Argumente zu überzeugen.
Am 19. Dezember 1841 erging ein Allerhöchstes Kaiserliches Handschreiben, das die Weichen für den staatlichen Bahnbau stellte. Mit der obersten Leitung der Staatsbahnen wurde Kübeck betraut. Kübeck, der stets darum bemüht war, Experten um sich zu scharen, holte Alois Negrelli als Inspektor in die neu geschaffene »Generaldirektion für die Staatseisenbahnen«.
Negrelli begann am 1. April 1842 seine neue Tätigkeit, für deren Dauer er von der Nordbahngesellschaft freigestellt war. Er hatte vielfältige Aufgaben zu bewältigen. Gemeinsam mit einer Reihe von Mitarbeitern, zu denen auch Carl Ghega gehörte, machte er Vorschläge für die Betriebsführung, leistete erste Vorarbeiten für die Semmeringbahn und den Bau von Bahnlinien in Galizien, widmete sich aber vordringlich der Weiterführung der Nordbahnstrecke.
Als im August 1845 die Eröffnungsfahrt der Teilstrecke von Olmütz bis Prag feierlich abgewickelt wurde, jubelte er in einem Schreiben an einen Bekannten: »Der Zug ist vollkommen gelungen. In Prag war der Empfang unermeßlich – über hunderttausend Menschen waren zusam-

mengeströmt. Freudentränen entströmten meinen Augen bei der allgemeinen Anerkennung.«

Die offizielle Auszeichnung ließ nicht auf sich warten. Der Kaiser verlieh ihm den Titel eines k.k. Rates, die Stadt Prag ernannte ihn zum Ehrenbürger. Und auch in seinem Privatleben kam nach dem frühen Tod seiner ersten Frau wieder alles in das Geleise. Am 1. Juni 1847 heiratete er in der Hietzinger Pfarrkirche die um zwei Jahrzehnte jüngere Caroline Weiß, Edle von Starkenfels. Als Trauzeuge fungierte neben dem Schwager der Braut Carl Ghega.

Am 31. Oktober 1847 schied Alois Negrelli aus dem Dienst der Kaiser-Ferdinands-Nordbahn aus, am nächsten Tag wurde er definitiv in den Staatsdienst übernommen. Sein Gehalt betrug 1800 Gulden jährlich. Dazu kamen 700 Gulden Funktionszulage und 300 Gulden Quartiergeld. Zum Vergleich: Ein Fürst hatte jährlich Einkünfte zwischen 100 000 und 150 000 Gulden, eine Primadonna in der Oper verdiente 4 600, ein männlicher Arbeiter in der Seidenindustrie zwischen 160 und 200 Gulden. Das Existenzminimum lag bei etwa 360 Gulden. Diese ungefähren Angaben dienen lediglich dazu, die finanzielle Situation eines leitenden Staatsbeamten in der Biedermeierzeit einschätzen zu können.

Alois Negrelli war ein treuer Staatsdiener, ein frommer, dem katholischen Glauben zutiefst verhafteter Mann. Die Auswüchse des Metternich-Staates fanden dennoch nicht seine Zustimmung. Ohne an der Politik Anteil zu nehmen, erkannte er die Notwendigkeit für Reformen und begrüßte daher die Ereignisse des März 1848. Die Ankündigung einer Konstitution und die Gewährung der Pressefreiheit stimmten ihn froh. Gesetz und Ordnung blieben aber weiterhin die Leitsterne seines bürgerlichen Lebens. Seine Position blieb durch die revolutionären Ereignisse unangetastet. Im April 1848 unternahm er eine Dienstreise nach Mähren, im Mai wurde er zum Leiter der Staatseisenbahnen in das neu geschaffene »Ministerium für öffentliche Arbeiten« berufen.

Die wichtigste Aufgabe des neuen Ministeriums war die Beschaffung von Arbeit für möglichst viele Menschen, wenn möglich durch Erdarbeiten und Großbauvorhaben. Ganz im Sinne dieser Aufgabenstellung befürwortete Negrelli die endgültige Baubewilligung für die Semmeringbahn nach dem Entwurf seines Freundes und zeitweiligen Konkurrenten Carl Ghega.

Als im Juli 1848 der bisherige konservative Arbeitsminister, Andreas von Baumgartner, durch den Journalisten Ernst von Schwarzer abgelöst wurde, begann Negrellis Position zu wackeln. »Ich genieße nicht das Vertrauen des neuen Ministers«, schrieb er an seinen Schweizer Freund Martin Escher, »ich kann mich aber darüber trösten, denn ich diene nicht ihm, sondern meinem Kaiser und dem freyen Vaterlande.«

Bereits einen Monat später wurde er mehr oder weniger nach Italien abgeschoben. Er wurde mit der Aufgabe betraut, die durch die revolutionären Ereignisse im Lombardo-Venetianischen Königreich zerstörten Brücken, Straßen und Bahnlinien wiederaufzubauen und instandzusetzen.

Alois Negrelli bewährte sich auch in Italien. In den sieben Jahren, in denen er als Direktor der staatlichen Eisenbahnen in Oberitalien tätig war, projektierte und baute er Eisenbahnstrecken, wirkte er als Vertreter Österreichs in der internationalen Kommission für die italienische Zentralbahn, bemühte er sich um den Ausbau und Betrieb des Straßen- und Telegraphennetzes, setzte er sich für die Erhaltung historischer Baudenkmäler ein, kämpfte um mehr Unterstützung durch die Wiener Zentralbehörden, um mehr Geld für seine Vorhaben. Für seine großen Leistungen auf dem Gebiete des Eisenbahnbaus und seine unermüdliche Tätigkeit im Dienste des Vaterlandes zeichnete ihn Kaiser Franz Joseph bereits 1850 mit dem Orden der Eisernen Krone III. Klasse aus. Mit dieser Auszeichnung war die Erhebung in den Ritterstand verbunden. Negrelli bat in Erinnerung an seine Bauten im Moldau- und Elbetal um die Verleihung des Beiwortes »von Moldelbe«, was ihm selbstverständlich gewährt wurde.

Es war nicht alles eitel Wonne, was sich in seinem Wirkungskreis und rund um ihn abspielte. Es gab Intrigen, Eifersüchteleien, Verdrießlichkeiten mit den vorgesetzten Behörden, Ärger mit den Untergebenen. Negrellis berufliche Erfolge als oberster Leiter des Eisenbahnwesens in Oberitalien, seine Freundschaft mit dem Generalgouverneur Lombardo-Venetiens, Feldmarschall Josef Wenzel Graf Radetzky, und mit dem liberal gesinnten Handels- und Finanzminister Karl Ludwig von Bruck raubten so manchem Beamten in der kaiserlichen Zentralverwaltung in Wien den Schlaf. Sie streuten Verleumdungen über die Amtsführung Negrellis aus und trugen sie über Mittelsmänner geschickt bis an die Ohren des Kaisers heran. Franz Joseph befahl eine Untersuchung der Vorwürfe, mit deren Leitung er einen Offizier, Feldmarschallleutnant Trattnern, betraute. Trattnern stellte eine Reihe bezweifelbarer Übelstände fest, die er in einem ausführlichen Schlußbericht zu Papier brachte. Über Alois von Negrelli hieß es darin: »Eine Hauptursache aller dieser Übelstände liegt in der Baudirektion selbst… Der Baudirektor Ritter von Negrelli wird von keiner Stimme verdächtigt; er macht keinen Aufwand und lebt seinen Einkünften gemäß. Aber er ist, wie ihn die Italiener treffend kennzeichnen ›piu Cavaliere che Direttore‹ (mehr Kavalier als Direktor). Er dringt in kein Detail ein, und führt keine Oberaufsicht. Er sieht, möchte ich fast sagen, seine Eisenbahnen nur in der Vogelperspektive… Er findet, wie ich vermute, zu nichts Zeit.«

Es war ein ungerechtes, sachlich völlig haltloses Urteil. Seine Majestät der Kaiser gab sich damit zufrieden. Am 1. September 1855 gab er Anweisung, Alois von Negrelli seines Postens zu entheben. Den Leiter der Lombardo-Venetianischen Eisenbahndirektion traf der »Dank des Hauses Österreich« wie ein Blitz aus heiterem Himmel. Von den gegen ihn vorgebrachten Anschuldigungen hat er vermutlich nie ein Sterbenswörtchen erfahren.

Negrelli verließ am 27. Oktober 1855 mit seiner Familie Italien. Er hatte für Mitte November eine Einladung nach Ägypten in der Tasche, die ihn über die kränkende Zurücksetzung hinwegzutrösten versprach. Das Projekt, um das es auf dieser Ägyptenreise ging, war der Bau einer Wasserstraße zwischen dem Mittelmeer und dem Roten Meer. Negrelli war 1846 maßgeblich am Zustandekommen einer Studiengesellschaft beteiligt gewesen, die technische Vorarbeiten für dieses kühne Vorhaben leistete. Er hatte Pläne entworfen, zahlreiche Artikel über das Thema veröffentlicht und sich seither immer wieder mit dem Projekt beschäftigt. Im Gegensatz zu französischen Technikern trat er für einen schleusenlosen Kanal ein, der eine unmittelbare Verbindung zwischen den beiden Meeren herstellen sollte.

Nach einer durch die politischen Ereignisse des Jahres 1848 und danach verursachten Denk- und Arbeitspause wurde 1855 über Initiative des französischen Diplomaten und Ingenieurs Ferdinand Lesseps eine neue Studienkommission geschaffen, welche die Trassenführung an Ort und Stelle einem Augenschein unterzog. Die Kommission kam einmütig zu der Überzeugung, daß die von Negrelli vorgeschlagene »direkte Linie« technisch und wirtschaftlich die beste Lösung sei.

Von diesem Erfolg beflügelt, kehrte Negrelli im Januar 1856 gutgelaunt nach Wien zurück. Er wurde vom Kaiser in Audienz empfangen und nach dem unwürdigen Intrigenspiel des vorangegangenen Jahres voll rehabilitiert. Am 8. März 1856 hielt er seine Ernennung zum Generalinspektor der Eisenbahnen in Händen. Im Juni wurde ihm die Genugtuung zuteil, daß die von zahlreichen Ländern beschickte »Internationale Kommission des Meereskanals von Suez«, die in Paris tagte, die von ihm vorgeschlagene Trasse einstimmig guthieß. Negrellis Name war in aller Munde. Ein Freund, der ihm zum Triumph in der Suezfrage brieflich gratulierte, sprach davon, daß »die Großartigste seiner Schöpfungen siegreich durch das Scherbengericht der emporragendsten Intelligenzen europäischer Technik« gegangen sei. Der Mann war offenbar ein unverbesserlicher, weltfremder Optimist.
Bald trat wieder der Alltag in seine Rechte. Negrelli unternahm Dienstreisen nach Italien, Ungarn und Galizien, hielt Vorträge über den Suezkanal und parierte Querschüsse gegen das Projekt, die aus England kamen. Die englische Regierung sprach sich aus politischen, George Stephenson aus eigennützigen Gründen gegen den Kanalbau aus. Stephenson wollte an Stelle des Kanals eine Eisenbahn bauen.
Negrellis rastlose Tätigkeit sowie seine zahlreichen Dienstverpflichtungen untergruben seine Gesundheit. Ein Darmleiden machte ihm schwer zu schaffen. Nach Genesungsaufenthalten an der Nordsee und in Südtirol schied er am 1. Oktober 1858 aus dem Leben. Sein Leichnam wurde am St. Marxer Friedhof beigesetzt und später in ein Ehrengrab der Stadt Wien auf dem Zentralfriedhof umgebettet.
Der ehrgeizige, selbstsüchtige Lesseps sollte Negrelli nach dessen Tod noch übel mitspielen. Er beschaffte sich von der Witwe die Suezkanalpläne und führte den Kanalbau durch.
Bei der Eröffnung des Kanals am 17. November 1869 war die Habsburgermonarchie zwar durch Kaiser Franz Joseph allerhöchst repräsentiert, der Name Negrelli blieb jedoch während der gesamten Feierlichkeiten unerwähnt. Erst Jahrzehnte später wurden durch einen Prozeß, den Negrellis Tochter, Marie, um die Rechte des Vaters führte, die Vorgänge um den Kanalbau der Weltöffentlichkeit bekannt. Sie hat es hoffentlich nicht vergessen, daß die Pläne für den Bau dieser auch heute noch so wichtigen Wasserstraße von einem österreichischen Ingenieur stammen.

Österreichisches Erfinderschicksal: Für das Modell seiner Nähmaschine bekam Madersperger lediglich eine Bronzemedaille

Die Maschinenarbeit und die Frühzeit der Industrialisierung gehören mit zum Bild des Biedermeier. Im Zusammenhang damit stand natürlich das Interesse für technische Neuerungen, auch wenn es zunächst nur auf einen kleinen Kreis von Menschen beschränkt blieb. Die Epoche zwischen 1815 und 1848 war somit auch eine Zeit der Erfindungen, Entdeckungen und Wiederentdeckungen. Der Deutsche Carl Friedrich von Drais erfand das Laufrad, die »Draisine«, der Däne Christian Örsted das Magnetfeld elektrischer Ströme, der Amerikaner Samuel Morse den Schreibtelegraphen, der Franzose Louis Braille die Blindenschrift, um nur einige zu nennen.

Auch in der Habsburgermonarchie, in der man von Staats wegen jedweder Neuerung skeptisch gegenüberstand, waren offene Geister rege am Werk, leistete man in dieser Zeit einen nicht unerheblichen Beitrag zum technischen Fortschritt. Josef Ressel erfand die Schiffsschraube, Josef Petzval das photographische Objektiv, Simon Plößl das erste dialytische Fernrohr und Joseph Madersperger die Nähmaschine. Daß man schöpferisch tätigen Menschen mit Mißtrauen begegnete und ihnen alle nur erdenklichen bürokratischen Hindernisse in den Weg legte, steht auf einem anderen Blatt. Das Wort vom »österreichischen Erfinderschicksal« hat allerdings nicht nur für die Biedermeierzeit Gültigkeit.

JOSEPH MADERSPERGER

Ein glückloser Erfinder

Joseph Madersperger wurde am 6. Oktober 1768 in der Tiroler Grenzfestung Kufstein geboren. Sein Vater, bei der Geburt seines Sohnes ein ehrsamer, geachteter Bürger der Stadt, stammte aus dem Salzburgi-

schen. Warum er das Gebiet des Erzbistums verlassen und sich in Tirol niedergelassen hat, wissen wir nicht. Möglicherweise waren es private und nicht berufliche Gründe. Aber das ist nur eine Vermutung.
Georg Madersperger war von Beruf Schneidermeister. Er wohnte mit seiner Familie – zwei Töchter stammten aus der ersten Ehe mit Katharina Uminger, die 1767 starb – in einem hübschen Giebelhaus und konnte von seinem Handwerk auskömmlich leben. Handwerk – das kann man heute noch zuweilen hören – hat goldenen Boden. Für die Biedermeierzeit mag es gestimmt haben, obwohl es auch sehr mühsam war. Das Schneiderhandwerk bildete keine Ausnahme. Körperkraft war dazu nicht notwendig. Aber dafür Fleiß, Ausdauer und Genauigkeit. Wenn Meister und Gesellen Jahr für Jahr tage- und nächtelang beim trüben Licht einer Petroleumlampe über einem Kleidungsstück gebeugt saßen und es in mühsamer Arbeit mit Tausenden von Nadelstichen fertigstellten, war am Ende ihres Lebens der Rücken krumm und die Sehkraft oft erheblich geschwächt. Trotzdem trat Joseph Madersperger, nachdem er Schreiben, Lesen und Rechnen gelernt hatte, in die Fußstapfen des Vaters. Was hätte er sonst auch tun sollen? Er war zunächst als Lehrling, dann als Geselle in der väterlichen Werkstatt tätig und ging hierauf höchstwahrscheinlich, wie es damals der Brauch war, ein paar Jahre auf Wanderschaft, um sich weiter auszubilden und neue Fertigkeiten und Moden kennenzulernen.
Wann er wieder nach Kufstein zurückgekehrt ist, ist nicht bekannt. Es muß jedenfalls vor 1789 gewesen sein, denn dieses in der Weltgeschichte so bedeutsame Jahr, in dem die Französische Revolution ausbrach, spielte auch im persönlichen Leben des Georg Madersperger eine große Rolle. Der Einundzwanzigjährige mußte mit ansehen, wie das Haus des Vaters bis auf die Grundmauern niederbrannte. Es wurde zwar wiederaufgebaut, aber Georg Madersperger hatte keine Lust mehr, in Kufstein zu bleiben. Er verkaufte sein Gewerbe (seine »Gerechtsame«, wie es im damaligen Sprachgebrauch hieß) und machte sich mit seinem Sohn auf den Weg nach Wien, um sich dort mit dem Erlös eine neue Existenz aufzubauen. Seine Frau blieb in Kufstein zurück.

Es war ein schwerwiegender Entschluß. Die Kaiserstadt an der Donau lag Hunderte Kilometer weit entfernt. Im Jahre 1790, als Vater Madersperger und Sohn dorthin aufbrachen, gab es noch keine Eisenbahn. Die

Postkutsche war teuer. Also legten die beiden zumindest den größten Teil der riesigen Entfernung zu Fuß zurück. Dem Vater wird es nicht leicht gefallen sein, die Strapazen, die mit dem langen Fußmarsch verbunden waren, zu bewältigen. Er war immerhin an die siebzig. Aber er schaffte es.

Vater und Sohn mieteten in der Weihburggasse im obersten Stock des Stadthauses Nr. 949 eine kleine Wohnung, und bald gelang es ihnen auch, Arbeit zu finden. Der Alte fand sich in der Großstadt freilich nicht zurecht. Die Gassen waren eng, die Luft war schwül und drückend, der Verkehr im Vergleich zum kleinen, schmucken Kufstein ungewöhnlich dicht, laut und lärmend. Wenn die Equipagen über das Katzenbuckelpflaster holperten, zuckte er nervös zusammen. Georg Madersperger litt an Heimweh, er sehnte sich nach Tirol zurück. Es hält ihn auch nicht lange in Wien. Nach verhältnismäßig kurzer Zeit macht er sich wieder auf den Rückweg in die Heimat. Aber seine Lebensuhr ist abgelaufen. Am 20. April 1792 stirbt er mit dreiundsiebzig Jahren.

Joseph Madersperger aber blieb. Die Trennung von der Tiroler Bergwelt war ihm schwergefallen, aber sie schmerzte nicht, hinterließ keine Narben in seiner Seele. Er war jung und unternehmungslustig, die Großstadt hatte für ihn etwas Verlockendes. Man sah viel, immer war etwas los. Erst unlängst hatte er im Prater inmitten einer riesigen Menschenmenge staunend zusehen können, wie sich der berühmte Franzose Pierre Blanchard mit seinem Ballon zu seiner 38. Luftreise aufmachte. Eine Stunde später ist er in Großenzersdorf glücklich gelandet, erzählten die Leute einander am nächsten Tag mit staunender Ehrfurcht.

Madersperger war allem Neuen gegenüber aufgeschlossen. Seit seiner Lehr- und Gesellenzeit beschäftigte ihn der Gedanke, wie er sich selbst und der gesamten Schneiderzunft durch die Erfindung einer »eisernen Hand«, die den von der menschlichen Hand ausgeführten Nähvorgang nachvollzieht, die Arbeit erleichtern könnte. Jetzt, in Wien, nahmen diese Pläne konkrete Formen an.

Wenn es möglich gewesen ist, eine Spinnmaschine zu erfinden und einen mechanischen Webstuhl, warum nicht auch eine Nähmaschine, die mit nie erlahmender Kraft Stich um Stich auf den Stoff setzte.

Die Konstruktion einer solchen Maschine nahm sein ganzes Denken in Anspruch, einen Gutteil seiner Zeit. Ein Besessener, der nur seiner Er-

findung lebt – so saß Madersperger nächtelang über seine Pläne gebeugt, studierte, probierte, fertigte Zeichnungen an, gebar Einfälle, änderte und verwarf sie wieder.
Trotz dieser Besessenheit dachte er aber doch auch an die Sicherung seiner Existenz. 1799 legte er den Bürgereid ab, ein Jahr später dürfte er die Meisterprüfung bestanden und eine eigene Werkstatt eröffnet haben. Er verdiente jetzt so viel, daß er 1803 seine Mutter nach Wien kommen lassen konnte, um für ihren Lebensunterhalt zu sorgen. In der Verpflichtungserklärung, die er unterzeichnete, hieß es im umständlichen Deutsch der Zeit, er wolle ihren vollkommenen Unterhalt bestreiten, „dergestalt, daß selbe ihrer Obrigkeit in der gefürsteten Grafschaft Tirol niemals zur Last fallen solle«.

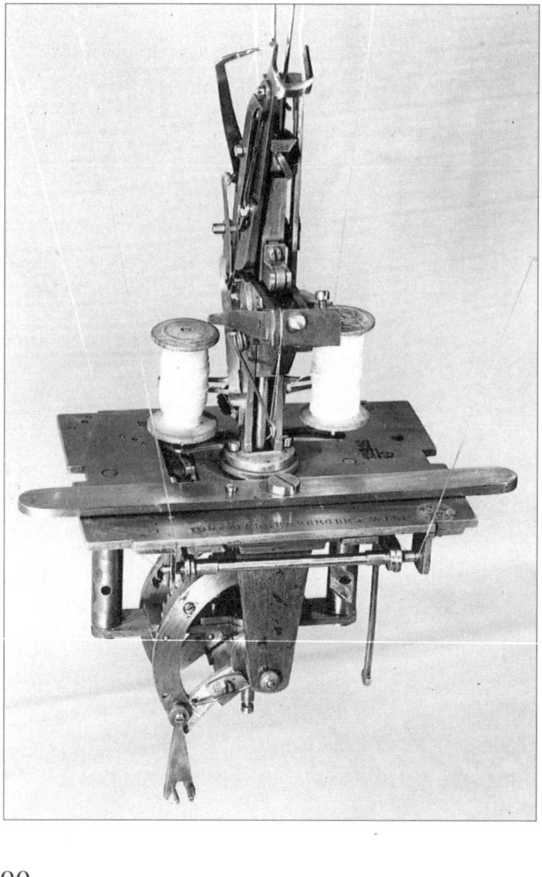

Das Modell der Nähmaschine

Mit seiner Erfindung wollte es aber nicht so recht weitergehen. Madersperger begab sich des öfteren zu den Webern in die Vorstadt hinaus, um ihnen bei der Arbeit an den neuen mechanischen Webstühlen zuzusehen und sich für seine eigenen Pläne Anregungen zu holen. Er erkannte allmählich, daß er mit seiner Idee von der »Nähenden Hand« von falschen Voraussetzungen ausgegangen war. Nicht die Hand war für die Erfindung das wichtigste, sondern die Nadel. Wenn die menschliche Hand die Nadel führte, war das Öhr am dicken Ende. Beim mechanischen Nähen fand eine solche Nadel, sobald sie den Stoff durchstochen hatte, nicht mehr zurück. Also mußte man eine Nadel konstruieren, überlegte er, die an beiden Enden spitz war und das Öhr in der Mitte hatte. Vielleicht wäre das die Lösung.
Madersperger zermarterte sich den Kopf. Unter der Mithilfe eines Mechanikers entwarf er ein Nähmaschinenmodell mit einer Nadel, die das Öhr in der Mitte hatte. Zu seiner großen Enttäuschung mußte der Schneidermeister allerdings feststellen, daß es nicht der Weisheit letzter Schluß war. Der Faden verwickelte sich leicht, das fortwährende Auswechseln der Nadel beanspruchte zu viel Zeit.
Madersperger war so sehr mit seinen Plänen beschäftigt, sein Denken so in Anspruch genommen, daß er auf alles vergaß, was sich rings um ihn abspielte. Das Zeitgeschehen kümmerte ihn wenig. Die Besetzung Wiens durch die Franzosen im Jahre 1805 registrierte er mit Erstaunen und Abscheu. Selbst sein Privatleben mußte hinter seiner Lebensaufgabe zurückstehen. Der Wahlwiener aus Tirol war immerhin bereits etwas mehr als siebenunddreißig Jahre alt, als er sich entschloß zu heiraten. Seine Auserwählte war die Putzmacherin Katharina Klara Hann. Sie stammte aus Darmstadt in Deutschland und teilte ab dem Zeitpunkt ihrer Verehelichung am 6. Januar 1806 mit ihrem Mann Freud und Leid. Immer wieder ermutigte sie ihn dazu, wenn er nicht mehr weiter wußte oder konnte, sein Lebenswerk fortzusetzen, redete sie ihm zu, nur ja nicht aufzugeben, half sie ihm über Enttäuschungen und Krisen hinweg.
Wieder gingen mehrere Jahre ins Land. 1809 besetzten die Franzosen Wien ein zweites Mal, Napoleon zwang halb Europa unter seine despotische Herrschaft.
Madersperger nahm kaum Notiz davon. Er arbeitete wie ein Verrückter daran, seine Nähmaschine zu vervollkommnen. Und er kam auch wie-

der einen Schritt weiter. Er verwendete jetzt zwei Nadeln mit dem Öhr an der Spitze. Sie stachen von unten durch den Stoff und bildeten, während sie sich zurückzogen, Schlingen. Die Maschine drehte sich dann um 180 Grad und verknüpfte an der Unterseite die beiden Nähfäden. Die Naht war fertig.

Madersperger neues Modell nähte hundert Stiche in der Minute, viermal soviel wie die menschliche Hand. Die Stiche waren gleichmäßig, aber nicht fest. Man mußte sie mit der Hand nachnähen. Darin bestand das ungelöste Problem, und ehe es nicht gelöst war, blieb die Erfindung unvollkommen. Madersperger grübelte weiter. Wieder vergingen Monate. Der erlösende Einfall, die einfache, aber großartige Idee schoß ihm bei der Betrachtung eines Webvorganges durch den Kopf. Beim mechanischen Webstuhl zieht ein Webschiffchen den Faden durch. Das Schiffchen war die Lösung. Es mußte durch die lockeren Fadenschlingen laufen und die Naht festmachen. Der Kettenstich, die grundlegende Voraussetzung des Maschinnähens, war gefunden.

Madersperger baute die Maschine um, probierte sie aus, und diesmal war er voll und ganz mit ihren Verrichtungen zufrieden. Seine langjährige mühevolle Erfindertätigkeit hatte endlich ein zufriedenstellendes Ergebnis gezeitigt. Der Jubel in seinem Herzen war grenzenlos. Eine Erfindung zu machen ist eine Sache, sie auszuwerten und in die Praxis umzusetzen, eine andere.

Es war das Jahr 1814. Napoleon war besiegt. Auf der Insel Elba hatte er viel Zeit, über sein Leben nachzudenken, seinen blitzartigen militärischen und politischen Aufstieg, seine glänzenden Siege, seine folgenschweren Niederlagen.

Joseph Madersperger wußte wenig davon. Für die Politik hatte er sich nie interessiert. Er war jetzt 46 Jahre alt. Sein ganzes bisheriges Leben hatte er einer fixen Idee gewidmet, nicht nach links und rechts geschaut, wie ein weltfremder Gelehrter. Für einen solchen hätte man ihn auch tatsächlich halten können. Seine Künstlermähne, die hohe Stirn, die Brille über den kurzsichtigen Augen, die Physiognomie ließen darauf schließen. Aber er war ein Schneidermeister, wenn auch ein ungewöhnlicher.

Am 26. April 1814 suchte Madersperger bei der Niederösterreichischen Landesregierung als zuständige Behörde um die Verleihung eines k.k. Privilegiums für seine Erfindung an. Seine Geduld wurde auf eine harte Probe gestellt. Die Beamten ließen sich Zeit. Monat um Monat verstrich, von einer Entscheidung der Behörde war keine Rede. Endlich, nach langem Warten, wird ihm der ersehnte behördliche Bescheid zugestellt. Der Bescheid ist abschlägig. Die Maschine sei »unfertig«, heißt es in der amtlichen Begründung. Madersperger ist bitter enttäuscht. Aber er gibt nicht auf. Er ist ein Tiroler. Er hat einen harten Schädel. Er will sein Lebenswerk auf gar keinen Fall von pedantischen Beamtengehirnen zugrunde richten lassen. Nach einer kurzen Bedenkzeit wendet er sich direkt an den Kaiser. Franz I. ist bekannt dafür, daß er keine Eingabe ad acta legt, ohne sie vorher aufmerksam studiert zu haben.

Inzwischen ist in Wien der Kongreß eröffnet worden, der nach den Napoleonischen Kriegen das politische Gleichgewicht in Europa wiederherstellen soll. In der Kaiserstadt wimmelt es von Staatsmännern und Diplomaten, die Hotels sind ausgebucht, Mieten und Preise steigen. Ein Fest jagt das andere, Herr von Drais erregt mit seinem Laufrad Aufsehen, Anton Stuwer sorgt mit seinen Feuerwerken für Aufregung und Unterhaltung.

Der Kaiser ist voll beschäftigt, aber er bringt Maderspergers Gesuch vor dem Staatsrat, der höchsten Regierungsbehörde des Reiches (dem heutigen Ministerrat vergleichbar), zur Sprache und verlangt eine Stellungnahme. Eine hitzige Debatte entspinnt sich. Einige der Herren treten für die Erteilung eines Patentes ein, andere sind dagegen. Es werden die kuriosesten Ansichten geäußert. So meint einer der hohen Würdenträger, eine noch nicht ausgereifte Erfindung solle von Staats wegen nicht unterstützt werden, weil sonst jemand dazu verleitet werden könnte, Kapital in eine Sache zu investieren, das er dann nicht wieder zurückbekommt. Die absurde Idee wird verworfen, und schließlich setzt sich doch die Vernunft durch. Man einigt sich darauf, Joseph Madersperger für die Dauer von sechs Jahren ein Patent auf seine Erfindung zu verleihen. Das Resultat der Beratung wird schriftlich fixiert und dem Kaiser mit der Bitte um Zustimmung vorgelegt. Franz I., seines Zeichens von Gottes Gnaden Kaiser von Österreich, unterfertigt das Dekret am 10. Februar 1815. Ein paar Tage später wird der Erfinder von der kaiserlichen Entschließung verständigt.

Joseph Madersperger ist überglücklich. Jetzt ist er am langersehnten Ziel. Aber die Sache hat doch noch einen gehörigen Haken. Die Behörde macht die Aushändigung des Patentes von der Entrichtung

einer Gebühr von 80 Gulden abhängig. Als Frist für die Erlegung der Taxe wird dem Schneidermeister der 20. Mai 1815 vorgeschrieben.
Joseph Madersperger hat diesen Betrag nicht. Er hat das Geld, das er verdient hat, laufend in seine Erfindung gesteckt, für die Anschaffungen von Stangen, Walzen, Rollen, Schienen, Rädern, Hebeln, Federn und Spulen verwendet. Woher soll er das Geld nehmen? Hätte ihm der Kaiser die Bezahlung dieser hohen Taxe nicht erlassen oder den Betrag aus seiner Privatschatulle begleichen können?
Franz I. hat freilich andere Sorgen, als einem armen Schneidermeister finanziell unter die Arme zu greifen. Er muß die Kosten des Kongresses tragen, der noch immer in Wien tagt, die Ausgaben für die vielen Veranstaltungen berappen, die Woche für Woche in seiner Residenzstadt abrollen, für Bälle und Maskeraden, Schlittenfahrten, Theatervorstellungen und öffentliche Konzerte. Allein die an der Hoftafel servierten Speisen und Getränke für die in Wien anwesenden Fürstlichkeiten sollen täglich 50 000 Gulden verschlungen haben. Der Wiener Volkswitz, der über die Spendierfreudigkeit des als knauserig bekannten Kaisers nicht wenig staunte, formulierte pointiert und treffsicher: Der Kaiser von Rußland liebt für alle. Der König von Preußen denkt für alle. Der König von Dänemark spricht für alle. Der König von Bayern trinkt für alle. Der König von Württemberg frißt für alle. Der Kaiser von Österreich zahlt für alle.

Joseph Madersperger braucht für die praktische Auswertung seiner Erfindung einen Geldgeber. Aber er findet keinen. Niemand interessiert sich für seine Nähmaschine. In ganz Wien gibt es keinen einzigen Menschen, der bereit wäre, dem Schneidermeister aus Tirol auch nur einen einzigen löchrigen Heller zu leihen. Er kann sein Patent nicht abholen und – was noch schlimmer ist: er kann, da die Arbeit immer weniger wird, bald nicht einmal mehr die Wohnungsmiete bezahlen. Er wird vom Hausherrn gekündigt und verläßt mit seiner Frau, die treu zu ihm steht, das ihm lieb gewordene Quartier. Wo Madersperger Unterschlupf gefunden hat, weiß heute kein Mensch mehr. Schon zu seinen Lebzeiten hat es kaum jemand gewußt. Als er 1818 von der Polizei zwecks Eintreibung der fälligen Taxen gesucht wird, ist er unauffindbar. Es ist unglaublich: In der Metternich-Ära, in der jeder Untertan, der sich auch

nur im geringsten auf irgendeine Weise verdächtig gemacht hat, von der Polizei bespitzelt wird, taucht ein Ehepaar unter und entzieht sich jahrelang den Nachstellungen der Behörden.
Wie dem auch sei, von Joseph Madersperger findet sich erst 1823 wieder eine Spur. Sein Name scheint im Aufnahmebogen der Bewohner eines Hauses in der Himmelpfortgasse auf und verliert sich dann wieder für mehr als ein Jahrzehnt im Dunkel der Zeit. Erst 1835 begegnet uns Madersperger wieder. Auf der »Ersten Gewerbeproduzenten-Ausstellung Österreichs« bietet er Doubléstoffe als seine Erfindung an. An seiner tristen Lage hat sich aber nichts geändert. Das Patent auf sein Nähmaschinen-Modell ist mittlerweile längst verfallen.
Die Hoffnung, aus seiner Nähmaschine Nutzen schlagen zu können, hatte der inzwischen alt und müde gewordene Mann offenbar noch immer nicht aufgegeben. Im Jahre 1839 schenkte Madersperger seine Nähmaschine dem k.k. Polytechnischen Institut in Wien. Er verband damit wohl die Hoffnung, von dort Unterstützung zu erhalten. Außerdem reichte er beim Niederösterreichischen Gewerbeverein ein Gesuch um Förderung ein.
Das Nähmaschinen-Modell wurde durch eine Kommission einer Überprüfung unterzogen. Sie stellte den Antrag, »daß dem Herrn Madersperger für seine Erfindung und seine uneigennützigen Bestrebungen, nützlich zu werden, von seiten des Vereines eine Belohnung erteilt werden möge und daß diese Nähmaschine ihrem Prinzip nach in die Verhandlung des Vereines aufgenommen und bekannt gemacht werden solle«.
Das klang vielversprechend. Gab es für den leidgeprüften Erfinder doch noch einen Hoffnungsschimmer? Fand sein Lebenswerk doch noch die verdiente Würdigung?
Joseph Madersperger wurde eingeladen, an der Generalversammlung des Niederösterreichischen Gewerbevereines, die für den 3. Mai 1841 anberaumt war, teilzunehmen.
Der Festsaal in der Wiener Himmelpfortgasse erstrahlte im hellsten Kerzenlicht, als der 73jährige Erfinder an diesem Tag ein wenig schüchtern den Raum betrat und in einer der Sitzreihen Platz nahm. Er fühlte sich nicht recht wohl unter den zahlreichen illustren Persönlichkeiten, unter ihnen Mitglieder des Kaiserhauses, die sich mit ordensgeschmücktem Frack zu dieser Feierlichkeit eingefunden hatten. Aber er

war voll der Hoffnung, daß sich sein Traum von der Anerkennung seines Lebenswerks in aller Öffentlichkeit erfüllen würde.
Nach der Eröffnung der Versammlung und einem Tätigkeitsbericht über das vergangene Vereinsjahr nahm Graf Colloredo-Mannsfeld endlich die Ehrung jener Männer vor, die sich auf ihrem Arbeitsgebiet auf uneigennützige Weise um Gewerbe und Industrie verdient gemacht hatten. Erwartungsvoll betrat Joseph Madersperger das Podium, um aus den Händen des Präsidenten eine in einem mit Samt ausgeschlagenen Etui liegende bronzene Medaille überreicht zu bekommen! Eine bronzene Medaille für eine Erfindung, die ihn ein ganzes Leben lang in Anspruch genommen und für die er alles geopfert hatte: Geld, Zeit und Familienleben.
Schwankenden Schrittes begab sich Joseph Madersperger zurück zu seinem Sitzplatz und sank in sich zusammen. Das Leben hatte für ihn endgültig seinen Sinn verloren.

Neun lange, mühsame Jahre lagen nach dem niederschmetternden Erlebnis an diesem Maitag des Jahres 1841 noch vor ihm. Sie liegen weitestgehend im dunkeln. Wo hat Joseph Madersperger in diesen Jahren gehaust? Wovon hat er gelebt? Es ist anzunehmen, daß er sein Schneiderhandwerk weiter ausübte, mit kleinen Näharbeiten und Flickereien ein karges Auskommen hatte. Von seiner Erfindung wollte er jedenfalls nichts mehr wissen. Die Nähmaschine rührte er nie mehr an.
Die Zeit blieb nicht stehen. Auch in anderen Teilen der Welt dachte man über die Konstruktion einer Maschine nach, welche die menschliche Hand beim Nähen ersetzen sollte. Im Jahre 1829 stellte der Franzose B. Thimonnier der Öffentlichkeit eine Nähmaschine vor, die pro Minute zweihundert Stiche machen konnte. Er durfte sich über seine Maschine nicht lange freuen. Um ihre Existenz fürchtend, rotteten sich seine Zunftgenossen, die Schneider von Paris, eines Tages zusammen, drangen in Thimonniers Werkstätte ein und schlugen die Maschine in Stücke. 1834 ließ sich der Amerikaner Walter Hunt eine Nähmaschine patentieren, die zum erstenmal ein Schiffchen verwendete und im doppelten Steppstich arbeitete. Er vermochte sich damit aber nicht durchzusetzen. Dies gelang erst seinem Landsmann Elias Howe. Aber auch er mußte um seine Erfindung, die im Jahre 1846 patentiert wurde, kämpfen, mußte sich gegen Niedertracht und Gewinnsucht wehren.

Der große Nutznießer aller Bemühungen um die Erfindung der Nähmaschine war der Amerikaner I. M. Singer. Er nahm um die Mitte des vorigen Jahrhunderts die industrielle Produktion der Maschine auf und erzeugte bereits 1874 eine Viertelmillion Stück.
Joseph Madersperger, der bereits 1814 das erste brauchbare Modell einer Nähmaschine konstruiert hatte und heute unbestritten als der Erfinder der Nähmaschine gilt, wußte von all dem allem Anschein nach nichts. Er verbrachte die letzten Jahre seines Lebens mit seiner Frau in tiefster Armut.
Die Zeit war längst über ihn hinweggegangen. Selbst die Freiheitsbewegung des Jahres 1848 brachte keine Änderung seiner Lebensverhältnisse. Als schließlich seine spärlichen Einkünfte nicht mehr ausreichten, um die Miete zu bezahlen, wurde das Ehepaar delogiert.
Maderspergers letzte Lebensstation war das Bürgerversorgungshaus in St. Marx vor den Toren der Stadt. Dort ist er nach etwa einmonatigem Aufenthalt am 2. Oktober 1850, vier Tage vor seinem 83. Geburtstag, an Altersschwäche gestorben. Der glück- und kinderlose Erfinder teilte im Tode das gleiche Schicksal wie der große Wolfgang Amadeus Mozart knappe sechzig Jahre zuvor: er wurde auf dem St. Marxer Friedhof in einem Schachtgrab beigesetzt.

Salomon Meyer, Freiherr von Rothschild: Geldgeber des Kaiserhauses und Financier des Eisenbahnbaus

Die Judenpolitik des österreichischen Kaiserreiches war im Bereich der Residenzstadt Wien von beabsichtigter Doppelgesichtigkeit geprägt. Das »Judenamt« überwachte die jüdische Bevölkerungsbewegung. Nicht allen Juden und deren Angehörigen war der Aufenthalt in Wien gestattet. Und diese mußten dafür Schutzgeld bezahlen, besaßen aber keine vollen Bürgerrechte. Sie durften zwar ihre Religion ausüben – 1825/26 entstand der straßenseitig als solcher nicht erkennbare Tempel in der Seitenstettengasse –, der Zutritt zu den öffentlichen Ämtern war ihnen jedoch verwehrt. Auch war es ihnen verboten, Grundbesitz zu erwerben.

Demgegenüber brachten die Behörden aus rein ökonomischen Gründen den Juden, die im Finanzgeschäft tätig waren, großes Wohlwollen entgegen. Jüdische Familien wie die Arnstein, Eskeles und Fries, die zur Geldaristokratie zählten, besaßen die vollen Bürgerrechte, hatten sich zum Großteil assimiliert und waren in die Gesellschaft integriert. Das Kaiserhaus vergalt ihnen ihre Dienste und Verdienste als Geldgeber mit der Verleihung von Adelstiteln.

Wenn ein Gutachten der Hofkanzlei 1833 feststellte: »Die hiesigen Israeliten stehen in fortwährender Berührung mit allen Klassen der Residenzbewohner, und zwar nicht bloß im Geschäfts-, sondern auch im geselligen Leben; ihre frühere Isolierung hat seit geraumer Zeit beinahe gänzlich aufgehört. Die Abneigung der christlichen gegen die jüdischen Religionsgenossen, welche letztere von den ersteren entfernt hielt, ist größtenteils verschwunden«, so galt dies in erster Linie für sie und ihresgleichen.

Die Glanzzeit der meisten alteingesessenen jüdischen Bankhäuser ging in der Biedermeierzeit allerdings zu Ende. Die Firma Arnstein & Eskeles verlor ihre Vorrangstellung, die Bankhäuser Fries und Geymüller machten bankrott. Als neuer Stern, der bald alle anderen überstrahlen sollte, tauchte am österreichischen Finanzhimmel das Haus Rothschild auf.

SALOMON MEYER, FREIHERR VON ROTHSCHILD

Kaiserlicher Geldgeber und Mäzen

Die Wiege der Rothschilds stand in Frankfurt. Ihre Vorfahren fristeten seit der Mitte des 16. Jahrhunderts in der Stadt am Main als kleine Händler ihr unscheinbares Leben, ehe 1743 jenes Familienmitglied geboren wurde, das den Grundstein zur weltumspannenden Größe des Hauses legte: Amschel Meyer Rothschild.

Der Mann, der im Verlaufe eines fast sieben Jahrzehnte währenden Lebens durch Klugheit, Menschenkenntnis, einen ausgesprochenen Geschäftssinn und ein feines Gespür für die Gunst der historischen Stunde ein sagenhaftes Vermögen erwarb, sollte eigentlich Rabbiner werden. Er besuchte auch für kurze Zeit die Talmudhochschule in Fürth. Aber dann starben die Eltern. Amschel mußte das Studium aufgeben und eine Lehrstelle im Bankhaus Oppenheimer in Hannover annehmen, wo er es durchaus zum Hauptbuchhalter oder gar bis zum Teilhaber hätte bringen können. Doch schienen ihn diese Aussichten nicht zu reizen. Er wollte frei sein und unabhängig, und so kehrte er eines Tages in seine Heimatstadt zurück. Dieser Entschluß war für die Weltgeschichte vielleicht bedeutsamer und folgenschwerer als viele historische Ereignisse, die in die Geschichtsbücher Eingang gefunden haben. Denn Amschel Meyer Rothschild hat eine einflußreiche Dynastie begründet, die es noch heute gibt, und er hat ein Finanzimperium geschaffen, das im 19. und 20. Jahrhundert die Wechselfälle des politischen Geschehens entscheidend mitbestimmte. Unauffällig und hinter den Kulissen zumeist, aber gerade deshalb umso nachhaltiger.

Die Grundlage für den Aufstieg Amschel Meyer Rothschilds zum führenden Financier und Geldgeber seiner Zeit war der Handel mit Münzen, den er im Rahmen des Altwarengeschäftes, dem sich die Rothschilds seit jeher verschrieben hatten, konsequent forcierte. Durch ihn und über einen Mittelsmann kam er in Geschäftsverbindung mit dem Landgrafen Wilhelm von Hessen-Nassau, dessen hingebungsvolle Tätigkeit das Anhäufen von Geld war. Amschel Meyer war ihm und seinem Nachfolger bei seinen Geldgeschäften behilflich und wurde lautlos und schrittweise zum Geldwechsler und schließlich zum Hofbankier.

Das war das eine Standbein, auf dem er seinen Reichtum begründete. Das andere war die Familie. Der geschäftstüchtige junge Mann hatte 1770 Gudula Schnapper geheiratet, eine Kaufmannstochter aus dem Frankfurter Ghetto. Der Ehe entsprossen zehn Kinder, fünf Töchter und fünf Söhne. Und diese Söhne waren seine beste Investition in die Zukunft. Amschel beschäftigte sie, sobald sie groß und gescheit genug dazu waren, in seinem Geschäft, weihte sie nach und nach in seine Praktiken, Transaktionen und Spekulationen ein. Es stellte sich bald heraus, daß sie allesamt sehr begabte, scharfe Rechner waren. Der Vater übertrug ihnen zunächst kleinere, dann immer größere und heiklere Aufgaben, stellte durch sie den Kontakt zu ausländischen Banken und Herrscherhäusern her, übertrug ihnen Schlüsselpositionen in der Firma, machte sie zu Teilhabern des von Jahr zu Jahr wachsenden Unternehmens.

Die Rothschild-Söhne errichteten in allen bedeutenden europäischen Hauptstädten Zweigstellen. Auf diese Weise entstand ein Geflecht von familiären Nachrichten- und Geschäftsverbindungen, Familie und Geschäft verschmolzen zu einer bestens funktionierenden Maschinerie.

Der älteste Sohn Amschel (1773–1855) übernahm das Stammhaus in Frankfurt und war der Schatzmeister des Deutschen Bundes, Salomon (1774–1855) knüpfte seine Fäden im kaiserlichen Wien, Nathan (1777–1836) war der Herr des Bankhauses in London, Carl (1788–1855) machte seine Geschäfte von Neapel aus, und der jüngste der Brüder, der elegante James (1792–1868), begründete den französischen Familienzweig. Dank dieses umspannenden Finanznetzes wurden die Rothschilds innerhalb eines halben Jahrhunderts zur reichsten Familie der Welt. Und sie dachten bald so dynastisch wie etwa das alteingesessene Haus Habsburg. Die Inzucht, die Verheiratung zwischen den Mitgliedern der einzelnen Familienzweige, wurde zum Ehedogma erhoben. Mit allen geschäftlichen Vor- und allen genetischen Nachteilen, die sich daraus ergaben.

Mit dem Haus Habsburg kamen die Rothschilds verhältnismäßig spät ins Geschäft. Kaiser Franz I. und sein Staatskanzler Fürst Klemens Lothar Metternich hielten lange Zeit zu ihnen kühle Distanz. Zum

Wiener Kongreß des Jahres 1814/15 entsandte das Haus Rothschild aus diesem Grund keinen Vertreter. Es hielt sich abwartend im Hintergrund. Als nach der Rückkehr Napoleons von der Insel Elba die Alliierten wieder gemeinsam militärisch gegen den ehemaligen Kaiser der Franzosen vorgehen mußten und auf weitere englische Hilfszahlungen angewiesen waren, änderte sich die Sachlage jedoch schlagartig. Mit der Übermittlung des Geldes wurde das Haus Rothschild betraut. Salomon, der zweitälteste Sohn Amschels, den wir von nun an schärfer ins Bild rücken werden, erhielt für eine ansehnliche Vorschußzahlung an die preußische Regierung den Titel eines Kommerzienrates. Und auch die österreichischen Behörden setzten nach einer Intervention des britischen Außenministeriums der Überweisung der Subsidien durch die Rothschilds keinen Widerstand mehr entgegen.
Napoleon wird bei Waterloo im heutigen Belgien geschlagen. Die Niederlage ist endgültig. Zu den großen Gewinnern der Schlacht gehört auch das Haus Rothschild. Es genießt nun international einen so großen Kredit, daß die Brüder Rothschild von jetzt ab auch vom habsburgischen Vielvölkerstaat für alle möglichen Geldgeschäfte herangezogen werden. Die Rothschilds verlangen dafür als Gegenleistung vor allem einmal eine gesellschaftliche Rangerhöhung. Sie wird ihnen gewährt. Über Vorschlag des damaligen Finanzministers, Johann Philipp Stadion, und mit Einverständnis Metternichs werden Amschel und Salomon Meyer Rothschild mit kaiserlichem Dekret vom 21. Oktober 1816 in den Adelsstand erhoben. Damit ist der Bann endgültig gebrochen.

Zur ersten persönlichen Begegnung zwischen dem Fürsten Metternich und den Brüdern Salomon und Carl Rothschild kam es durch Vermittlung von Friedrich von Gentz 1818 auf dem Kongreß zu Aachen. Sie legte den Grundstein für die künftige Zusammenarbeit. Über Gentz, der ihn mit wichtigen Nachrichten versorgte, erhielt Salomon Rothschild künftighin einen unschätzbaren Einblick in das Getriebe der europäischen Politik.
Der lebenslustige, stets geldbedürftige Hofrat aus Preußen ließ sich seine Dienste gut bezahlen. In seinen Tagebüchern vermerkte er gewissenhaft die Geldzahlungen, die er von Salomon Rothschild für alle möglichen Auskünfte zu allen möglichen Anlässen für alle nur denkbaren Zwecke erhielt.

Es ist nicht uninteressant, was der bestechliche Publizist und Staatsmann von seinen Geldgebern hielt. Als ihn sein Freund, der Schriftsteller und Hauptvertreter der politischen Romantik, Adam Müller, um eine kurze Charakteristik der Familie bat, schrieb er ihm: »Es hat mich sehr ergötzt, daß Sie eine Monographie der Rothschilds wünschen, einer der witzigsten und glücklichsten Gedanken, die mir seit langem vorgekommen sind. Das Wort ist um so treffender, weil die Rothschilds in der Tat eine eigene species plantarum bilden, die ihre eigenen charakteristischen Merkmale hat. Sie sind gemeine, unwissende Juden, von gutem äußeren Anstand, in ihrem Handwerke bloße Naturalisten, ohne irgendeine Ahnung eines höheren Zusammenhanges der Dinge, aber mit einem bewunderungswürdigen Instinkt begabt, der sie immer das Rechte und zwischen zwei Rechten immer das Beste wählen heißt. Ihr ungeheurer Reichtum (sie sind die ersten in Europa) ist durchaus das Werk dieses Instinktes ... Ich erzähle con amore von diesen Menschen und diesen Geschäften, denn sie waren meine Erholung in Aachen und zugleich habe ich von ihnen gelernt.«

Einige Jahre später, 1826, als Gentz für eine neue Ausgabe des angesehenen und weitverbreiteten Konversationslexikons des Verlages F. A. Brockhaus einen Artikel über den Werdegang des Hauses Rothschild schrieb, las es sich schon etwas anders: »Rothschild, gegenwärtig das größte aller Handelshäuser«, formulierte er geschickt und stilistisch brillant, »gehört zu denen, die bloß durch einsichtsvolle Benutzung der Wege, die tausend anderen ebenfalls offenstanden, durch wohlverstandenen Unternehmungsgeist geregelten, gleichförmigen Gang, richtige Schätzung der Menschen und Dinge und Eingehen auf die Zeitverhältnisse groß und blühend geworden sind. Der Stifter dieses Hauses war Meyer Amschel Rothschild, der Vater der jetzt lebenden fünf Brüder ... In kurzer Zeit gewannen ihm seine Kenntnisse, seine unermüdliche Tätigkeit und die vielfach erprobte Redlichkeit seiner Denkungsart das Vertrauen ansehnlicher Häuser; er erhielt bedeutende Aufträge, und sein Kredit wie sein Vermögen nahmen zu ... Mit größter Gewissenhaftigkeit«, heißt es dann lobhudelnd weiter, »hielten die Brüder das Gebot unverbrücherlicher Eintracht und Gemeinschaftlichkeit in allen Geschäften, welches der sterbende Vater ihnen ans Herz gelegt ... Seit dem Tode des Vaters wurde jeder Antrag, von welcher Seite er auch ausgehen mochte, der Gegenstand ihrer gemeinsamen Beratungen; jede nur

einigermaßen bedeutende Operation ward nach einem verabredeten Plane und mit vereinten Anstrengungen geführt, und alle Brüder hatten gleichen Anteil an den Resultaten.«
Salomon Rothschild, der Gentz gebeten hatte, den Artikel zu schreiben, konnte zufrieden sein. Der »Sekretär Europas« auch. Die fürstliche Belohnung, die er dafür erhielt, half ihm in den nächsten Monaten über seine Geldschwierigkeiten hinweg.

Salomon Rothschild, am 9. September 1774 in Frankfurt geboren, spann seine finanzpolitischen Fäden ab dem Jahre 1819 von der Wiener Zweigniederlassung aus. Er hatte um eine Aufenthaltsgenehmigung angesucht, die ihm von Seiner Majestät, dem Kaiser, allerhöchst und allergnädigst gewährt worden war. Da er als Jude kein Haus erwerben durfte, mietete er zunächst ein Zimmer im Hotel »Zum Römischen Kaiser« auf der Freyung Nr. 138. Nach und nach mietete er Zimmer um Zimmer dazu, so daß er allmählich eine ganze Etage und schließlich mit seiner Schar von Angestellten das ganze Haus bewohnte.
Salomon war für den Job in der kaiserlichen Residenzstadt wie geschaffen. Als Diplomat von Natur fand er sich auf dem glatten Wiener Parkett von allem Anfang an gut zurecht. Er war höflich, lebenserfahren, bescheiden und zurückhaltend.
Seine Pläne und seinen gesellschaftlichen Aufstieg verfolgte er allerdings mit zäher Verbissenheit. Bereits 1822 erreichte er seine Erhebung in den Freiherrenstand. Mag der jüdische Emporkömmling von einigen Mitgliedern der Hocharistokratie auch scheel angesehen worden sein, so konnte man doch nicht umhin, den Einladungen zu seinen unterhaltsamen Diners Folge zu leisten. Selbst Fürst Metternich, der allmächtige Staatskanzler, gab ihm oft die Ehre, und Salomon Rothschild war andererseits auch dessen häufiger Gast im Palais auf dem Rennweg. Nicht einmal die Räume auf dem Ballhausplatz waren für den einstigen Bewohner des Frankfurter Ghettos tabu.
Um die österreichischen Staatsfinanzen war es in den zwanziger Jahren des vorigen Jahrhunderts schlecht bestellt. Wohl war nach dem Staatsbankrott des Jahres 1811 mit der Gründung der »Privilegierten Nazional-Bank« die Währung saniert worden, aber der Geldbedarf des Staates war nach wie vor groß. Der Geldmangel war eine habsburgische Krankheit, die von Generation zu Generation weitervererbt wurde.

Salomon Rothschild bewies gleich zu Beginn seiner Wiener Tätigkeit seine großen geschäftlichen Fähigkeiten. Er legte eine österreichische Staatsanleihe in der Höhe von 55 Millionen Gulden auf. Hiebei bediente er sich einer Reihe von Schachzügen, die bis dahin in der Residenzstadt des Kaisers noch nicht praktiziert worden waren. Zunächst lancierte er in der Presse Artikel, in denen auf die Vorteile und die hohe Verzinsung einer sicheren Geldanlage hingewiesen wurde. Nach dieser psychologischen, werbefachmännischen Einstimmung des kapitalkräftigen Publikums begab er die erste Tranche der Anleihe, ohne auf deren Gesamthöhe hinzuweisen, und zwar in der ungewöhnlichen Form einer Lotterie. Die Obligationen in der Höhe von 20 Millionen fanden riesigen Zuspruch und wurden rasch gezeichnet. Nun erst emittierte er die restlichen 35 Millionen Gulden. Obwohl die Interessenten darauf zunächst überrascht und verärgert reagierten, war auch die zweite Tranche der Anleihe bald abverkauft. Der Erfolg war durchschlagend. Das Habsburgerreich konnte über die gewünschten Summen verfügen, die Zeichner der Anleihe erfreuten sich einer ansehnlichen Rendite. Salomon Rothschild strich, wie er später einmal zugab, sechs Millionen Gulden an Gewinn ein.

In der Folgezeit gestalteten sich die Beziehungen zwischen dem Haus Rothschild und den leitenden Staatsmännern des Habsburgerreiches immer enger. Vor allem Metternich und Finanzminister Graf Stadion setzten ganz auf die Rothschilds. Metternich nahm nicht nur privat eine Anleihe von 900 000 Gulden auf, er finanzierte auch seine Interventionspolitik über die Rothschildschen Bankhäuser. Die militärische Intervention Österreichs des Jahres 1821 im Königreich Neapel und das Eingreifen Frankreichs in Spanien 1822 wurden mit Geldern der Rothschilds finanziert.
Natürlich hatte das seinen Preis. Die Schutzherrschaft Metternichs öffnete Salomon Rothschild die exklusivsten Salons der Wiener Hocharistokratie, Gentz schrieb in verschiedenen Zeitschriften mit seiner geschickten Feder lobende Artikel über die Bankiersfamilie und machte seinen Einfluß auf die Presse zugunsten des Hauses geltend. Von ihm erhielt Salomon Rothschild auch alle wichtigen Informationen über innen- und außenpolitische Vorgänge von Bedeutung. Diese vertraulichen Mitteilungen ermöglichten nicht selten rasche Entscheidungen, die an-

sehnliche Gewinne brachten. Der bestechliche Informant erfreute sich als Gegenleistung hoher Summen, mit denen er seinen aufwendigen Lebensstil finanzierte.

Der steile Aufstieg des Hauses Rothschild zu sagenhaftem Reichtum und Ruhm weckte natürlich Neidkomplexe, führte zu allerlei Vermutungen und Verdächtigungen, verstärkte antisemitische Gefühle. Noch heute wird der Name Rothschild da und dort mit Gewinnsucht und Profitgier assoziiert. Goethe hat einmal im Zusammenhang mit der Vollbringung großer Leistungen gesagt: »Dante erscheint uns groß, aber er hat eine Kultur von Jahrhunderten hinter sich; das Haus Rothschild ist reich, aber es hat mehr als ein Menschenalter gekostet, um zu solchen Schätzen zu gelangen.«

Der allgewaltige Fürst Metternich, der »Kutscher Europas«, wie er von manchen Historikern bezeichnet wird, benützte seine engen Beziehungen zu Salomon Rothschild auch dazu, ihn zu Zeiten politischer und wirtschaftlicher Krisen als Kundschafter und Mittelsperson einzusetzen. So begab sich der Finanzier im Frühjahr 1830 nach Frankreich, wo sich über dem Haupt König Karls X. drohende Gewitterwolken zusammenzogen. Er erkundete die politische Situation und erstattete dem Staatskanzler darüber einen schriftlichen Bericht. Auch über den Ausbruch der Julirevolution, die Rothschild persönlich miterlebte, setzte er Metternich und Gentz mittels Kurierpost in Kenntnis.

Das Haus Rothschild hatte natürlich schon aus Geschäftsgründen großes Interesse an der Erhaltung des Friedens. Revolutionen und Kriege kosten nicht nur Geld, sie führen auch zu Kursverlusten an der Börse und zu Ertragseinbrüchen bei Staatsanleihen und Wertpapieren.

Als die Revolution von Frankreich aus auf andere Länder übergriff, war der Ausbruch eines europäischen Krieges nicht auszuschließen. Metternich, der sein politisches Lebenswerk bedroht sah, redete einem bewaffneten Einschreiten der europäischen Mächte gegen die »Kräfte der Anarchie« das Wort. James in Paris beschwor seinen Bruder, bei Metternich vorstellig zu werden. »Ich bitte Dich nun lieber Salomon, *dringend*«, schrieb er, »lasse dem Fürsten Metternich keine Ruhe und quäle ihn um die Erhaltung des Friedens, den ganz Europa so nötig hat, da der Fürst allein die Macht hat, den Frieden zu erhalten.«

Tatsächlich gelang es den Rothschild-Brüdern in gemeinsamer Anstrengung, einen Krieg zu verhindern.

Nach der endgültigen Abwendung der Kriegsgefahr konnte sich Salomon wieder anderen Aufgaben zuwenden. Zunächst einmal gewann er den gefürchteten, scharfzüngigen Kritiker und Journalisten Moritz Gottlieb Saphir, der alles und jedes kritisierte, durch die Zusicherung milder Gaben und einer mehrjährigen staatlichen Rente für seine eigenen und des Kanzlers Interessen.

Ungefähr zur gleichen Zeit erwies er Metternich wieder einmal einen großen Dienst. Der schon alternde Kanzler heiratete im Januar 1831 in dritter Ehe die schöne, lebenslustige 26jährige Gräfin Melanie Zichy-Ferraris, die Tochter einer politisch sehr einflußreichen, im großen Stil lebenden Familie, die zur Klientel der Rothschilds gehörte. Salomon traf gemeinsam mit dem Bankhaus Eskeles die nötigen finanziellen Arrangements, und machte sich auf diese Weise die Frau des Staatskanzlers beim Gemahl und auch im Kaiserhaus zur Fürsprecherin seiner Anliegen und Wünsche. Ein Jahr später verlor er jedoch einen seiner treuesten Kunden und einflußreichsten Helfer: Am 9. Juni 1832, im Todesjahr Goethes, schied der lebenslustige Friedrich von Gentz aus dem Leben.

Schon drei Jahre danach war es wieder ein Todesfall, der Salomon Rothschild in Unruhe versetzte. Am 2. März 1835 starb Kaiser Franz I. Dessen ältester Sohn und Nachfolger, Ferdinand, war Epileptiker und für die Regierung eines so großen Reiches, wie es die Habsburgermonarchie war, denkbar ungeeignet. Würde in dieser »absoluten Monarchie ohne Monarchen«, wie Karl Friedrich Kübeck das Staatsgebilde schon kurz nach des Kaisers Tod treffend bezeichnete, Metternich weiterhin das Sagen haben? Salomon Rothschild bangte um seinen Einfluß. Doch er konnte beruhigt sein.

In seinem Testament, dessen Entwurf freilich in Metternichs Staatskanzlei konzipiert worden war, empfahl der Kaiser kurz vor seinem Tod seinem Sohn, an den Grundlagen des Staatsgebäudes nichts zu verrücken. »Regiere und verändere nicht«, heißt es da, und Metternich betreffend: »Übertrage auf den Fürsten Metternich, Meinen treuesten Diener und Freund, das Vertrauen, welches Ich ihm während einer so langen Reihe von Jahren gewidmet habe. Fasse über öffentliche Angelegenheiten, wie über Personen, keine Entschlüsse, ohne ihn darüber gehört zu haben.«

Das war eindeutig. Es blieb zwar nicht alles beim alten, Metternich erwuchs in Franz Anton Kolowrat innenpolitisch ein gefährlicher Gegner, aber der Fürst hielt das Staatsruder weiterhin mehr oder weniger fest in der Hand. Die Rothschilds blieben im Rennen.

Mit dem Beginn des Eisenbahnzeitalters schlugen Salomon Rothschilds große Stunden in Österreich. Die Wiege des Eisenbahnbaues stand bekanntlich in England. Dort erkannte allerdings Salomons Bruder Nathan die epochale Bedeutung nicht, die in der Installierung eines von einer Dampflokomotive betriebenen öffentlichen Verkehrsmittels lag. Als er zu begreifen begann, welche Gewinnmöglichkeiten der Eisenbahnbau bot, hatten bereits andere Financiers zugepackt. Aber die Eisenbahn fuhr den Rothschilds trotzdem nicht davon. Nathan informierte seine Brüder auf dem Kontinent über die sich bietenden Chancen, und Salomon schaltete sofort. Er erkannte unverzüglich die günstigen Geschäftsaussichten, die sich auf dem Verkehrssektor für ihn eröffneten.

Und da dem Tüchtigen bekanntlich auch das Glück zufliegt, stieß er per Zufall auch auf den Experten, der ihn beriet und in seinen Plänen bestärkte. Es war Franz Xaver Riepl, Professor am k.k. Polytechnischen Institut in Wien.

Riepl hatte lange Zeit im Eisenwerk im mährischen Witkowitz gearbeitet. In der Nähe – bei Mährisch Ostrau – gab es riesige Kohlenvorräte. Das Eisenwerk war gebaut worden, um die Kohle rentabel zu verwerten, aber ihre Beförderung war wegen der miserablen Verkehrswege unwirtschaftlich. Riepl erkannte die Eisenbahn hellsichtig als den Verkehrsträger der Zukunft. Die Kohle, so überlegte er, könnte per Eisenbahn billig befördert, und die Eisenbahnschienen könnten in Witkowitz erzeugt werden. Salomon Rothschild war von dieser Idee begeistert. Er schickte seinen Prokuristen Leopold von Wertheimstein mit Riepl und einer Kommission zu Studienzwecken nach England. Das Gutachten, mit dem sie zurückkamen, war vielversprechend. Rothschild entschloß sich daraufhin, nachdem sich die politischen Turbulenzen im Gefolge der Revolution des Jahres 1830 in Europa gelegt hatten, im April 1835 um die Bewilligung des Privilegs zum Eisenbahnbau anzusuchen.

Es war nicht leicht, die führenden Kreise dafür zu gewinnen. Die Habsburgermonarchie war ein konservatives, schwerfälliges Staatsgebilde, das hinter Großbritannien und Frankreich wirtschaftlich hinterherhinkte. Aber selbst im fortschrittlichen England waren die rauchenden

Dampfungeheuer auf massiven Widerstand gestoßen. Gegen das neue Verkehrsmittel wurden selbst von gebildeten Leuten die unsinnigsten und haarsträubendsten Argumente vorgebracht. Der menschliche Organismus könne eine Geschwindigkeit von mehr als 25 Kilometern nicht ertragen, bei der Fahrt durch einen Tunnel von mehr als 50 Metern Länge würden die Reisenden ersticken, schon der Anblick einer Dampflokomotive erschüttere das menschliche Nervensystem. Die Gazetten überboten einander an Berichten mit solchen und ähnlichen Schauermärchen.

Seltsamerweise war Ferdinand, der junge Kaiser, im Gegensatz zu seinem Vater, der Eisenbahn sehr gewogen. Und da ihm Metternich das Gesuch Rothschilds befürwortend vorlegte, wurde Salomon die Konzession für den Bau einer Eisenbahnlinie von Wien in das galizische Bochnia erteilt.

Der Kostenvoranschlag für den Bahnbau wurde mit 12 Millionen Gulden beziffert. Salomon Rothschild legte 12 000 Aktien zu je 1 000 Gulden auf. 8 000 Aktien zeichnete er selbst., 4 000 gelangten in den Handel. In kurzer Zeit fanden sich mehr als 27 000 Interessenten dafür. Gemeinsam mit dem Bankhaus Geymüller pachtete Rothschild das Eisenwerk Witkowitz, 1841 ging es in sein Eigentum über.

Aber auch einem Salomon Rothschild unterliefen Fehler. Er hatte es verabsäumt, an eine Eisenbahntrasse von Wien nach dem Süden zu denken. Als er um die Genehmigung für eine Trassierung ansuchte, war ihm bereits einer seiner Konkurrenten, der reiche Freiherr Simon Georg Sina, zuvorgekommen. Die Südbahnstrecke wurde ohne Rothschild-Gelder gebaut.

Die Bauarbeiten auf der Strecke Wien–Bochnia liefen an. Am 19. November 1837 wurde der erste Abschnitt der »Kaiser-Ferdinands-Nord-Bahn«, die Strecke von Floridsdorf nach Deutsch-Wagram, in Betrieb genommen. Die Dampflokomotive »Austria«, im englischen Newcastle gebaut, zog mit einer Höchstgeschwindigkeit von 33 km/h acht in Österreich gefertigte Waggons, in denen 164 geladene Gäste saßen, durch die Landschaft. »Das Dahingleiten des Zuges auf der schönen weiten Bahn gewährte einen imposanten Anblick« war in der »Theaterzeitung« zu lesen, »Jubelgeschrei und freudiger Zuruf erscholl von allen Seiten. Man begrüßte ihn mit Freudenschüssen, Schwenken der Hüte

usw., und rings offenbarte sich die lebendigste Anteilnahme an der interessanten Fahrt ...«
Nach Fertigstellung des Nordbahnhofes und der Holzbrücken über die Donau fuhr die »Austria« 1838 von Wien los, 1839 konnte sie bereits die Strecke Wien–Brünn befahren. Die Stadt Brünn verlieh bei dieser Gelegenheit Salomon Rothschild die Ehrenbürgerschaft. Dank des Weitblicks einiger Techniker und der Initiative des Hauses Rothschild hatte auch in Österreich wirtschaftlich eine neue Ära begonnen. Salomon Rothschild, das sei am Rande vermerkt, stand auch hinter der Gründung des Österreichischen Lloyd, der Dampfschiffahrtsgesellschaft der Donaumonarchie.

Der rührige, geschäftstüchtige Bankier hatte sich im katholischen Österreich eine angesehene Stellung verschafft. Er hatte mehr als einmal Anleihen in zweistelliger Millionenhöhe gezeichnet, dem Staat des öfteren aus Finanzkrisen geholfen oder ihn davor bewahrt. Metternich erhielt von ihm eine finanzielle Zuwendung nach der anderen, die Fürstenhäuser Schwarzenberg und Esterházy-Galanta, um nur einige zu nennen, waren seine Schuldner. Der Volksmund, der ein feines Gespür für realistische Sachverhalte und ein Geschick für pointierte Formulierungen hat, sprach von zwei regierenden Fürsten in Österreich: Kaiser Ferdinand und König Salomon.
Trotz allem war Salomon Rothschild als Jude in seinem Tun und Handeln weiterhin Beschränkungen unterworfen. Während seine Brüder längst in luxuriös ausgestatteten Schlössern lebten, wohnte er noch immer in einem Hotel. Mit Beharrlichkeit erreichte er zunächst, daß er sein langjähriges Domizil kaufen durfte. Aber er gab sich damit nicht zufrieden. Er wollte Grundbesitz erwerben. Wenn schon nicht in der Nähe der kaiserlichen Residenzstadt, so doch wenigstens im entfernten Mähren. Ein diesbezügliches Ansuchen brachte er bei der hiefür zuständigen Behörde ein.
Die mährischen Adeligen empörten sich, als sie davon erfuhren. Ein Jude als Nachbar, das sei für sie undenkbar. Aber Salomon Rothschild gab nicht nach. Endlich, nach jahrelangen Bemühungen, erhielt er 1834 die Genehmigung zum Ankauf von Grund und Boden. Er machte von dem ihm gewährten Recht unverzüglich Gebrauch und kaufte Herrensitze mit Schlössern, Parkanlagen, Feldern und Wäldern in Mähren

und Schlesien (Schillersdorf, Oderberg, Hultschin) und wurde so zu einem der größten Grundbesitzer der Donaumonarchie. Industrieanlagen besaß er bereits: Neben dem riesigen Bergbau- und Eisenhüttenunternehmen in Witkowitz hatte er in Dalmatien Asphaltgruben und das Quecksilberbergwerk von Idria erworben.
Im Jahre 1843 wurde Salomon Rothschild noch eine besondere Ehre zuteil: die Stadt Wien machte ihn zum Ehrenbürger. Als Grund für diese Entscheidung konnten nicht nur die vielen finanziellen und wirtschaftlichen Maßnahmen gelten, die er getroffen hatte und die mittel- und unmittelbar auch der Stadt zugute kamen. Salomon Rothschild war auch ein sozial denkender, wohltätiger Mensch. So ließ er etwa ein Kinderspital erbauen, errichtete eine Stiftung für die Heiratsausstattung von Bürgerstöchtern und war auch für seine ärmeren Glaubensbrüder in vielfacher Weise karitativ tätig. Seine Nachfahren haben seine philanthropische Generosität beibehalten und sogar noch überboten.

Mitte der vierziger Jahre machten sich im multinationalen Reich der Habsburger bereits revolutionäre Strömungen bemerkbar. Die Unzufriedenheit mit dem »System Metternich« wuchs von Tag zu Tag. Dem Staatskanzler blieb das natürlich nicht verborgen. Als sich Anfang Januar 1848 die Lage im Lombardo-Venezianischen Königreich zuspitzte, dachte Metternich wieder einmal an Truppenverstärkung, wozu er natürlich Geld brauchte. Baron Rothschild war bereit, es zur Verfügung zu stellen. Er hielt Metternich die Treue, knüpfte sein eigenes Schicksal an das seine. Bei einem ihrer letzten Gespräche, bevor der Sturm losbrach, sagte der Staatskanzler zu Salomon: »Holt mich der Teufel, so holt er Sie auch.« Er sollte recht behalten.
Am 13. März 1848 ereilte zunächst einmal den Fürsten Klemens Wenzel Lothar Metternich sein Schicksal. Am Abend dieses denkwürdigen Tages trat der mächtigste Mann des Kaiserstaates, der längst zum Symbol vormärzlicher Unterdrückung geworden war, von seinem Amt zurück. Einen Tag später flüchtete er mit seiner Familie aus dem revolutionären Wien in das liberale England.
Salomon Rothschild erwies ihm einen letzten Freundschaftsdienst. Er übersandte dem Fünfundsiebzigjährigen ein Zehrgeld von 1000 Dukaten und einen Kreditbrief.
Er selbst blieb in der brodelnden Stadt zurück und beobachtete sor-

genvoll den weiteren Verlauf der Dinge. Als im Oktober, beim neuerlichen Ausbruch der Revolution, sein Haus gestürmt wurde, ergriff auch er die Flucht. Er hielt sich zunächst noch einige Zeit in der Nähe der Hauptstadt verborgen, benützte aber dann die nächstbeste Gelegenheit zur Ausreise nach Frankfurt. Sein Prokurist Goldschmied schaffte ihm, als Milchmann verkleidet, seine Schätze aus Wien.

Metternich kehrte nach der Niederwerfung der Revolution wieder nach Wien zurück und verbrachte hier seinen Lebensabend. Salomon Rothschild war zu einer Rückkehr in die Kaiserstadt nicht mehr zu bewegen. Er gab Diners, stattete seinem Bruder James in Paris Besuche ab, verfolgte mit Interesse die Entwicklung der europäischen Politik, vermittelte Geschäfte und überließ die Leitung des Wiener Bankhauses mehr und mehr seinem Sohn Anselm.

Salomon Rothschild starb am 28. Juni 1855 in Paris, im gleichen Jahr wie seine Brüder Amschel und Carl. Auf den soliden, ertragreichen wirtschaftlichen Grundlagen, die er im Vormärz in der Habsburgermonarchie für sein Haus gelegt hatte, errichteten seine Nachkommen in den folgenden Jahrzehnten ein einflußreiches Gebäude wirtschaftspolitischer Macht, das den Übergang vom monarchischen Großstaat zur republikanischen Kleinstaatlichkeit verhältnismäßig gut überstand. Erst als im März 1938 Österreich von Hitlerdeutschland ausgelöscht wurde, gingen auch in den prachtvollen Rothschild-Palais in der Prinz-Eugen-Straße und in der Theresianumgasse die Lichter aus.

DIE MALEREI ALS ABBILD KLEINBÜRGERLICHEN UND BÜRGERLICHEN MILIEUS

Kultur und Geist der Biedermeierzeit manifestieren sich für die Nachwelt am sichtbarsten in der Malerei. In den Bildern zahlreicher Maler, die zwischen 1815 und 1848 ihre Werke schufen, reflektieren sich bürgerliches Lebensgefühl und biedermeierliche Häuslichkeit. Die Konzentration der Biedermeier-Malerei auf den Alltag und das Familienleben schloß den Zug ins Monumentale, der die vorangegangene Malepoche charakterisiert hatte, von vornherein weitgehend aus. Das Kleinformat erhält den Vorzug, das Sitten- und Genrebild wird favorisiert. Dazu gesellen sich Porträts und Landschaften, Veduten und Miniaturen als weitere bevorzugte Gattungen. Das Diesseitige wird dem Religiösen thematisch vorangestellt.

Gesellschaftspolitisch reicht die Bandbreite der Darstellungen vom Kaiserhaus über den Adel, Groß- und Kleinbürgertum bis zum Knecht, zum Taglöhner und zum Bettler. Auch die Schattenseiten der Zeit werden sozialkritisch thematisiert. Für den Maler war die Kritik am politischen System viel ungefährlicher als für den Schriftsteller, da die Zensur dem Bild viel schwerer beikommen konnte als dem wesentlich verwundbareren Wort.

Der vierte Stand, das im Entstehen begriffene Industrieproletariat, steht allerdings nicht im Blickfeld der Malkunst.

Die Kunstgeschichtsforschung unterscheidet in der Malerei der Biedermeierzeit zwei Richtungen: eine weiche malerische, die die barocke Tradition weiterführte, und eine herbere zeichnerische, die vom Klassizismus her kam. Beiden gemeinsam ist die Vorliebe für das Intime, Beschauliche, Naturgetreue, wobei es bei der Wiedergabe der Realität nie um banale, gedankenlose Abbildung der Wirklichkeit ging.

Entscheidend für viele Biedermeier-Maler war die Begegnung mit den Werken der niederländischen Malerei des 17. Jahrhunderts.

Von der Sichtweise, der Maltechnik und der bürgerlichen Thematik der Holländer und Flamen erhielten sie wertvolle Anregungen und Impulse. Die Malerei nimmt innerhalb der österreichischen Biedermeier-Kultur einen hervorragenden Platz ein. Als einer ihrer typischsten Vertreter wird heute Peter Fendi betrachtet, der die zentrale Gattung der Epoche, das Genrebild, zur höchsten Entfaltung brachte. Der »malende Schubert«, wie ihn ein Zeitgenosse nannte, schlug in den Bildern seiner Spätzeit häufig sozialkritische Töne an. Sein Schüler Carl Schindler widmete sich vorwiegend der Darstellung des militärischen Alltags, Joseph Kriehuber und Friedrich Amerling machten sich als Porträtmaler einen Namen, Moritz Michael Daffingers Vorliebe gehörte der Miniaturmalerei. Friedrich Gauermann gilt als Bahnbrecher des Landschaftsnaturalismus, die biedermeierliche Landschaftsmalerei fand im Werk von Franz Steinfeld ihren charakteristischsten Ausdruck. Das umfangreiche, weitgespannte Œuvre Ferdinand Georg Waldmüllers, der als Prototyp des Biedermeier-Malers gilt, leitet bereits zur Kunst der zweiten Jahrhunderthälfte über. Johann

Der Maler Joseph Danhauser geißelte in manchen seiner Bilder die Laster des Bürgertums

Michael Neder bannte nüchtern und unpathetisch das kleinbürgerliche und bäuerliche Leben in der Vorstadt auf die Malerleinwand, Joseph Danhauser schildert – des öfteren mit erhobenem Zeigefinger – die Tugenden und Laster des Bürgertums.

Der Schusterlehrling blieb nicht bei seinem Leisten. Er wurde Maler.

JOHANN MICHAEL NEDER
Der Volksmaler aus Oberdöbling

In der großen, umfassenden Biedermeierausstellung des Jahres 1993 in Wien war auch Johann Michael Neder mit einigen Bildern aus Galerien und aus Privatbesitz vertreten. Neders Werk, das erst 1940, mehr als ein halbes Jahrhundert nach seinem einsamen Tod, in der Wiener Galerie Welz zum erstenmal in einer Gesamtschau der Öffentlichkeit vorgestellt wurde, wird heute als wichtiger, unverwechselbarer Bestandteil der Biedermeier-Malerei betrachtet. Das war nicht immer so. Zu seinen Lebzeiten nur einem kleinen Kreis von Interessierten bekannt und wohl nicht sonderlich geschätzt, wurden Neders Bilder bis weit in das 20. Jahrhundert von der Kunstgeschichte als Dilettantismus abgetan und abgewertet, blieben zumindest unbeachtet. Es bedurfte erst einer neuen Sichtweise und des psychoanalytischen Blickes unserer Zeit, ehe man begann, Neders geradlinige, spröde, bis an die Grenze der Primitivität reichende Bildsprache richtig zu sehen, zu deuten und zu verstehen.

Johann Michael Neder war ein Außenseiter. Er war nie salonfähig. Weder als Persönlichkeit noch als Künstler. Vom Wiener Groß- und Bildungsbürgertum trennten ihn und seine Malkunst abkunftsmäßig und geistig Welten. Diese Feststellung ist durchaus auch räumlich zu verstehen, wenn man bedenkt, daß Oberdöbling, wo er geboren wurde und den Großteil seines Lebens verbrachte, damals eine Landgemeinde war, in die der Großstädter auf Sommerfrische fuhr.
Neder entstammte dem kleinbürgerlichen Milieu der Handwerker. Er wurde nach eigenen Angaben am 28. April 1807 (in einigen Lexika wird der 29. April als Geburtsdatum angeführt) als Sohn eines Schuhmachers geboren. Die Mutter, eine gewisse Anna Maria Hengel, starb, als der Bub zwei Jahre alt war. Die Erziehung und Fürsorge des Halbwaisen übernahm die Großmutter. Als der Vater wieder heiratete, verbrachte das Kind ein paar Jahre in Unter-Hollabrunn, woher die Stiefmutter stammte. 1813 kehrte der Vater nach Oberdöbling zurück. Von

diesem Jahr an datieren Neders Kindheitserinnerungen, die er Jahrzehnte später niederschrieb. Die unvollständige Autobiographie, die Karl Hareiter veröffentlicht hat, ist eine Quelle besonderer Art. Sie gibt in verhältnismäßig korrekter Orthographie, aber stilistischer Hilflosigkeit einen Einblick in seinen persönlichen Werdegang und in die Familienverhältnisse des handwerklichen Kleinbürgertums.
Die Zeiten waren hart, die Lebensbedingungen vieler Menschen schlecht bis unerträglich, die Wohnverhältnisse miserabel. Das Kind mußte auf dem Dachboden schlafen, »wo der Wind zwischen der Feuermauer und dem Dach den Schnee im Winter hereingeweht hatte. Den Kopfpolster habe ich umgekehrt«, wird er sich später erinnern, »auf der Tuchent habe ich ihn liegen lassen, wo dann gewöhnlich erst um 12 Uhr nachts der Lehrbub zu mir hereingekrochen ist… Einmal bin ich auch, weil ich keinen Nachttopf oben hatte, von der verkehrten Seite auf die Bodenstiege gekommen und heruntergefallen, wo ich mir den ganzen Rücken aufgeschunden habe, auch ist mein Vater, welcher den Fall gehört hat, sogleich herausgekommen. Doch weil mir weiter nichts geschehen ist, mußte ich wieder auf den Boden hinauf, später bin ich gar in einer Mehltruhe gelegen, wo ich in zwei Säcke hineingeschloffen bin.« Die Volksschule besuchte Michael, der auch ein halbes Jahr im Döblinger k.k. Waisenhaus untergebracht war, in Oberdöbling. Wie lange und mit welchem Erfolg, berichtet er nicht. Er scheint kein besonders aufmerksamer Schüler gewesen zu sein. Immer wieder beschäftigte er sich während des Unterrichts mit dem Zeichnen von Figuren. Und da er dadurch seine Mitschüler ablenkte, bekam er des öfteren den Rohrstab des Lehrers zu spüren. Sein offenkundiges Zeichentalent zu fördern kam weder seinem Lehrer noch seinem Vater in den Sinn. Der Sohn eines Schusters hatte bei seinem Leisten zu bleiben.

Und so begann Michael Neder dann auch im 13. Lebensjahr seine Lehre in der väterlichen Werkstatt. Er hatte eben erst ein halbes Jahr seiner Lehrzeit absolviert, als eine schicksalhafte Fügung sein Leben in eine andere Richtung steuerte. Eines Tages zeichnete der Lehrbub in einer Arbeitspause einen Vogelkörper auf eine Hauswand, als eine vornehme Dame des Weges kam. Neder bezeichnete sie später als Fräulein von Henikstein, nachmalige Frau von Brevillier. Interessiert blieb die Dame stehen, fragte den jungen Mann nach seinen Lebensumständen und schickte ihm kurze Zeit darauf ein paar Zeichenutensilien (Papier, Bleistift, einen Steindruck und eine Madonna mit Kind als Vorlage) für die weitere Ausübung seines Hobbys. Mehr noch: sie nahm Kontakt mit dem Grafen Anton Franz Lamberg-Sprinzenstein auf, um dem begabten jungen Mann den Zugang zur k.k. Akademie der bildenden Künste zu ermöglichen. Vater Neder war nicht wenig erstaunt, als er die Nachricht erhielt, mit seinem Sohn und dessen Schulzeugnissen in der Akademie vorzusprechen. Michael Neder erhielt ein Stipendium. Der Schusterlehrbub aus Oberdöbling wurde zum Maler ausgebildet.

Neder trat nach eigenen Angaben am 3. Juli 1821 im Alter von vierzehn Jahren in die Akademie ein. Er besuchte drei Jahre lang eine Vorschule, an der er die ersten Kenntnisse des Zeichnens und Malens vermittelt bekam. Wo er wohnte und wie er seinen Lebensunterhalt bestritt, geht aus seinen Aufzeichnungen nicht hervor. Fräulein von Henikstein, sein vornehmer weiblicher Mäzen, hielt weiterhin ihre helfende Hand über ihn. Sie händigte ihm für jede Zeichnung, die er anfertigte und ihr vorlegte, fünf Gulden Wiener Währung aus, kleidete ihn ein und brachte auch Menschen aus ihrem Bekanntenkreis dazu, ihrem Schützling dann und wann finanziell unter die Arme zu greifen. Auch sein Onkel, ein geistlicher Herr, ließ ihm eine Unterstützung angedeihen.

Im sechzehnten Lebenjahr erkrankte Johann Michael Neder an einem schweren Nervenfieber, das ihn wochenlang an das Krankenlager fesselte. In der Familie zweifelte man an seinem Aufkommen. Aber mit ärztlicher Hilfe und durch die aufopfernde Pflege seiner Großmutter und einer Tante kam er wieder auf die Beine. Anflüge von Melancholie und Hypochondrie scheinen ihn aber auch nach seiner Genesung immer wieder heimgesucht zu haben.

Johann Michael Neder kehrte an die Akademie zurück. Aus den Aufzeichnungen des k.k. Kunstinstitutes geht hervor, daß er vom Sommer 1824 bis zum Februar 1829 die Abteilung für Historienmalerei besuchte, und zwar mit bestem Erfolg. Er bekam bei seiner Tante zwei Jahre lang Kost und Quartier und dürfte den Weg von Döbling nach Wien täglich (zu Fuß?) zurückgelegt haben.

Welche Kurse Neder an der Akademie besuchte, wer ihn unterrichtet und beeinflußt hat, ist im einzelnen nicht mehr nachweisbar. In seiner Lebensbeschreibung erinnert er sich lediglich an einen einzigen Lehrer: an Professor Carl Gsellhofer.

Gsellhofer wude 1819 zum »Professor für historische Elementarzeichnung« an der Akademie ernannt und 1851 pensioniert. Es ist mit Sicherheit anzunehmen, daß der Döblinger Schusterlehrling auch mit anderen Lehrern und deren Werk in Berührung gekommen ist, mit Johann Peter Krafft etwa, der zwischen 1823 und 1829 mit dem Titel eines außerordentlichen Professors als Korrektor an der historischen Malerschule tätig war und sich bereits mit einigen Bildern (»Der Abschied des Landwehrmannes von seiner Familie«, 1813, »Die Rückkehr Kaiser Franz' I. in Wien nach dem Pariser Frieden, 1814«, 1828 gemalt) einen Namen gemacht hatte. Mitschüler Neders an der Akademie im weitesten Sinn waren unter anderen Joseph Danhauser, Franz Eybl, Johann Lampi der Jüngere, Matthias Ranftl und Moritz von Schwind. Eine nähere Bekanntschaft oder gar Freundschaft hat sich offensichtlich mit keinem von ihnen entwickelt.

Nach seinem Abgang von der Akademie im Februar 1829 versuchte Johann Michael Neder seinen Lebensunterhalt als freischaffender Künstler zu verdienen. Aus dieser Zeit stammen ein paar Bilder, die nicht frei von fremden Einflüssen sind, aber doch schon eine eigene Handschrift tragen (»Der im Wirtshaus überraschte Gatte«, »Fünfkreuzertanz«). Es sind vielfigurige Bilder von einer eher düsteren Farbigkeit, ganz auf den Kontrast von Licht und Schatten abgestellt, ohne Tiefengliederung, unpretentiös, aber von lebendiger Unmittelbarkeit.

Fräulein Henickstein, Neders charmante Gönnerin, riet dem jungen Maler, seine Bilder dem bekannten Blumen- und Miniaturmaler Moritz Michael Daffinger zur Ansicht und Beurteilung vorzulegen. Daffinger sprach Neder Talent zu und ermutigte ihn, in der eingeschlagenen Richtung weiterzumachen. In diese Anfangszeit fällt auch der Tausch eines seiner Bilder mit einem Werk Friedrich Gauermanns.

Ein Atelier beziehungsweise eine Malerwerkstätte, die man auch nur annähernd als eine solche hätte bezeichnen können, hatte Neder natürlich nicht. »Wie ich zum Malen angefangen, habe ich unter dem Taubenschlag malen müssen, wo mir der Mist auf die Malerei gefallen ist, hernach sind die Tauben weggekommen und ich habe mir vom Zimmermann einen Verschlag machen lassen, welcher mir 34 Gulden Wiener Währung gekostet hat und welches später, wo ich nicht mehr im Hause war, ein Schlafzimmer für die Schustergesellen geworden ist«, berichtet er. Neder erhielt zwar ein paar Aufträge und konnte das eine oder andere

Bild verkaufen, aber von der Malkunst in einem Weinort ohne adelige und bürgerliche Klientel leben zu können war natürlich eine Illusion. In der Familie gab es Zank und Streit, die Not war eine tägliche Wegbegleiterin. Johann Michael Neder blieb schließlich nichts anderes übrig, als in den Schusterberuf zurückzukehren.

Er stand im 24. Lebensjahr, als er zu Beginn des Jahres 1831 seine durch die Akademiestudien unterbrochene Schusterlehre wiederaufnahm. Die ungewohnte Arbeit setzte ihm schwer zu. Aber geben wir ihm wieder selbst das Wort: »Nun hat erst mein Leiden wieder frisch angefangen, kein Lehrbub bin ich gewesen und hab müssen die Arbeit fest anfangen, und sind mir die Hände aufgebrochen und hat dreiviertel Jahr gedauert, bis die Hände wieder geheilt sind, nach einem halben Jahr habe ich mir gedacht, ich muß doch sehen, ob ich noch malen kann, weil meine Finger so bamstig und angeschwollen waren und es ist so leicht gegangen, als ob ich niemals vom Malen aufgehört hätte.« Ein Selbstbildnis aus dem Jahre 1832 zeigt ihn als ernsten, über seine Jahre hinaus gealterten Mann, der verschlossen, mit großen, von Schwermut umflorten Augen in die Welt blickt. Familienzwistigkeiten und der Zuspruch von Freunden und Bekannten, unter anderen von Friedrich Gauermann, der ihn sogar einmal in Döbling besuchte, bewogen ihn nach dreijähriger Tätigkeit zu dem Entschluß, das Schuhmachergewerbe aufzugeben und sich nur noch der Malerei zu widmen. Das Jahr 1834 markierte die endgültige Lebenswende. Neder beschickte in diesem Jahr eine Ausstellung, auf der seine Bilder vom Kustos der Lambergischen Gemäldesammlung an der Akademie der bildenden Künste, Professor Ferdinand Georg Waldmüller, nicht eben günstig in das Rampenlicht der Öffentlichkeit gestellt wurden. Neder: »Sie sind sehr in das Speckkammerl gestellt worden.« Über diese Zurücksetzung maßlos verärgert, verkaufte Neder den Großteil der ausgestellten Werke einem gewissen Herrn von Huber zum Unkostenpreis. Die Bilder aus dieser Schaffensperiode – als Beispiel sei »Der Weinhüter« (1834) angeführt – verzichten weitgehend auf eine raumschaffende Perspektive. Auch viele seiner späteren Bilder – z. B. »Die Heimkehr der Herde« (1844) – zeigen diese Eigentümlichkeit. Die einzelnen Raumebenen werden parallel geführt, die Palette ist schwer und dunkel, die Figurenzeichnung naiv.

Mit Herrn von Huber, den er in seiner Lebensbeschreibung als k.k. Beamten apostrophiert und der offenbar sein künstlerischer Mentor war, unternahm Neder im Sommer 1834 eine Reise nach Salzburg und Berchtesgaden, von der er erst ein Jahr später nach einem dreimonatigen Aufenthalt im Stift Kremsmünster und Stationen in Wels, Steyr und Lunz am See nach Wien zurückkehrte. Künstlerisches Ergebnis dieser Reise waren Studien und Skizzen aus dem alpenländisch-bäuerlichen Leben.

1836 lernte Neder durch Herrn von Huber Franz Jäger kennen, einen Architekten, der als Autorität für gotische Denkmäler und als kunstsinniger Bildkenner galt, der ihm eine Reihe von Aufträgen erteilte und ihm bei der Fertigstellung der Werke beratend zur Seite stand. Ein paar Jahre später machte der junge Maler auch die Bekanntschaft des Seidenschalfabrikanten Rudolf Ritter von Arthaber. Arthaber, ein begeisterter Kunstfreund und Kunstsammler, richtete in seinem Döblinger Landhaus (heute: Villa Wertheimstein) eine bedeutende Gemäldesammlung ein und vergab Kunststipendien. Er bestellte bei Neder eine »Bauernrauferei«, riet ihm jedoch, bei Friedrich von Amerling, der sich bereits als Porträtmaler des Hochadels und des Großbürgertums einen Namen gemacht hatte, vorher Kopierstudien zu betreiben. Neder kam diesem Wunsch nach, überwarf sich jedoch bald mit dem aus einem ganz anderen Milieu stammenden und diesem verpflichteten Hofmaler. Auch mit Ferdinand Georg Waldmüller kam es beim Kopieren in der Lambergischen Gemäldegalerie abermals zu einem Zerwürfnis.

Michael Neder ging seinen eigenständigen Weg weiter. Unter dem Einfluß der niederländischen Malerei des 17. Jahrhunderts schuf er Bilder aus dem Volksleben (Wirtshausszenen, das Treiben auf Volksfesten, etwa auf Kirtagen), konterfeite er die Menschen in seiner Umgebung, seinem eigenen Lebensbereich: Handwerker, Weinbauern, Fuhrleute, Knechte und Mägde, ausgediente Soldaten, Hausierer, Bettler. Er bannte das Leben der unteren und untersten Gesellschaftsschichten nüchtern und ohne Effekthascherei auf die Malerleinwand und leistete damit einen wichtigen Beitrag zum gesellschaftlichen Gesamtbild der Biedermeierzeit. Neders Werke runden es sozialgeschichtlich und gesellschaftspolitisch gewissermaßen nach unten hin ab.

So naiv sie anmuten und auch sein mögen, es geht von ihnen eine wohl-

Johann Michael Neder: Wirtshausrauferei

tuende Wärme aus, ihr Realismus ist von überzeugender Wahrhaftigkeit. Sie sind weder idealisiert noch verfeinert und bar jeder moralischen Absicht, sie heischen auch nicht um Mitleid. Neders Schilderung des Landlebens ist im Gegensatz zu den meisten seiner malenden Zeitgenossen von illusionsloser Direktheit. Er ist ein nüchterner Erzähler, der sich jeder persönlichen Stellungnahme enthält. Neders Werk ist ein Spiegel des bäuerlichen und kleinbürgerlichen Lebens der ersten Hälfte des vorigen Jahrhunderts mit allen seinen Härten und Beschwerlichkeiten. Die Thematik seiner Bilder spricht als Gegenpol zur Hofmalerei eines Friedrich von Amerling für sich.
Mit seinen Sympathien wird der Döblinger Maler gewiß auf seiten der Beherrschten und nicht der Herrschenden gestanden sein. Auch im Jahre 1848, als es darum ging, dem Metternichschen System der freiheitlichen, politischen, gedanklichen und gesellschaftlichen Repression ein Ende zu bereiten. Sein einziger Beitrag zum Revolutionsszenario ist

das Bild »Die Nationalgarde von Döbling« (1848), in welchem er bei der Darstellung der einzelnen Figurengruppen auf revolutionäres Gehabe allerdings weitgehend verzichtet. Der Ernst der Situation spiegelt sich in den Gesichtern der dargestellten Personen, den Sturm der Zeit symbolisieren ein windgepeitschter Baum im Mittelteil und ein Stück grell erleuchteter Himmel im Hintergrund des Bildes.

Das Sturmjahr 1848 hat Johann Michael Neder um mehr als drei Jahrzehnte überlebt. Über diesen Lebensabschnitt sind wir kaum unterrichtet. Wir wissen lediglich, daß sich der zeitlebens von Selbstzweifeln geplagte Maler zwischen 1854 und 1874 mehrere Male bei seiner Stiefschwester in Budweis aufgehalten hat, kurze Reisen nach Prag und Graz unternommen und seinem Onkel, der von 1841 bis 1879 Priester in St. Veit war, Besuche abgestattet hat.

Auch in seinem Spätwerk blieb Neder sich und seinem Milieu treu. Er malte Wirtshausszenen, schilderte das arbeitsreiche Leben der (Wein-) Bauern von Döbling und Sievering und beobachtete die Landbevölkerung bei ihren ausgelassenen Festen. Zu dieser Schilderung des Volkslebens und zur Porträtmalerei gesellte sich thematisch das Tierbild. Zum Unterschied von Friedrich Gauermann, der mit Vorliebe Tiere in der freien Natur – Adler, Gemsen, Bären – malte, konzentrierte sich Neder auf die Haustiere im bäuerlichen Bereich, auf Kühe, Kälber, Pferde, Ziegen, Gänse. Sein Pinsel wurde im Alter weicher, sein Kolorit zarter, diskreter.

Neders Leben war ein verzweifelter Existenzkampf. Zwar erhielt er dann und wann eine finanzielle Unterstützung von Gönnern, führte er Auftragsarbeiten durch, etwa für die Baronin Riefel, die Gattin des Herrn von Jäger, die in Maria Enzersdorf wohnte. Diese Aufträge halfen ihm zwar über das Ärgste hinweg, konnten seine Not aber nur vorübergehend lindern.

Über das Elend und die Einsamkeit der letzten Lebensjahre Johann Michael Neders gibt die Verlassenschaftsabhandlung nach seinem Tod am 30. August 1882 Aufschluß. Demnach lebte der völlig vereinsamte Maler zuletzt in einem Einzelraum im Hause Nr. 35 in Obersievering, bei einem gewissen Herrn Wambacher, der ihm aus Barmherzigkeit Unterstand und Verköstigung gewährte. Außer ein paar Habseligkeiten wie zwei alten Tischen, zwei Sesseln, einem Bett, einem alten Schubladen- und einem Hängekasten, einem »alten, abgewetzten Ledersofa«, einigen alten Kleidern und Leibwäsche sowie seinen Malrequisiten besaß Johann Michael Neder nichts. Sein gerichtlich geschätztes Vermögen belief sich auf sage und schreibe 14 Gulden, 10 Kreuzer. Er war praktisch mittellos. Von Bildern des Künstlers ist in dem Dokument nicht die Rede.

Johann Michael Neder starb im Wiener k.k. Allgemeinen Krankenhaus als »subsistenzloser« Patient an Altersschwäche. Wie lange er in Spitalsbehandlung war, entzieht sich unserer Kenntnis.

Die Verlassenschaftsabhandlung weist für die Behandlung und Pflege einen Kostenrückstand von 5 Gulden 95 Kronen aus. Da keine Verwandten am Leben waren, die diesen Betrag hätten bezahlen können – ein Neffe des Malers und eine Nichte konnten erst nach polizeilichen Erhebungen ausgeforscht werden –, mußte das Spital auf die Einbringung dieser Summe verzichten.

Die Kosten für das Leichenbegräbnis des Volksmalers Johann Michael Neder wurden durch freiwillige Beiträge der Ortsbewohner von Obersievering bestritten. Der Leichnam wurde in einem Schachtgrab am Wiener Zentralfriedhof beigesetzt. 1948 fand der Biedermeier-Maler, der die Schattenseiten der »guten alten Zeit« nicht nur in seinen Bildern festgehalten hat, sondern sie auch am eigenen Leib mit aller Härte zu spüren bekam, in einem Ehrengrab der Stadt Wien seine letzte Ruhestätte.

Künstler und Unternehmer: Joseph Danhauser

JOSEPH DANHAUSER

Er malte die bürgerliche Welt des Biedermeier

Zwischen Johann Michael Neder und seinem Zeitgenossen Joseph Danhauser gibt es kaum Berührungspunkte, obwohl sie zur gleichen Zeit an der Akademie der bildenden Künste ausgebildet wurden und einander gekannt haben müssen. Weder herkunfts- und bildungsmäßig noch in künstlerischer Beziehung läßt sich zwischen ihnen eine Beziehung herstellen. Sie stammten aus und lebten in verschiedenen Welten.
Joseph Danhauser war im Gegensatz zu Neder der Sohn einer wohlhabenden Familie. Er erhielt seine Ausbildung durch Hauslehrer, sein Talent wurde gezielt gefördert, und er hatte hochgestellte Gönner. Danhauser konnte Kunstreisen in das Ausland unternehmen, seine Bilder fanden Anklang. Immer wieder erhielt er lohnende Arbeitsaufträge, sein Leben lief in materiell gesicherten, gutbürgerlichen Bahnen ab. Von all dem konnte Johann Michael Neder nur träumen. Das Schicksal, das frei nach Ferdinand Raimund alle gleichhobelt, setzte den Hobel bei Danhauser freilich wesentlich früher an als bei Neder. Danhauser starb vierzigjährig, Neder wurde fünfundsiebzig Jahre alt. Ihn holte der Tod erst nach einem langen Hungerleiderdasein.

Joseph Danhauser wurde am 19. August 1805, ein Vierteljahrhundert vor Kaiser Franz Joseph, dessen Herrschaftsantritt er nicht mehr erleben sollte, im Haus Laimgrube Nr. 30 (heute: Linke Wienzeile 16) geboren. Der Vater, ein tatkräftiger, wagemutiger Handwerksmeister aus Schrot und Korn, baute seine Werkstätte zum modernen Unternehmen aus. Joseph Danhauser besaß das erste große Wiener Inneneinrichtungshaus, das aus einer eigenen Schlosserei, Drechslerei, Tapeziererei und Tischlerei bestand. Es war ihm daher möglich, Wohnungseinrichtungen für ganze Stadtpaläste, so zum Beispiel für das Palais Herzog Alberts von Sachsen-Teschen (heute: Albertina), für Villen und Landschlösser zu liefern. In Danhausers Haus und später im schönen Gartenpalais auf der Wieden verkehrte die vornehme Alt-Wiener Gesellschaft: Adelige, die hohe Geistlichkeit, Patrizier, Gelehrte, Künstler.

Kein Wunder, daß Danhauser größten Wert auf die Ausbildung und Erziehung seiner Söhne legte (auf den ältesten folgten Franz, 1806, Carl, 1809, und Anton, 1810). Der kleine »Pepi« lernte nicht nur Schreiben, Lesen und Rechnen, er erhielt auch Musik- und Zeichenunterricht und wurde durch Theaterbesuche mit der Kunst des Dramas vertraut gemacht. Seine Knabenjahre waren des weiteren von den dramatischen Zeitereignissen geprägt. 1809 zog Napoleon, der Kaiser der Franzosen, an der Spitze seiner Armee zum zweitenmal in Wien ein, 1814/15 wurde auf dem Wiener Kongreß nach den Napoleonischen Kriegen, Europa neu gestaltet. Zwar mit neuen Grenzen, aber im alten vorrevolutionären Geist. Im österreichischen Kaiserstaat bekamen es die Künstler bald zu spüren. Die Maler weniger, die Schriftsteller umso mehr. Jedes freie Wort wurde von der Zensur niedergeknebelt.

Joseph Danhauser, dessen zeichnerisches Talent sich schon sehr früh zeigte, trat im Alter von fünfzehn Jahren in die Akademie der bildenden Künste (bei St. Anna) ein, wo er das Fach Historienzeichnung belegte. Sein Lehrer Peter Krafft übte auf sein frühes Schaffen einen bestimmenden Einfluß aus. Ähnlichkeiten in der Figurauffassung und in der Raumkomposition sind unverkennbar. Vor allem aber haben die eindrucksvollen Porträtzeichnungen Kraffts auf Danhausers Porträtmalerei als prägendes Vorbild gewirkt.

Danhauser blieb fünfeinhalb Jahre Student der Akademie, wo er auch seine ersten Bilder ausstellte. Es waren szenische Darstellungen zu einem Werk seines geistlichen Gönners Ladislaus Pyrker, dem Heldenepos »Rudolphiade«, die noch ganz dem Einfluß Kraffts verhaftet sind. Johann Ladislaus Pyrker von Felsö-Eör, ein gebürtiger Ungar, war ein stets gerngesehener Gast und Freund der Familie Danhauser.

Er hatte seine theologischen Studien im Stift Lilienfeld absolviert und war 1796 zum Priester geweiht worden. Anschließend war er in mehreren Pfarreien tätig, wurde 1811 Prior und ein Jahr später Abt von Lilienfeld. Der »Homer der Habsburger« (Versepen: »Tunisias«, »Rudolphias«) avancierte 1821 zum Patriarchen von Venedig, 1827 ernannte ihn der Papst zum Erzbischof von Erlau in Ungarn.

Pyrker hegte für den ältesten Sohn der Familie Danhauser eine besondere Zuneigung und brachte dessen Ausbildung zum Maler großes Interesse entgegen. Er lud im Januar 1826 den jungen Maler ein, nach

Venedig zu kommen, um sich durch das Studium der altvenezianischen Meister weiterzubilden und zu vervollkommnen. Joseph Danhauser nahm das großherzige Angebot selbstverständlich freudig an. Bereits am 1. März war er mit der Postkutsche unterwegs in die Lagunenstadt. Venedig galt damals neben Rom als das Mekka der Künstler und Kunstbegeisterten. Die Stadt mit ihren herrlichen Palästen und Kirchen und ihren unvergänglichen Kunstwerken hinterließ bei dem jungen Maler einen tiefen, unauslöschlichen Eindruck.

Danhauser vertiefte sich in die venezianische Malerei, studierte mit großem Eifer insbesondere die Werke Tizians und Veroneses und schöpfte daraus Erkenntnisse für seine eigene Entwicklung. Er setzte sich auch theoretisch mit der Malerei auseinander. »Des Malers Sprache ist Schönheit der Lichtwirkung, nicht die Form. Sein ABC sollte Optik und Luftperspektive sein, denn darauf beruht die künstliche Täuschung, durch die er sichtlich sprechen muß, um empfunden zu werden, was die Farbe vermag. Schöne Formen, wenn auch perspektivisch auf eine Fläche gebracht, bleiben ohne diese erlernte Darstellungsweise nur Silhouetten, wenn auch noch so schön gefärbt, ein Weltkörper ohne Atmosphäre. Wer nur Körper sieht, ohne luftige Umgebung zu fühlen, wird nie malen lernen«, formulierte er selbstbewußt.

Neben seinen maltheoretischen Studien kopierte er die venezianischen Meister, erlernte die Technik des Lasierens und verbesserte seine zeichnerischen Fertigkeiten. Sein viermonatiger Aufenthalt trug jedenfalls dazu bei, sich aus den Fesseln der akademischen Maltradition zu lösen und einen eigenen Zeichen- und Malstil zu entwickeln. Die Zeit in Venedig war für ihn eine Lebenswende. Ladislaus Pyrker, der mit Danhauser nach Wien zurückkehrte, blieb für den Einundzwanzigjährigen weiterhin sein um ihn väterlich bemühter Gönner. Er verschaffte ihm den Auftrag für das Wandgemälde »Maria als Fürbitterin der armen Seelen« an der Ostseite des Wiener Stephansdomes. Zudem zeichnete Danhauser sechs humoristische Blätter, die er unter dem Titel »Verlegenheiten« lithographierte, und er nahm Ludwig van Beethoven nach dessen Ableben am 26. März 1827 die Totenmaske ab.

Arthur Roessler, sein liebenswert-geschwätziger Biograph, berichtet darüber: »Als die Kunde vom Tode des großen Meisters der Töne sich durch Wien verbreitete und auch zu Danhauser gedrungen war, reagierte er in echter Künstlerweise darauf, nämlich mit dem Verlangen,

vom Antlitz des Toten eine Gipsmaske abzuformen ... Die angesuchte Erlaubnis wurde ihm zuteil, und so eilte er, von seinem Bruder Karl begleitet, in das Sterbehaus Beethovens zu den Schwarzspaniern vor der Schottenbastei. Die Eingangstür zur Wohnung stand offen, und nachdem die beiden jungen Männer in das zunächstgelegene Gemach getreten waren, standen sie vor den sterblichen Überresten des großen Mannes, der hier einsam im Todesschlaf lag. Sie wollten eben an das geplante Werk der Herstellung einer Totenmaske zwecks Modellierung einer Büste gehen, als sie bemerkten, daß das in der Krankheit hervorgewachsene Barthaar eine Abformung der unvergeßlichen Züge nicht zuließ. Dies Hindernis mußte zuerst beseitigt werden, und während man einen Barbier herbeiholte, zeichnete Joseph Danhauser das Porträt des Toten auf Stein. Auf der kleinen Lithographie liest man: ›Beethofen, den 28 März an seinem Totenbette gezeichnet, 1827‹; links steht die Signatur ›Danhauser‹. Während die Steinzeichnung entstand, waren die Hausleute herbeigekommen; selbe ließen die beiden jungen Männer gewähren, unter deren geschickten Händen eine Totenmaske des Verblichenen entstand, und nachdem die Brüder eine Haarlocke von dessen Haupt genommen, eilten sie mit den teueren Reliqien nach Hause.«
Ladislaus Pyrker, der 1827 zum Erzbischof von Erlau berufen worden war, bat seinen jungen Freund in einigen Briefen, ihn an seiner neuen Wirkungsstätte zu besuchen.
Danhauser, der von seinem Vater im zunehmenden Maße bedrängt wurde, den Beruf des freischaffenden Malers zurückzustellen und sich mehr dem väterlichen Betrieb zu widmen, konnte nichts gelegener kommen als diese Einladung. Er verlegte Ende 1828 seinen Wohnsitz nach Erlau und wurde sogleich mit Aufträgen überhäuft. Er malte Porträts und Altarbilder und führte an zahlreichen Gemälden der erzbischöflichen Privatgalerie Restaurierungen durch. Ob ihn diese Arbeit künstlerisch voll befriedigte, ist fraglich.
Das Jahr 1829 brachte mit dem plötzlichen Tod des Vaters abermals eine Zäsur in das bis dahin größtenteils sorgenfreie Leben des Künstlers. Der risikofreudige Unternehmer hatte sich, wie sich jetzt herausstellte, durch den Ankauf des Palais Czernin auf der Wieden und den Ausbau seiner Möbelfabrik finanziell übernommen. Das Unternehmen war hoch verschuldet, die Gläubiger verlangten kategorisch die Rückzahlung der aushaftenden Kredite.

Die Witwe, die die Firma weiterführte, war ratlos und schrieb Joseph, der nach dem Begräbnis des Vaters wieder nach Erlau zurückgekehrt war, verzweifelte Briefe, in denen sie ihn ersuchte, die Leitung der Möbelfabrik zu übernehmen.
Der junge Maler geriet in einen furchtbaren Gewissenskonflikt. Wenn er den Bitten der Mutter nachkommen wollte, mußte er notwendigerweise seine geliebte Kunst aufgeben oder zumindest einschränken. Er wurde krank, konnte wochen- und monatelang keinen Entschluß fassen, wurde zwischen Pflicht und Neigung hin- und hergerissen. Schließlich kehrte er doch nach Wien zurück.
Joseph Danhauser wollten den Fabriksbetrieb im eingeschränkten Umfang weiterführen, wollte den väterlichen Betrieb, wie man heute so unschön sagt, gesundschrumpfen. Doch die Mutter ließ es nicht zu. Sie bestand darauf, das Werk des Gatten ohne Abstriche fortzusetzen. Der Sohn fügte sich widerwillig. Und höchst widerstrebend verrichtete er auch alle jene Tätigkeiten, die mit der Führung eines Großunternehmens verbunden sind: die Korrespondenz mit den Geschäftspartnern und Kunden, die Materialbestellungen, die Gebarung, den ganzen Administrationskram. Mehr Spaß machten ihm die Entwürfe für Interieurs und neue Möbel, mit denen er von der schlichten Biedermeierform abrückte und zum Mitschöpfer eines neuen Möbelstils, des sogenannten Zweiten Rokoko, wurde.
Zum Malen kam er zunächst wenig. Für die Jahre 1830 und 1831 weist das Werkverzeichnis lediglich ein paar Arbeiten aus. Eine neuerliche Einladung Ladislaus Pyrkers bot ihm Gelegenheit, dem Firmenalltag wenigstens für kurze Zeit zu entfliehen. Vom Herbst 1832 bis zum Frühjahr 1833 hielt sich Danhauser wieder in Erlau auf. Von seinem Gönner hatte er den Auftrag erhalten, das Hochaltarbild für den im Bau befindlichen neuen Dom zu malen.
Danhauser wählte als Thema den Märtyrertod Johannes des Evangelisten und ging mit großer Sorgfalt an die Ausführung des Gemäldes. Wie aus einer Reihe von Zeichnungen zu ersehen ist, die sich im Besitz von öffentlichen und privaten Sammlungen befinden, befaßte er sich eingehend mit jedem Detail, bereitete jede einzelne Figur in Skizzenform vor und entwickelte Stufe für Stufe die Komposition des Bildes. Das vollendete Gemälde wurde, ehe man es nach Erlau transportierte, im Palais Czernin zur allgemeinen Besichtigung freigegeben. Es fand breite Zustimmung.

Ladislaus Pyrker, der Auftraggeber, war nicht mit allen Details einverstanden und brachte seine Kritik in einem Brief vom Januar 1836 zum Ausdruck. Das ausgesprochen harmonische, freundschaftliche Verhältnis zwischen den beiden Persönlichkeiten fand damit ein Ende. Ein Ende sollte auch bald die religiöse Malerei Danhausers finden. Der Künstler wandte sich neuen Themen zu.

Es war das großbürgerliche Genrebild, dem sich Joseph Danhauser nunmehr verschrieb. »Die Kunst«, so meinte er, »müsse zum Volk zurückkehren, mit dem Volk leben und fühlen, um wieder Zugang zu den Menschen zu finden.« Und in einem Brief konstatierte er: »Jede Zeit muß ihre Kunst haben. Ich habe von jeher bemerkt, daß nur jene Leistungen in der Kunst wirksam sind, die in schönen oder großen Farben den Geist der Zeit, die Gegenwart wiedergeben ...«

Von seinem Freund Friedrich von Amerling dazu ermuntert, malte Danhauser die beiden Bilder »Der reiche Prasser« (1836) und dessen Gegenstück »Die Klostersuppe« (1838), die seinen Ruhm begründeten. In den beiden Gemälden erzählt er mit deutlich erkennbarer moralisierender Absicht die in die Biedermeierwelt versetzte neutestamentarische Parabel vom reichen Prasser und dem armen Lazarus. Der beim späten Frühstück tafelnde, genußsüchtige Prasser wendet einem eintretenden, um ein Almosen bittenden Bettler nicht einmal einen Blick zu. Sein Geiz und seine Verschwendungssucht werden jedoch vom Schicksal bestraft. Der verarmte Reiche bettelt, in der Klosterpforte sitzend, im zweiten Bild um einen Schöpflöffel Suppe, den ihm ein Franziskanermönch in den bereitgehaltenen Teller einzugießen im Begriff ist, während ihm der Bettler über den Tisch einen Brotlaib zuschiebt.

Danhauser fertigte auch zu diesen beiden Gemälden eine Reihe von Vorstudien und Skizzen an, die ihn bereits auf der Höhe seiner zeichnerischen Meisterschaft zeigen. Die treffende Charakteristik der Personen, die Ausgewogenheit der Komposition, das frische Kolorit und die scharfe Beobachtungsgabe des Künstlers, die sich in den beiden Bildern manifestieren, wurden von vielen Seiten gerühmt. So sprach sich Ferdinand Georg Waldmüller lobend darüber aus. Es gab jedoch auch kritische Stimmen, und zwar von den Vertretern der akademischen und der romantischen Malrichtung, und auch der unbeliebte Schriftsteller und Kritiker Moritz Gottlieb Saphir stimmte in den Chor der Kritiker ein.

Danhauser sollte sich – wie noch zu berichten sein wird – ein paar Jahre später künstlerisch an ihm rächen.
Im übrigen zeigte sich der Maler, der nun zu seinem persönlichen Stil gefunden hatte, von diesen Anfeindungen nicht sonderlich beeindruckt. Er ging den eingeschlagenen Weg beharrlich weiter und schuf in der Folgezeit so eindrucksvolle Bilder wie »Wein, Weib und Gesang«, »Der Pfennig der Witwe«, »Die Schachpartie« und »Die Testamentseröffnung«, um nur einige zu nennen.
Im Jahre 1838 heiratete Joseph Danhauser Josephine Klara Streit, die Tochter eines Arztes, und setzte damit seinem Junggesellenleben ein Ende. Im gleichen Jahr erhielt er nach dreijähriger Wartezeit eine Stelle als Korrektor für Historienmalerei an der Akademie der bildenden Künste, und schließlich wurde auch die Firma des Vaters endgültig liquidiert. Die Familie übersiedelte in das Haus Nr. 51 auf der Wieden (heute: Paniglgasse 7), der Künstler richtete sein Atelier in der heutigen Technikerstraße im 4. Wiener Gemeindebezirk ein.

Der neue Lebensabschnitt, der mit der Heirat begonnen hatte, zeigte sich bald im Werk des mittlerweile bekannt gewordenen Malers. Bereits 1839 entstand das Bild »Die Mutterliebe«, das seine Gattin mit Kind zeigt. Danhausers Ehe entsprossen drei Kinder: Sohn Josef kam 1839 zur Welt, die Töchter Marie und Julie 1841 und 1843.
Die Intimität der dargestellten Szene mit der stillenden Mutter, deren Blick wohlgefällig und beglückt auf dem Säugling ruht, machte das Gemälde in der Biedermeierzeit zu einem der beliebtesten Mutter-Kind-Bilder.
In den folgenden Jahren betätigte sich Danhauser künstlerisch eingehend mit der Welt des Kindes und schuf eine Reihe von Kinderbildern (»Kirschenessende Kinder«, »Mädchen mit Puppe«, »Das Kind auf der Trommel«), bei denen zumeist seine eigenen Kinder Modell gestanden sein dürften. Danhauser beschränkte sich in diesen Bildern auf die Darstellung seiner eigenen gepflegten Häuslichkeit, er bildete die bürgerliche Kinderwelt ab. Die Armut der Bauern- und Proletarierkinder seiner Zeit, die auf den Feldern und in den Fabriken schwere und schwerste Arbeit verrichten mußten, lag außerhalb seines Gesichtsfeldes.
Die Arbeit an der Akademie der bildenden Künste bereitete dem Künstler nur geringes Vergnügen. Bereits kurze Zeit nach dem Antritt seiner

Stellung als Korrektor schrieb er am 3. Oktober 1838 an einen Freund: »Ich kann dir nur so viel sagen: ich war heute schon auf dem Punkt, meine Abdankung einzureichen, und ehe ich in diesem Kreis von Pedanterie und abgeschmackter Wohldinerey dahin kommen sollte ... mich in die Welt zu schicken, eher will ich, taub gegen alle kältere Überlegung meinem Gefühl für Unabhängigkeit folgen ...« Ihm sei als Korrektor so ziemlich jeder Schritt vorgeschrieben, klagte er, und auch über die Studenten wußte er wenig Erfreuliches zu berichten. Er nannte sie eine »rohe Masse von Ungeschick«. Sie seien ohne alle intellektuelle Bildung, grenzenlos leichtsinnig, und es fehle ihnen an jedwedem Ernst.

Trotz dieser Schwierigkeiten verblieb er in seiner akademischen Stellung und wurde 1841 »in Rücksicht seiner ausgezeichneten Kunstfertigkeiten, seiner als Lehrer bewiesenen Wirksamkeit und in Anerkennung seiner anderen guten persönlichen Eigenschaften« zum Professor der Historienmalerei ernannt.

Die Ränke und Reibereien um seine Person gingen jedoch munter weiter. Sie erreichten einen Höhepunkt, als Danhauser das Bild »Die Hundekomödie« malte, in welchem er in künstlerisch launiger, aber nicht eben feiner Manier den Hunden, die die Skizzen eines in seinem Ateliers eingeschlafenen Künstlers zerfetzen, die Züge seiner schärfsten Kritiker verlieh.

Der Herr Professor reichte das Werk für die nächste Kunstausstellung ein. Die ängstliche Jury lehnte es jedoch ab, das Bild öffentlich zur Schau stellen, da sie sich mit den verspotteten Herren, Moritz Gottlieb Saphir und Joseph Christian Freiherr von Zedlitz, nicht überwerfen wollte. Joseph Danhauser, der sich innerlich längst von Amt und Würde gelöst hatte, ersuchte daraufhin 1842 um Beurlaubung von seinem Posten, die ihm auch prompt gewährt wurde. Er kehrte nicht wieder an die Akademie zurück.

Der von allen lästigen Verpflichtungen entbundene Maler unternahm im September 1842 mit dem Kunstmäzen Rudolf von Arthaber, der zu seinen Freunden und Auftraggebern zählte, eine Reise nach Deutschland und Holland. Sie gab ihm die Gelegenheit zum unmittelbaren Studium einer großen Anzahl holländischer Meister des 17. Jahrhunderts und einiger englischer Maler, unter anderen der Bilder David Wilkies, an denen sich seine Malerei orientiert hatte. Danhauser fand sich in seiner Kunstauffassung bestätigt und wurde zu neuem Schaffen angeregt.

In seiner letzten Schaffensperiode, in den Jahren 1842 bis 1845, wandte sich Joseph Danhauser vorwiegend der volkstümlichen Thematik zu und schuf, von leidenschaftlichem Schaffensdrang erfüllt, eine große Anzahl von Bildern, unter anderen so populäre Meisterwerke wie »Die Romanleser«, »Die Weinkoster« und »Die Dorfpolitiker«. Diese Gemälde, in denen zum Unterschied von der bunten Farbigkeit früherer Epochen warme Brauntöne vorherrschen, beziehen ihre Lebendigkeit und ihren Reiz aus dem unmittelbaren szenischen Anlaß. Kritik an den politischen Zuständen wird man in ihnen vergeblich suchen. Bestenfalls ist eine leise gesellschaftkritische Tendenz feststellbar, die dem auf das Jahr 1848 zusteuernden Zeitgeist Rechnung trägt.
Im Juni 1844 stellte Danhauser zwölf seiner zuletzt gemalten Bilder dem Pensionsverein der Bildenden Künstler Wiens für eine Ausstellung zur Verfügung, die wohltätigen Zwecken diente. Die Gemälde fanden das Gefallen der Kunstkritik, der Öffentlichkeit und des Hofes.
Im gleichen Jahr erhielt der vielbeschäftigte Künstler über Vermittlung Ladislaus Pyrkers den Auftrag, für den Dom von Esztergom (Gran) in Ungarn das Hauptaltarbild zu malen. Danhauser fertigte ein paar Skizzen an, mußte dann aber aus gesundheitlichen Gründen von der Ausführung des bedeutenden Vorhabens Abstand nehmen. Seine Absage erfolgte in einem Brief vom 3. April 1845 an Primas Kopácsy von Esztergom. Er sei, schrieb Danhauser, vermöge seiner jetzigen physischen und moralischen Stimmung nicht in der Lage, den großen Auftrag auszuführen. Einige Monate zuvor, am 20. Januar, war sein Lieblingsbruder Anton an Typhus gestorben, ein Schicksalsschlag, der ihn schwer getroffen hatte. Der furchtbaren Krankheit, vor der es in der ersten Hälfte des vorigen Jahrhunderts kaum ein Entrinnen gab, fiel kurze Zeit später auch er zum Opfer. Am 4. Mai 1845 schied Joseph Danhauser aus dem Leben.
Der Leichnam wurde in der Karlskirche eingesegnet und am Hundsturmer Friedhof unter großer Anteilnahme der Bevölkerung beigesetzt. Die vom Kunstkritiker Rudolf Eitelberger Edler von Edelberg verfaßte Leichenrede hielt der Burgschauspieler Ludwig Löwe.
Nachrufe gab es viele. Einer der schönsten stammt vom Herausgeber der »Wiener Sonntagsblätter«, Ludwig August Frankl. Er schrieb in der Ausgabe Nr. 19 vom 11. Mai 1845 unter anderem: »Danhausers Seele war wie ein See, der eine ruhige Fläche spiegelt und in der Tiefe von ei-

Joseph Danhauser: Hausmusik

nem andauernden Sturme durchwühlt und erschüttert wird. Ihm war die Kunst eine geistige Aufgabe des Lebens, die er um der Kunst willen zu lösen sich berufen glaubte und berufen war.«
Sein Andenken, vor allem an sein zeichnerisches Werk, wurde lange Zeit vernachlässigt. Heute zählt Joseph Danhauser neben Ferdinand Georg Waldmüller und Peter Fendi zu den bedeutendsten Malern der Biedermeierzeit.

WALZER, LIEDER UND ETÜDEN

Eine bedeutsame Rolle spielte in der Biedermeierzeit die Musik. Obwohl auch sie der Zensur unterlag, Eingriffe in Lied- und Operntexte vorkamen und Konzertprogramme beanstandet wurden, konnte sie sich doch freier entfalten als die anderen Künste.

Das öffentliche und das private Musikleben waren vielgestaltig. In den adeligen Salons wurden musikalische Veranstaltungen gehobenen Stils durchgeführt, in den Bürgerhäusern pflegte man die Hausmusik, das Konzertwesen nahm durch die Gründung der »Gesellschaft der Musikfreunde« und die Einrichtung der philharmonischen Konzerte einen großen Aufschwung. Der Opernbesuch wurde zur Leidenschaft einer gesellschaftlichen Minderheit, die Militärmusik erfreute sich einer beachtlichen Beliebtheit. Von der Theaterbühne waren Gesang und Musik nicht wegzudenken. Die Kirchenmusik bildete einen wesentlichen Bestandteil der Liturgie.

Unter den Komponisten der Zeit ragten Ludwig van Beethoven und Franz Schubert heraus, ihre Größe und Bedeutung wurden jedoch von den Zeitgenossen nicht voll erfaßt. Beethovens Musik wurde bewundert, aber nicht verstanden, Schubert verkannt. Seine »biedermeierliche« Seite wird bis heute eindimensional überbetont.

In den Tanzsälen setzte sich der Wiener Walzer durch. Vom Wiener Kongreß »hoffähig« gemacht, erfaßte er alle Gesellschaftsschichten und versetzte sie in einen Dreivierteltakttaumel. Als sein ureigenster Schöpfer gilt der melodienbegabte Joseph Lanner. Nach seinem frühen Tod konzentrierte sich das Interesse der Musikwissenschaft und der Öffentlichkeit vorwiegend auf die »Dynastie Strauß«, während Lanners Andenken sehr zu Unrecht vernachlässigt wurde.

Im Schatten der Familie Strauß stand der Walzerkomponist Joseph Lanner

JOSEPH LANNER
Der Vater des Wiener Walzers

Über Joseph Lanner gibt es nur wenige gesicherte Aufzeichnungen und Dokumente. Erst seit kurzem liegt ein wissenschaftlich erarbeitetes Verzeichnis seiner beinahe dreihundert Kompositionen vor. Auch zu seinem 150. Todestag am 14. April 1993 sind nur einige wenige Gedenkartikel in Fachzeitschriften und in der Tagespresse erschienen.

Die biographische Forschung hat es von allem Anfang an mit Joseph Lanner schwer gehabt. Die Schwierigkeiten beginnen bereits beim Geburtsdatum. Ob Lanner am 11. oder 12. April 1801 das Licht der Welt erblickte, war lange Zeit ungeklärt. Neuesten Forschungen zufolge steht nun fest (oder scheint es doch nur festzustehen?), daß Joseph Lanner am 11. April geboren und am Tag darauf in der Pfarrkirche St. Ulrich im heutigen 7. Wiener Gemeindebezirk nach römisch-katholischem Ritus getauft wurde.

Das Vorstadtkind war der Sohn des Handschuhmacher-Gesellen Martin Lanner, der als Mitglied der Bürgerwehr in den Napoleonischen Kriegen sein rechtes Bein verlor. Vater Lanner, keineswegs mit Glücksgütern gesegnet, eröffnete 1807 ein eigenes Geschäft und nannte sich von nun an nicht ohne Eitelkeit »k.k. priv. Handschuhmacherfabrikant«. Er ließ diese Berufsbezeichnung sogar nachträglich in die Taufmatrikel seines Sohnes eintragen, wobei durch eine unklare Punktsetzung der Name später als L<u>ai</u>ner oder L<u>ai</u>mer gelesen wurde, was zu nicht geringen Komplikationen führte.

Gleichwohl geriet der Herr Fabrikant im Jahre 1811 beim »Bankozettelsturz«, einer durch die langen Koalitionskriege verursachten Abwertung des damals im Umlauf befindlichen Papiergeldes, in schwere finanzielle Bedrängnis. Nur für kurze Zeit konnte er sich nach dem Wiener Kongreß daraus lösen. Die Familie mußte aus verschiedenen Gründen mehrere Male den Wohnsitz wechseln. Joseph Lanner wurde also nicht nur in schwere Zeiten hineingeboren, er wuchs auch in räumlich engen und wohl auch ärmlichen Verhältnissen auf.

Über Lanners Kindheit, seine frühe Jugend, seine schulische und musi-

kalische Ausbildung ist so gut wie nichts bekannt. Aufzeichnungen darüber, Hinweise und Mitteilungen von Familienmitgliedern und Zeitgenossen fehlen zur Gänze. Seine feine, zierliche Handschrift und seine fehlerfreie Orthographie lassen jedoch darauf schließen, daß er – wie lange und wo, wird kaum mehr zu eruieren sein – die Schule besucht hat. Auch die Frage, woher seine musikalischen Kenntnisse stammen, kann nur mit Vermutungen beantwortet werden. Lanner war, den zeitgenössischen Berichten zufolge, ein ausgezeichneter Geiger. Bei einem oder mehreren Lehrern muß er das Violinspielen und die Anfänge der Kompositionstechnik erlernt haben. Auf dieser Grundlage hat sich das musikalische Genie dann wohl autodidaktisch weitergebildet.
Bevor sich der junge Mann ganz der Musik verschrieb, hat er höchstwahrscheinlich eine Lehre als Handschuhmacher begonnen, sie aber nicht abgeschlossen.

Der Beginn der musikalischen Laufbahn Lanners fällt in das Jahr 1819 oder 1820. Er hatte bereits zu komponieren begonnen – die ersten Kompositionen blieben ungedruckt –, als er sich mit den beiden Brüdern Anton Carl und Johann Alois Drahanek zu einem Geigentrio zusammenschloß, das am Abend in Wiener Wirtshäusern mit Ländlern und anderen Weisen zum Tanz aufspielte.
Das Leben der Wirtshausmusikanten in der Biedermeierzeit war zweifellos kein Honiglecken. Sie spielten einmal in diesem, ein andermal in jenem Lokal – oft auch in solchen von zweifelhaftem Ruf – und waren auf die karge Belohnung und die milden Gaben der Gaststättenbesitzer und der Gäste angewiesen. Sie lebten gewissermaßen von der Hand in den Mund. Auch Joseph Lanner und den Drahanek-Brüdern war, wie man wohl annehmen darf, dieses Los beschieden. Sie musizierten im Jahre 1822 sogar ein paar Monate in Baden bei Wien, da sie in der Kaiserresidenz mit ihrem Verdienst nicht das Auslangen fanden.
Nach Wien zurückgekehrt, wurde 1823 das Terzett durch den Beitritt eines Musikers namens Johann Strauß zum Quartett erweitert. Strauß spielte in der Formation die Viola, und nun erst hatte das Ensemble richtig Erfolg. Es vergrößerte sich zum Quintett und wurde schließlich zum Orchester, bis nach etwa vierjähriger Zusammenarbeit Lanner und Strauß ihre eigenen musikalischen Wege gingen.
Über die beiden Walzerkönige des Biedermeier, denen 1905 an der

Südseite des Wiener Rathausparks ein gemeinsames Denkmal errichtet wurde, über das Verhältnis der beiden genial begabten Musiker zueinander, ist viel Unrichtiges geschrieben worden. Die Anekdote hat sich ihrer bemächtigt, Singspiele wurden verfaßt, Unterhaltungsfilme gedreht. Die Wahrheit blieb dabei auf der Strecke. Im Grunde genommen hat man gar nicht nach ihr gefragt.

»Lanner und Strauß«, schreibt Otto Brusatti, »trennten sich nämlich 1827. Strauß eröffnete eigene Kapellen, Konkurrenz herrschte, Verbrüderungen gab es. Strauß eroberte sich die eingebürgerten Spielstätten, die Einzelkapellen wuchsen, das Instrumentarium erweiterte sich von ursprünglich zehn bis zwölf Spielern hin zum kleinen Symphonieorchester, neue Musiker kamen hinzu ... Man ging sich aber weitgehend aus dem Weg und überließ es der Presse, von Krachs und Versöhnungswalzern, von Handgreiflichkeiten und Verbrüderungen zu schreiben ...«

Der um drei Jahre jüngere Strauß, der 1822 die Buchbinderlehre abschloß, hatte rasch die Freundschaft des älteren, von ihm zunächst verehrten Musikerkollegen gewonnen. Er spielte, als dieser im Sommer 1825 eine eigene Kapelle gründete, vorerst unter dessen Leitung. Dieses Jahr war übrigens für beide Musiker von einiger Bedeutung. Beide verlegten beinahe gleichzeitig ihre ersten Werke – Lanners Opus Nr. 1 (Neue Wiener Landler in G) erschien im Juli im Verlag Anton Diabelli, Strauß' erste Komposition (7 Walzer für das Piano Forte) im November im selben Verlag – und bekundeten damit ihren Anspruch auf größere Beachtung. Beide, Lanner wie Strauß, knüpften in diesem Jahr Liebesbeziehungen an, die nicht ohne Folgen blieben. Joseph Lanner lernte eine gewisse Maria Wegel kennen, die am 17. Juni 1826 den unehelichen Sohn Martin Joseph zur Welt brachte. Bereits neun Monate später starb das Kind. Die Verbindung mit Maria Wegel führte jedoch nicht zur Ehe. Lanner heiratete 1828 Franziska Jahns, die er zehn Jahre später verließ.

Johann Strauß heiratete am 11. Juli 1825. Drei Monate danach, am 25. Oktober 1825, gebar ihm seine Gattin Anna, geb. Streim, einen Knaben, der weltberühmt wurde: Johann Strauß (Sohn). Auch Johann Strauß verließ seine Gattin. Er ging nach zehnjähriger Ehe ein Verhältnis mit einer Modistin ein, dem insgesamt sieben Kinder entstammten. Mochten Lanner und Strauß auch gemeinsam musizieren und zu

Frauen ähnliche Beziehungen unterhalten, charakterlich waren sie völlig verschieden. Während Lanner als weich, gemütlich und sinnenfreudig geschildert wird, war Strauß nervös, jähzornig, energisch, von einer dämonischen Leidenschaftlichkeit. Die persönliche und künstlerische Trennung der beiden war gewissermaßen vorprogrammiert.

Joseph Lanner wurde Mitte 1825 als Nachfolger von Michael Pamer Musikdirektor im »Schwarzen Bock«, einem bekannten Lokal auf der Wieden (heute: 4. Wiener Gemeindebezirk). Der trinkfeste Michael Pamer, in dessen Kapelle Lanner nach jüngsten Forschungen nie musiziert hat, war ein Wegbereiter des Wiener Walzers. Als er sich 1825, zwei Jahre vor seinem Tod, vom Musikleben zurückzog, nahm Lanner einige seiner Musiker in seine Kapelle auf.
Lanners Aufstieg zum führenden Unterhaltungsmusiker seiner Heimatstadt vollzog sich innerhalb eines Jahrzehnts. 1826 wurde er Musikdirektor im »Sperl«, einem Gasthof mit Tanzsaal in der Leopoldstadt, das im biedermeierlichen Wien eines der beliebtesten Vergnügungsetablissements war. 1829 übernahm er die Funktion des Musikdirektors der k.k. Redoutensäle. Er sollte sie bis zu seinem Tode beibehalten.
Die Veranstaltungen in den Redoutensälen, die zum Komplex der Wiener Hofburg gehören, wurden vor allem von den gehobeneren Gesellschaftsschichten besucht. Der aus dem Kleinbürgertum stammende Lanner, der den Titel des Musikdirektors der Redoutensäle mit besonderem Stolz trug, spielte fast einhundertfünfzigmal in den Sälen auf. 1829 wird Lanner in Adolf Bäuerles »Theaterzeitung« als »rühmlichst bekannter Musikdirektor« bezeichnet, was darauf schließen läßt, daß er bereits zu dieser Zeit einen ausgezeichneten Ruf hatte.
Lanners Repertoire bestand zu Beginn seiner Laufbahn überwiegend aus Bearbeitungen bekannter Opern- und Singspielpartien und eigenen Kompositionen im traditionellen Musikstil der Zeit. Im Laufe der Jahre, als sich die Aufträge häuften und seine Musik beim Publikum immer besser ankam, traten die Eigenkompositionen im Programm – auch qualitätsmäßig – gleichwertig neben die Adaptionen fremder Werke. Man erwartete sich von ihm bei zahlreichen Anlässen einen eigenschöpferischen musikalischen Beitrag. Natürlich hat Lanner aber größtenteils aus eigenem Arbeitsantrieb seine Werke geschaffen. Er komponierte zumeist nächtlicherweise und pfeifenrauchend, wenn er von sei-

ner beinahe allabendlichen Konzerttätigkeit nach Hause kam. Angeblich flogen ihm die Melodien zu. Seine Partituren, deren abgeschlossene Reinschrift auf der ersten und letzten Seite die Aufschrift »Mit Gott v. Jos. Lanner« und das Datum der Fertigstellung tragen, sind außerordentlich penibel gearbeitet und weisen kaum Korrekturen auf.
In den dreißiger Jahren des vorigen Jahrhunderts entwickelten Lanner und Strauß dann den »Wiener Tanz«, den klassischen Walzer, der in einem musikalischen Siegeszug ohnegleichen die Welt erobert hat. Die ursprünglich mehr oder weniger lose Walzerkette wurde zu einer kompositorischen Einheit mit Introduktion, einem – aus mehreren Walzern bestehenden – Hauptteil und einer Coda zusammengefügt.
Lanner favorisierte in seinen Anfängen als Komponist den Ländler. Erst sein achtes Werk führt erstmals die Bezeichnung »Walzer« im Titel. Es ist der »Mitternachts-Walzer in B«, der jedoch klanglich noch ganz in der Tradition des Ländlers steht. Mit dem im Fasching 1830 entstandenen »Annen-Einleitungs-Walzer« (Opus 48) begann im Schaffen Lanners der Walzer zunehmend die führende Rolle zu spielen, mit der Premiere des »Walzers« (Opus 111), die am 16. Oktober 1836 im »Sperl« stattfand, hatte der Komponist endgültig zu der klassischen Walzerform gefunden, an der er dann fast ausschließlich festhielt. Lanners populärster Walzer, dessen Uraufführung am 20. Oktober 1842 über die Bühne ging, trägt den Titel »Die Schönbrunner« (Opus 200). Er ging mit seinem zündenden Melodienreichtum den Zuhörern dermaßen ins Ohr, daß er, einem zeitgenössischen Bericht zufolge, viermal wiederholt werden mußte.
Die Verleger rissen sich – natürlich des guten Geschäftes wegen – um die neue Musik und statteten die Klavierarrangements mit teuren Titelvignetten aus. Lanner verlegte seine Frühwerke bei Anton Diabelli und Tobias Haslinger, wechselte 1829 zu Pietro Mechetti (Opus 32/34 bis 168), kehrte aber 1841 wieder zu Haslinger (ab Opus 170) zurück.
Der weitere Lebensweg des Künstlers ist durch neue Höhepunkte unermüdlichen Schaffens, eine steigende Popularität, aber auch durch schwere Zerwürfnisse und Schicksalsschläge in der Familie gekennzeichnet.
1831 hatte Lanner die Promenadenkonzerte im Volksgarten initiiert, die von 17 bis 22 Uhr dauerten und bei denen er Potpourris aus Opern Rossinis, Bellinis und Donizettis neben eigenen Kompositionen zur

Aufführung brachte. Er konzertierte in neuen Sälen wie im »Hotel zum römischen Kaiser« auf der Freyung, im »König von Ungarn« auf der Neuen Wieden und in den Apollo-Sälen in der Zieglergasse auf dem Schottenfeld. 1833 wurde er zum Kapellmeister des 2. Wiener Bürgerregiments ernannt, 1834 unternahm er mit seinem Orchester eine Konzertreise nach Pest, die zu einem vollen Erfolg wurde.

Im Gegensatz zu Johann Strauß ging Lanner keineswegs begeistert auf Tournee. Während der rastlose Strauß an der Spitze seines Ensembles weite Konzertreisen nach Brüssel und Paris, Berlin und London unternahm, das Publikum in ganz Europa mit seinen Walzermelodien in Bann schlug, kam Lanner über die Grenzen der Habsburgermonarchie nicht hinaus. »Joseph Lanner«, schrieb der bekannte Straußforscher Franz Mailer einmal sehr treffend, »war der erste Poet des Wiener Walzers, aber Johann Strauß wurde der Prophet seines Weltruhms.«
Lanner unternahm 1834 und 1835 drei Konzertreisen nach Ofen und konzertierte 1837 mit überwältigendem Erfolg in Graz. »Lanner wird hier von der Noblesse, vom Militär wie dem wohlhabenden Bürgerstande mit ehrender Auszeichnung behandelt, dem Ankommenden waren eine Menge der feinsten Bewohner Graz in ihren Equipagen entgegengefahren, und ihm zu Ehren sogar ein brillantes Feuerwerk, dessen eine Front seine Ankunft besonders verherrlichen sollte, abgebrannt«, schrieb eine Zeitung und pries nicht nur seine Fähigkeiten als Dirigent, sondern auch seine Leistung als Geiger. Sein solistisches Können wird auch in der einzigen Personsbeschreibung hervorgehoben, die vom ihm überliefert ist. Sie stammt vom Herbst 1834. »Sieh dir aber auch diesen Mann da an, eine ältere und kräftigere Figur, aber ein ebenfalls blasses Gesicht, krauses, wirres Haar«, heißt es da ein wenig unscharf und dann, exakter beobachtet: »... ein glänzender Diamant am Finger, trotz einem läßigen, libertinen Anzug; kleine, aber kluge Augen, die in guter Harmonie mit den sarkastisch-gezogenen Mundwinkeln stehen; im ganzen beweglichen Wesen, der echte Wiener ausgeprägt. Siehst du wie er rasch durch die Menge an sein Pult eilt? Jetzt beginnt er; gleiche Stille, gleicher Beifalls-Ausbruch, aber unser Mann errötet deshalb nicht, er schlägt mit ziemlicher Beweglichkeit des Körpers den Takt, geigt aber seine lieblichen Walzer ruhig fort. Der Schweiß tritt ihm ebenfalls auf die Stirne, sei's auch nur deshalb, um an den Fluch des ersten Menschen zu mah-

nen; er spielt con amore, geigt auf, aber er bleibt sich stets gleich. Hast du ihn recht gesehen? Das ist der Musik-Direktor Joseph Lanner.«

Mit seiner Ehe kam der Herr Musikdirektor deutlich schlechter zurecht als mit seinem Dirigentenjob. Das Ehepaar Lanner bezog nach der Heirat, die am 24. November 1828 stattgefunden hatte, eine Wohnung in der Laimgrube Nr. 97 (heute: Gumpendorfer Straße 47, im 6. Wiener Gemeindebezirk). Über Lanners Gattin Franziska sind wir nur durch einen Brief ihrer Tochter Katharina an einen Bekannten informiert, der, wie die obigen Zitate in der Biographie Lanners von Herbert Krenn abgedruckt ist. »Als Mädchen von allen Leuten die schöne Fanni genannt«, berichtete sie, »erregte meine Mutter namentlich durch ihr reiches, goldblondes, ins Rötliche übergehende Haar wahres Aufsehen. Ihr stattlicher Wuchs, der elastische Gang und ihre gefälligen Umgangsformen fanden stets Bewunderer. In ihrem Beruf als Gattin, Mutter und Hausfrau ging sie vollends auf. Sie stammte aus gutbürgerlichem Hause und sah es freilich zu spät ein, daß ihr die Ehe mit einem Geschäftsmann bekömmlicher geworden wäre als mit einem Künstler, vor dem ganz Wien auf den Knien lag.«

Wenn Katharina Lanner, verehelichte Geraldini, die übrigens eine gefeierte Tänzerin war, das Bild der Mutter auch ein wenig verklärt gezeichnet haben mag, so klingt doch durch, daß ihre Eltern nicht zueinanderpaßten. Der vielbeschäftigte Ehemann hatte für seine Familie nur wenig Zeit, und seine Frau war vollauf mit dem Kinderkriegen beschäftigt. Sie brachte bis zum Jahre 1836, als sich der Gemahl von ihr trennte – eine Ehescheidung war damals nicht möglich –, drei Söhne und drei Töchter zur Welt. Drei Kinder starben noch im Kleinkindalter.

Die Ehe stand von allem Anfang an unter keinem guten Stern. Joseph Lanner verließ bereits 1830 die Familie, kehrte aber nach einigen Monaten wieder in den gemeinsamen Haushalt zurück. Katharina Lanner-Geraldini berichtet: »Die angestrengte Tätigkeit meines Vaters ließ ihm wenig Zeit, sich Frau und Familie zu widmen, und als meine Mutter durch übereilige Zuträger erfuhr, daß ihr Gemahl in Liebesabenteuer verstrickt sei, wurde aus der stillen Hausfrau, die fast nie eine Vergnügungsstätte aufsuchte, plötzlich eine leidenschaftliche Besucherin der Konzerte ihres Mannes. Die Eifersucht regte sich, es setzte Skandale ab und mit dem Hausfrieden war es vorbei.«

Sechs Jahre später war der Bruch endgültig. 1838 bezog Lanner mit der

Fleischhauerstochter Maria Kraus, die bis zu seinem Tod seine Lebensgefährtin blieb, das Haus Nr. 214 in Oberdöbling. Das Gebäude (heute: Gymnasiumstraße 87) ist längst der Spitzhacke zum Opfer gefallen. An Lanners Aufenthalt in Döbling erinnert nur noch eine nach ihm benannte Straße.

Joseph Lanner ließ 1836 eine Mutter mit drei kleinen Kindern zurück. Katharina war acht, sein Sohn August war zwei Jahre alt, eine Tochter war eben erst zur Welt gekommen. Der mittlerweile bereits vermögende Komponist versorgte seine Familie ausreichend mit Geld und ließ den Kindern eine ausreichende Schulausbildung angedeihen. Das Verhältnis zu seiner ihm kirchlich angetrauten Frau und vor allem zu seinen Schwiegereltern blieb jedoch feindselig. Einem Brief an seinen Verleger Mechetti vom 26. August 1840 ist zu entnehmen, daß man aus ihm möglichst viel herauszupressen versuchte, die Absicht verfolgte, mit Intrigen und Verleumdungen seinem Ruf zu schaden und ihm die Ehre abzuschneiden. Der Zwist mit seiner Frau umdüsterte Joseph Lanners letzte Lebensjahre. Nach seinem Tod hinterließ er seiner Familie das beträchtliche Vermögen von 12 172 Gulden.

Lanners unerfreuliche Privatverhältnisse hatten auf seinen beruflichen Erfolg keinen Einfluß. Kurz nach seiner Trennung von der Familie, am 28. Februar 1838, wurde er »Ehrenbürger von Wien«, Mechetti veröffentlichte von seinem Walzer »Der Werber« (Opus 103) zum erstenmal gleich mehrere Auszüge: Pianoforte, Pianoforte für 4 Hände, Violine und Klavier, 3 Violinen und Baß, Flöte, Gitarre, Orchester und Militärmusik.

Seine Musik fand auch im Ausland – in München und Madrid – Beachtung. Am 1. Februar 1838 dirigierte Lanner zum erstenmal in dem fünf Jahre zuvor eröffneten eleganten Dommayerschen Casino im Vorort Hietzing, das sich in der Biedermeierzeit rasch zu einer der berühmtesten Vergnügungsstätten in der Umgebung Wiens entwickelte. Am 22. März 1843 gab Lanner beim Dommayer zum letztenmal vor seinem Tod ein Konzert, eineinhalb Jahre später, am 15. Oktober 1844, feierte dort Johann Strauß (Sohn) sein glanzvolles Debüt.

Im Jahre 1838 hatte Lanner den ehrenvollen Auftrag erhalten, für die Feierlichkeiten anläßlich der Krönung Kaiser Ferdinands I. zum König der Lombardei die Festmusik zu komponieren. Aus diesem Anlaß reiste er über Linz und Innsbruck, wo er vielumjubelte Konzerte gab, nach Ve-

nedig und von dort nach Mailand, wo er bei allen Hoffesten und Bällen für die musikalische Unterhaltung sorgte. Sein Krönungswalzer (Opus 133), den er nach seiner Rückkehr auch beim Dommayer zu Gehör brachte, fand begeisterte Zustimmung.
In den letzten Jahren vor seinem Tod stand Joseph Lanner auf dem Höhepunkt seiner Karriere und feierte sowohl als Komponist wie auch als Dirigent Triumphe. Er übernahm im März 1839 die Musikdirektion im Gasthof »Zur goldenen Birne« auf der Landstraße, in dem Ludwig van Beethoven und Franz Schubert verkehrten, und unternahm im November desselben Jahres eine Konzertreise nach Prag. In den Jahren darauf stand er tagtäglich am Dirigentenpult, dirigierte Ballveranstaltungen bei Hof, in den Redoutensälen, beim Dommayer, im Casino Zögernitz in Döbling, in Ober St. Veit, in Baden bei Wien. Es gab praktisch kein renommiertes Lokal, in dem er nicht konzertierte, und dazu fand er auch noch Zeit für Benefizveranstaltungen. Lanner war stets bereit, sich in den Dienst einer guten Sache zu stellen, gleichgültig, ob es darum ging, den Opfern der Donauüberschwemmung des Jahres 1830 zu helfen oder der Kleinkinderbewahrungsanstalt auf dem Rennweg.
Der Vielbeschäftigte gönnte sich keine Ruhe. So komponierte er beispielsweise im August 1841 nicht weniger als vier Werke (Opus 176–179). Mag sein, daß diese rastlose Tätigkeit seine Gesundheit untergraben hat.
Ende 1842 begann Lanner zu kränkeln. Immer häufiger überließ er die Leitung eines Konzertes nach ein, zwei Stücken einem Mitglied seines Orchesters, die Kompositionstätigkeit begann zu versiegen. Das letzte Bildnis des Komponisten, eine Lithographie, die zu Beginn des Jahres 1843 entstanden ist, zeigt ihn als einen frühzeitig gealterten, kranken Mann. Im Februar und im März 1843 gab Lanner noch ein paar Konzerte, am 14. April, kurz nach seinem 42. Geburtstag, schied er in seinem Landhaus in Oberdöbling aus dem Leben. Die genaue Todesursache wurde medizinisch nicht festgestellt. Wahrscheinlich starb er an Typhus. Joseph Lanner hinterließ kein Testament.
Das Leichenbegräbnis des berühmten Dirigenten am 16. April gestaltete sich zu einem Volksfest. Einem zeitgenössischen Bericht zufolge, der in der »Allgemeinen Theaterzeitung« von Adolf Bäuerle (Ausgabe vom 18. April 1843) abgedruckt ist, sollen mehr als 20 000 Menschen daran teilgenommen haben. Johann Strauß (Vater) gab seinem Freund

Joseph Lanner dirigiert die Hans-Jörgel-Polka

und Rivalen an der Spitze des Ersten Wiener Bürgerregimentes die letzte Ehre. Von anderer Prominenz ist nicht die Rede.

Joseph Lanner wurde auf dem Döblinger Friedhof in einem Familiengrab beigesetzt. Der Friedhof wurde 1927 aufgelassen und in eine Parkanlage umgewandelt (heute: Strauß-Lanner-Park, Ecke Grinzinger Allee/Billrothstraße, 19. Wiener Gemeindebezirk). Der Leichnam wurde 1904 exhumiert und in einem Ehrengrab der Stadt Wien auf dem Zentralfriedhof bestattet. Der Originalgrabstein mit dem falschen Geburtsjahr 1800, das übrigens nie korrigiert wurde, blieb in der Parkanlage erhalten.

Die Nachrufe auf den neben Johann Strauß (Vater) bedeutendsten Wiener Musiker der Biedermeierzeit hielten sich in Grenzen. Sein Andenken wurde bis auf den heutigen Tag vernachlässigt.

Er sang in den renommierten Gasthäusern der Vorstädte

JOHANN BAPTIST MOSER

Der Urwiener Volkssänger

Die Biedermeierzeit war musikdurchflutet. Jede Gesellschaftsschicht hatte damals ihre eigene Musikkultur und -tradition. Während in den Adelspalästen und in den Konzertsälen die konzertanten Werke Haydns, Mozarts, Beethovens und anderer Meister aufgeführt wurden, das Bürgertum die Hausmusik pflegte, in den Ballsälen der Walzer seinen Siegeszug um die Welt antrat, vergnügten sich die unteren Schichten in den zahlreichen Wirtshäusern und Weinschenken der Wiener Vorstädte und Vororte bei Volks- und Unterhaltungsmusik.

Es war eine recht derbe und deftige musikalische Kost, die die »Harfenisten«, wie diese Volksmusikanten hießen, dem Publikum zu dessen Gaudium vorsetzten. Sie schreckten vor keinem Thema zurück. Ihr Sujet Nummer eins war natürlich die Liebe, das ordinäre oder zumindest anzügliche Lied, das sie mit einem großen Talent zur Spaßmacherei, mit viel Mutterwitz und Schlagfertigkeit auf einer Harfe zum Vortrag brachten. Sie nahmen aber auch den Alltag aufs Korn, das historische Ereignis, eine Katastrophe, ein aufsehenerregendes Verbrechen, eine zeitgenössische Persönlichkeit, und in der Regel hatten sie die Lacher auf ihrer Seite.

Die meisten dieser Lieder sind verlorengegangen. Eines, das Werk eines anonymen Harfenisten, hat ein Wien-Reisender aus deutschen Landen in einem Reisebericht abgedruckt. Es gibt einen Eindruck davon, wie beißend der Spott dieser Bänkelsänger sein konnte:

In Schönbrunn, sagt er
Is an Aff, sagt er
Hat a Gsicht, sagt er
Wia a Pfaff, sagt er
Frißt an Zucker, sagt er
Sauft an Wein, sagt er
So an Aff, sagt er
Möcht' i sein.

Die Zuschauer verstanden natürlich, wer damit gemeint war. In Schönbrunn gab es seit langem einen Tiergarten, und das Schloß diente seit den Tagen Maria Theresias der kaiserlichen Familie als Sommerresidenz.

Wenn ein Lied mit so offenkundig durchschaubaren Anspielungen im Wien der Biedermeierzeit öffentlich zum Klang einer Harfe gesungen wurde, ist die Frage berechtigt, welche Bewandtnis es mit der angeblich allgegenwärtigen Geheimpolizei und der berüchtigten Zensur hatte. Offenbar wurde eben doch nicht so heiß gegessen wie gekocht. Beschwerden über die unmoralischen, zweideutigen und schlüpfrigen Zoten und die derben Szenen der Harfenisten, die zuweilen auch in Gruppen auftraten und auf ihren selbstgezimmerten »Pawlatschen« ganze Theaterszenen aufführten, gab es zuhauf. Auch war das öffentliche Musizieren auf Straßen und Plätzen per Gesetz verboten. Aber die Polizei unternahm dagegen wenig. Solange die Harfenisten, die gesellschaftliche Außenseiter waren und von den Almosen ihrer Zuhörer lebten, lediglich die unteren Klassen unterhielten, solange sie die staatliche Ordnung nicht gefährdeten, ließ man sie gewähren. Schon in der Biedermeierzeit galt, so scheint es, für derlei in Humor verpackte ungefährliche Äußerungen des gesellschaftlichen Unmuts die Devise: »Net amol ignorieren!« Und man fuhr gar nicht so schlecht damit.

Die Ära der Bänkelsänger und Harfenisten wurde von Johann Baptist Moser (Pseudonym für J. B. Müller) Ende der zwanziger/Anfang der dreißiger Jahre des vorigen Jahrhunderts beendet. Über das Leben dieses ersten Wiener Volkssängers ist wenig bekannt. Moser wurde als Sohn eines Trödlers am 25. November 1799 in Wien geboren. Er sollte – oder wollte – zunächst Lehrer werden, brach aber seine Ausbildung aus nicht genau bekannten Gründen ab. Ob er bei einer Prüfung durchfiel, wie manche Forscher behaupten, oder aus Geldmangel sein Studium abbrechen mußte, wie ebenfalls zu lesen ist, kann längst nicht mehr festgestellt werden und spielt im Grunde auch keine Rolle. Das Ansinnen, das Geschäft des Vaters weiterzuführen, lehnte der junge Moser entschieden ab.

Moser trat in den Dienst einer reichen Familie, unternahm mit ihr Reisen nach Deutschland, Frankreich, Holland und in die Schweiz und erlernte im Selbststudium mehrere Sprachen. Nach Wien zurückgekehrt, verdiente er sich zunächst seinen Lebensunterhalt durch das Erteilen von Sprachstunden. Nebenbei begann er, für ein paar Harfenisten Soloszenen und Lieder zu schreiben. Durch diese Tätigkeit gewann er einen Einblick in das elende Leben dieser Leute und fühlte sich von ihren niveaulosen und ordinären Darbietungen angewidert. Ohne lange zu zaudern, faßte der kluge, gebildete Mann den Entschluß, das Niveau, den sozialen Status und die Verdienstmöglichkeiten dieser Gruppe gesellschaftlicher Außenseiter anzuheben. Damit wurde er zum Begründer des Wiener Volkssängertums und des Wiener Volksliedes.

Der auf der neuen Wieden, Lange Gasse Nr. 744, wohnhafte, wohlbeleibte Reformator der Volksmusik, dessen persönliche Markenzeichen eine Schnupftabakdose und ein großes farbiges Taschentuch waren, schaffte zunächst einmal das demütigende Absammeln mit dem Teller nach den Darbietungen ab und setzte in verhältnismäßig kurzer Zeit durch, daß die Besucher eines Volkssängerlokales an der Kasse ein Eintrittsgeld entrichteten. Die Wiener gewöhnten sich rasch an diese neue Maßnahme und akzeptierten sie anstandslos.
Moser ersetzte die Harfe als Begleitinstrument durch das Klavier, schuf die bunten Kostüme ab, in denen die Harfenisten aufgetreten waren, und stellte anstelle von Hanswursten natürliche Menschen auf die Bühne. Inhaltlich unterzog er die Liedertexte, Couplets und volksstückartigen Szenen (er nannte sie »Conversationen«) einer durchgreifenden Reform. Frivolitäten, erotische Anzüglichkeiten und Zoten wurden aus dem Programm eliminiert und durch »anständige« Texte ersetzt, die mit treffsicherem (Wort-)Witz ein wenig schulmeisterlich die Schwächen und Dummheiten der Leute aufs Korn nahmen. Die Tratschsucht der Wienerinnen kommentierte er so:

> »Wenn man im heißen Sommer sich bei Tag echauffiert,
> wann's dämmert hier in Wien, in einer Gassen promeniert,
> so sieht man, und das kommt beinah' in jeder Gassen vor,
> bei jedem zweiten Haus a vier, fünf Weiber unterm Tor.«

Und über das Rauchen der kleinen Buben textete er launisch:

> »Jetzt sieht man dort und da schon kleine Buben,
> ungeniert, der Welt zum Possen,
> rauchen wie die Großen.

Nur verbrennt ein solcher, beim Tabak in d'Luft verblasen,
s'Geld noch nöt gar so geschwind,
weil nebst Rauchen aus dem Maul ihm 's Wasser aus der Nasen
aufs Zigarrenspitzel rinnt.«

Johann Baptist Moser gründete 1829 einen Verein für Volkssänger und trat mit seinem Ensemble von Musikern, Sängern und Komikern in den renommierten Gastwirtschaften der Wiener Vorstädte auf, beim »Sperl« in der Leopoldstadt etwa, bei der »Bretzen« in Neulerchenfeld, beim »Grünen Tor« in der Josefstadt, beim »Melzer« am Getreidemarkt, beim »Großen Zeisig« am Neubau, beim »Schwarzen Bock« auf der Landstraße.
Mosers Soireen erfreuten sich bald großer Beliebtheit und wurden, da sie ohne Anstößigkeiten über die Bühne gingen, auch vom weiblichen Geschlecht besucht. Das Programm war umfang- und abwechslungsreich, wie das folgende Beispiel beweist:

Stadtgut in Fünfhaus

Abendunterhaltung des Volkssängers
J. B. Moser
und dessen vergrößerter Gesellschaft.

1. „Vocal-Quartett".
2. „Episteln an die Betreffenden".
3. „Ein tragisches Lied".
4. „Couplet".
5. „Alles contraire".
6. „Altes Trinklied".
7. „Mein Testament".
8. „Die Werbung", Duett von Storch.
9. „Conversation im Sofienbade".
10. Duett aus der Oper „Die Heimkehr des Verbannten" von Nikolai.
11. „G'frött und Pech", Polka.
12. „Der stille Becher" von Proch.
13. „Der Bier-Enthusiast".
14. „Couplet".
15. „Vocal-Quartett".
16. „Conversation im Sechserlwagen".
17. „Ein Couplet".
18. „Ein tragisches Lied".
19. „Couplet".
20. „Tritsch, Tratsch", Polka.
21. „Conversation auf Verlangen".

Dienstag: „beim grünen Thor", Kofranagasse. **Mittwoch:** „Stadt Graz", Landstraße. **Donnerstag:** „beim Sperl". **Freitag:** „Stadtgut Fünfhaus". **Samstag:** „Wrdl", Landstraße. **Sonntag:** „zur Bretze" in Neulerchenfeld.

Abendprogramm der Volkssängergesellschaft J. B. Moser aus dem Jahre 1845

Moser benützte für seine Lieder gelegentlich Melodien von Johann Strauß Vater und Sohn und schrieb auch einen Text zur Tritsch-Tratsch-

Polka. 74 seiner »Volksszenen« (Conversationen), in denen drei Typen von Männern auftraten, ein »Gebildeter«, ein Frotzler und ein Einfältiger, sind noch zu seinen Lebzeiten bei Tobias Haslinger im Druck erschienen. Haslinger, der aus Kleinzell in Oberösterreich stammte, war eine der bedeutendsten Verlegerpersönlichkeiten der Biedermeierzeit. Er kam 1810 nach Wien, trat als Buchhalter in die Musikalienhandlung des Sigmund Anton Steiner ein und wurde 1814 dessen Kompagnon. 1826 wurde er Alleininhaber der Firma. Durch Tüchtigkeit und einen untrügerischen Geschäftssinn baute er sein Unternehmen rasch aus und erwarb sich das Vertrauen der besten und bekanntesten Komponisten seiner Zeit. Haslinger verlegte zahlreiche Werke Beethovens (u. a. die 7. und 8. Symphonie), Schuberts (»Winterreise«), Frédéric Chopins, Franz Liszts und Carl Maria von Webers. Nach Haslingers Tod im Jahre 1842 führte sein Sohn Carl das Unternehmen weiter. Tobias Haslinger war, wie das Beispiel Moser zeigt, nicht nur der Kunst, sondern auch der Volksmusik sehr verbunden.

Das Volkssängertum wurde 1851 durch einen Statthalterei-Erlaß behördlich geregelt. Wer als Volkssänger auftreten wollte, mußte ein Mindestalter von zwanzig Jahren haben, der Leiter einer Truppe, die nicht mehr als vier Mitglieder zählen durfte, mußte mindestens dreißig Jahre alt sein.

J. B. Moser hat diese Regelung noch erlebt und sie wahrscheinlich auch begrüßt. Sein Stern war zu dieser Zeit allerdings bereits im Verblassen. Der lehrhafte Ton in seinen Volksstücken hatte sich überlebt. Der Begründer des Wiener Volkssängertums starb am 6. Dezember 1863, laut Totenbeschauprotokoll an einer Lungenentzündung. Jahre später erhielt er über Intervention des Wiener Volkssängerbundes ein Ehrengrab der Stadt Wien auf dem Zentralfriedhof.

Er schrieb nicht nur Etüden. Carl Cerny war ein Lieblingsschüler Beethovens und der Lehrer von Franz Liszt

CARL CZERNY
Klavierpädagoge von Weltruf

An Carl Czerny kommt bis heute kein ernstzunehmender Klavierspieler vorbei. Seine »Schule der Geläufigkeit«, die längst zum Klassiker der Klavierpädagogik geworden ist, und seine anderen musikdidaktischen Werke sind für jeden Klavierschüler und angehenden Pianisten Bausteine auf dem Weg in die Welt des Klavierspiels, Prüfsteine der Bewährung, Meilensteine zur Kontrolle der eigenen technischen Fertigkeiten.
Jede Kunst beruht auf solidem handwerklichem Können. Wer sein Handwerk gründlich erlernen will, muß fleißig sein, um ein Meister seines Faches zu werden. Von dieser Grundüberlegung muß Czerny ausgegangen sein, als er für den Anfänger wie für den gereiften Virtuosen seine klavierpädagogischen Aufgaben niederschrieb. Sie haben weltweit Verbreitung und Anerkennung gefunden.
Carl Czerny schöpfte aus der Erfahrung. Er war einer der besten Klavierspieler und einer der renommiertesten Klavierlehrer seiner Zeit. Seine Lebensreife deckt sich weitgehend mit der Epoche des Biedermeier.
Die musikalische Begabung wurde dem Einzelkind, das am 20. Februar 1791 in Wien, in der Leopoldstadt, zur Welt kam, vom Vater vererbt. Wenzel Czerny, der eine gute Singstimme besaß, hatte in einem Benediktinerstift in der Nähe von Prag eine gründliche musikalische Ausbildung genossen. Nach einer erklecklichen Anzahl von Jahren als Militärmusiker in der k.k. Armee nahm er nach seiner Eheschließung Abschied vom Heer, verlegte 1786 seinen Wohnsitz nach Wien und versuchte, sich als Klavierlehrer zu etablieren. Dies scheint ihm auch gelungen zu sein. Binnen weniger Jahre hatte er sich so großes Ansehen erworben, daß ihn ein halbes Jahr nach der Geburt eines Sohnes ein polnischer Graf in seine Dienste nahm. Vier Jahre später kehrte Wenzel Czerny aus Polen, der politischen Umstände halber – das Land wurde 1795 zum drittenmal unter den Großmächten aufgeteilt –, wieder in die Kaiserstadt an der Donau zurück, um hier auf Dauer zu verweilen.

Für den Werdegang des kleinen Czerny war es von entscheidender Bedeutung, daß der Vater ihn schon sehr früh unter seine musikalischen Fittiche nahm und in ihm das Interesse für die Musik weckte. Bereits im Alter von drei Jahren konnte das aufgeweckte Kind ein paar Stückchen auf dem Klavier spielen. Das Spielen vom Blatt bereitete ihm bald keine Schwierigkeiten, im Gegenteil, es machte ihm regelrecht Spaß. Mit sieben begann er eigene musikalische Einfälle niederzuschreiben, mit neun trat der Knabe zum erstenmal öffentlich auf, und zwar im Wiener Augarten. Er brachte dort zur Bewunderung der Zuhörer technisch einwandfrei und mit großer Geläufigkeit Mozarts e-Moll-Klavierkonzert auswendig zum Vortrag. Carl Czerny war so etwas wie ein musikalisches Wunderkind.

Wunder sind allerdings nicht selten mit Fleiß gepaart. Der kleine Czerny wurde von seinen Eltern wie ihr eigener Augapfel gehütet. Sie waren ständig um ihn, von gleichaltrigen Spielgefährten hielten sie ihn fern. Der Vater versorgte seinen Sohn kontinuierlich mit Übungsmaterial, spielte es mit ihm vierhändig durch, gab Ratschläge, spornte ihn zu immer größeren Leistungen an. Carl Czernys liebstes, vielleicht sogar einziges Spielzeug war das Klavier. Was Wunder, daß er dieses Instrument schon in so jungen Jahren meisterhaft beherrschte.

Wo das Kind Lesen, Schreiben und Rechnen lernte, ob in der väterlichen Wohnung oder in einer Trivialschule, wie die Volksschule damals hieß, geht aus seinen Lebenserinnerungen nicht hervor. Carl Czerny erhielt seine geistige Ausbildung durch junge Männer und Studierende, die ihn als Gegenleistung für die musikalische Unterweisung durch den Vater Italienisch, Französisch und Deutsch lehrten (die Eltern hatten ihn in der tschechischen Sprache erzogen) und ihn für schöngeistige Literatur interessierten.

Czernys musikalische Weiterbildung erfuhr eine ungeheure, lebenslang wirkende Befruchtung und Bereicherung, als er im zehnten Lebensjahr Schüler Beethovens wurde. Trios, Sonaten, einige Variationen Ludwig van Beethovens und die »Adelaide«, ein Lied mit Klavierbegleitung nach einem Gedicht von Friedrich von Matthisson, waren zwischen 1790 und 1800 in Druck erschienen und gehörten zum beliebten Übungsrepertoire des Knaben.

Die Begeisterung des jungen Czerny für die Kompositionen des damals in Wien noch verkannten und angefeindeten Komponisten aus dem

Rheinland wurde durch einen Mann entfacht und vertieft, der täglich im Hause Czerny verkehrte. Er hieß Wenzel Krumpholz, war unter der Dirigentenschaft Joseph Haydns Violinist im Orchester des Fürsten Esterházy, später im Wiener Hofopernorchester, und ein glühender Verehrer Beethovens.
Krumpholz ging bei Beethoven, der ihn in seine Ideen einweihte und ihm jede neue Komposition vorspielte, eine Zeitlang ein und aus. Er wußte dem jungen Czerny viel von Beethoven zu erzählen, von dessen Arbeit und Arbeitsstil, von der Entstehung seiner Werke. Und da Krumpholz oft dabei war, wenn der Meister die neu entstandenen Kompositionen auf dem Klavier spielte, konnte er dem Knaben, obwohl er selbst kein Pianist war, bei der Einstudierung von Werken Beethovens nützliche Ratschläge geben.
Krumpholz legte für seinen begabten Schützling bei Beethoven ein gutes Wort ein und bewog den Komponisten, ihn eines Tages zu sich zum Vorspielen einzuladen. Noch viele Jahre später erinnerte sich Czerny lebhaft an jenen Tag im Winter 1799/1800 an dem er, vom Vater und Krumpholz begleitet, von der Leopoldstadt in die damalige Wohnung Beethovens in der Wiener Innenstadt (Tiefer Graben Nr. 241, heute Nr. 24) aufbrach.
Die Besucher wurden von einem unordentlich aussehenden Bedienten in ein unaufgeräumtes Zimmer geführt, in dem sich mehrere Personen aufhielten. »Beethoven selber«, schreibt Czerny, »war in eine Jacke von langhaarigem dunkelgrauen Zeuge und gleichen Beinkleidern gekleidet ... Das pechschwarze Haar sträubte sich zotig ... um seinen Kopf. Der seit einigen Tagen nicht rasierte Bart schwärzte den unteren Teil seines ohnehin brünetten Gesichts noch dunkler. Auch bemerkte ich sogleich mit dem bei Kindern gewöhnlichen Schnellblick, daß er in beiden Ohren Baumwolle hatte, welche in eine gelbliche Flüssigkeit getaucht schien. Doch war damals an ihm nicht die geringste Harthörigkeit bemerkbar.«
Czerny mußte sogleich etwas vorspielen. Er begann mit dem Klavierkonzert in C-Dur, Köchelverzeichnis Nr. 503, von Wolfgang Amadeus Mozart. Beethoven zeigte Interesse für das Spiel des Knaben, trat hinzu, spielte mit der linken Hand die Orchestermelodie mit und äußerte Wohlwollen. Dies ermutigte den Zehnjährigen im Anschluß an Mozart die Sonate Pathétique und, unter gesanglicher Begleitung des Vaters,

die Adélaide des Meisters zum Vortrag zu bringen. Es war dies zweifellos ein Wagnis, das nur ein Kind in seiner Unbekümmertheit einzugehen bereit ist. Beethoven zeigte sich zufrieden. Er wandte sich Vater Czerny zu und sagte: »Der Knabe hat Talent, ich selber will ihn unterrichten und nehme ihn als meinen Schüler an. Schicken Sie ihn wöchentlich einige Male zu mir. Vor allem aber verschaffen Sie ihm Emanuel Bachs Lehrbuch über die wahre Art das Clavier zu spielen, das er schon das nächste Mal mitbringen muß.«

Dann verließen Vater und Sohn Beethovens Wohnung und machten sich frohgemut auf den Heimweg.

Carl Czerny blieb von 1800 bis 1803 Beethovens Schüler. Der Unterricht, der infolge der kompositorischen Arbeit und der verschiedensten Verpflichtungen des Meisters nicht regelmäßig vor sich ging, erstreckte sich von der Einübung von Skalen in allen Tonarten, der richtigen Finger- und Handhaltung und dem Gebrauch des Daumens bis zu Legato-Übungen, die Beethoven in unübertrefflicher Manier beherrschte, wie der jugendliche Schüler mit Bewunderung konstatierte. Theoretischen Unterricht erhielt Czerny von seinem Lehrer nicht. Beethoven empfahl ihm lediglich einige Werke zum persönlichen Studium.

Nach der Vervollkommnung der technischen Fertigkeiten gingen Lehrer und Schüler daran, gemeinsam Beethovens neueste Kompositionen zu erarbeiten. Czerny war nicht nur hochtalentiert, er besaß auch ein enormes musikalisches Gedächtnis, das ihn dazu befähigte, alles, was Beethoven für das Pianoforte niederschrieb, schon nach kurzer Zeit auswendig zu spielen. Der Lehrer registrierte es mit großer Zufriedenheit und gesteigerter Zuneigung.

Beethovens Wertschätzung für seinen jungen Schüler blieb in den musikalischen Kreisen Wiens nicht unbemerkt. Einige adelige Familien öffneten dem begabten Pianisten die schmiedeeisernen Tore ihrer Paläste. Fürst Karl Lichnowsky, ein Beethovengönner, ließ sich jeden Morgen Stücke des großen Komponisten vorspielen, Graf Rudolf Czernin lud ihn in sein gastfreundliches Haus. Der junge Czerny profitierte von dieser adeligen Gunst sowohl in materieller als auch in geistiger Hinsicht. Mit den Zuwendungen, die er erhielt, konnte er das karge Familienbudget aufbessern, der gesellschaftliche Umgang in Adelskreisen trug viel zur Vertiefung seiner Bildung und zur Erweiterung seines künstlerischen und wissenschaftlichen Weltbildes bei.

Im Alter von fünfzehn Jahren fing Carl Czerny an, selbst privaten Musikunterricht zu erteilen. Er hatte sogleich Erfolg. Einige seiner Schüler machten bei Konzerten eine ausgezeichnete Figur. Czernys Ruf als Klavierlehrer stieg, die Honorare trugen bald so viel ein, daß die Familie ein auskömmliches Leben führen konnte. Der junge Mann stellte – das war damals eine Selbstverständlichkeit – sein Einkommen als Gegenleistung für seine Erziehung, die den Eltern große Opfer abverlangt hatte, zur Verfügung.

Carl Czerny wurde bald zu einem der gesuchtesten Klavierlehrer Wiens. Zwei Jahrzehnte lang erteilte er, tagaus, tagein, in der Regel von acht Uhr früh bis acht Uhr abends, Unterricht. Das war zwar einträglich, er »erspielte« sich im Laufe der Jahre ein ansehnliches Vermögen, aber es war kräfteraubend und untergrub seine Gesundheit.

Zu Czernys bekanntesten und begabtesten Schülern zählten Ninette von Belleville, die als Zehnjährige bei seinen Eltern Kost und Quartier nahm, drei Jahre blieb und sich später als Klaviervirtuosin einen hervorragenden Namen machte, der in Neapel geborene Theodor Döhler und Franz Liszt.

»Im Jahr 1819, kurze Zeit nachdem die Belleville uns verlassen hatte«, erzählt Czerny in seinen Lebenserinnerungen, »kam eines Morgens ein Mann mit einem kleinen Knaben von ungefähr acht Jahren zu mir mit der Bitte, den Kleinen auf dem Fortepiano etwas vorspielen zu lassen. Es war ein bleiches, schwächlich aussehendes Kind … Sein Spiel war ganz unregelmäßig, unrein, verworren, und von der Fingersetzung hatte er so wenig Begriff, daß er die Finger ganz willkürlich über die Tasten warf. Aber dem ungeachtet war ich über das Talent erstaunt, welches die Natur in ihm gelegt hatte.«

Man kam überein, daß Czerny im nächsten Jahr, wenn Vater Liszt mit seiner Familie nach Wien übersiedelte, dem kleinen Franz Klavierunterricht erteilen werde. Das war dann auch der Fall. Czerny unterrichtete Franz Liszt völlig unentgeltlich.

Der renommierte Lehrer konzentrierte sich bei seinem neuen Schüler zunächst auf die Perfektionierung der technischen Fähigkeiten, vervollkommnete die Taktfestigkeit, den Anschlag, den Fingersatz, die musikalische Deklamation und studierte dann mit ihm Werke von Johann Nepomuk Hummel, Johann Sebastian Bach und Beethoven ein, deren geistige Struktur er ihm nahezubringen versuchte. Er stellte

ihm auch alle nötigen Arbeitsunterlagen für das Studium zur Verfügung.
Franz Liszt, sein »eifriger, genievoller und fleißiger« Schüler, machte so außerordentliche Fortschritte, daß er schon nach einjähriger Unterweisung durch den hervorragenden Musikpädagogen öffentlich auftreten konnte und von der Musikkritik als neuer Mozart gefeiert wurde. Zum Leidwesen Czernys, der nach eigener Aussage den kleinen Liszt wie einen Bruder liebte, riß der Vater seinen begabten Sohn mitten aus dem Studium heraus, um mit ihm auf Reisen zu gehen. Czerny hätte ihm noch gerne Kompositionsunterricht erteilt. Franz Liszt feierte dann bekanntlich als Pianist Triumphe in ganz Europa, wurde zum Schöpfer einer neuen Klaviertechnik und mit seinen Orchesterwerken (Symphonische Dichtungen, Ungarische Rhapsodien) wegweisend für das Musikschaffen des 20. Jahrhunderts. Mit Carl Czerny, der sich immer mehr zum menschenscheuen Einzelgänger entwickelte, blieb er in sporadischer brieflicher Verbindung.
Das Verhältnis zwischen Czerny und Beethoven war in den ersten zehn Jahren ihrer Bekanntschaft das eines Schülers zu seinem Lehrer. Später gestaltete es sich freundschaftlich. Czerny stellte sich ganz in den Dienst des von ihm mit inniger Liebe verehrten Meisters, Beethoven seinerseits brachte seinem einstigen Schüler ein herzliches Wohlwollen entgegen. Der anerkannte Klavierpädagoge betrachtete es zeitlebens als seine künstlerische Mission, das Werk Beethovens authentisch zu interpretieren und ihm Anerkennung und Geltung zu verschaffen. Der große Komponist lohnte ihm dieses Bemühen mit vertrauensvollem Entgegenkommen. Czerny durfte die Korrekturen seiner neu erschienenen Werke besorgen. 1805 gestattete ihm Beethoven, einen Klavierauszug der »Leonore« einzurichten, die Bearbeitung seiner Neunten Symphonie für das Klavier durch den Freund hielt Beethoven für absolut mustergültig. Der Meister vertraute dem ihm künstlerisch so treu ergebenen Verehrer auch die öffentliche Erstaufführung so manchen Werkes an. So spielte Czerny etwa im Jahre 1806 Beethovens Klavierkonzert in C-Dur im Augarten mit durchschlagendem Erfolg. Auch die Premiere des Es-Dur-Konzertes am 12. Februar 1812 aus Anlaß des Geburtstages von Kaiser Franz I. stand unter seiner Leitung.
Gewiß war es auch ein Beweis besonderen Vertrauens und künstlerischer Wertschätzung, daß Beethoven Carl Czerny ersuchte, seinem Nef-

fen Karl Klavierunterricht zu erteilen. In einem Brief bat er ihn, Karl, dessen Vater kurz zuvor gestorben war, mit Nachsicht und Liebe zu behandeln, und gab auch musikpädagogische Anweisungen. Czerny möge den »abgespannten« Knaben, so der besorgte Onkel, nicht wegen kleiner Unzulänglichkeiten das Spiel unterbrechen lassen, sondern die Fehlerkorrekturen erst am Ende des Stückes vornehmen. Hielt er Czernys peinliche Korrektheit für unangebracht? Wahrscheinlich nur in diesem besonderen Fall und unter den besonderen Lebensumständen, in denen sich sein Neffe befand.

In den Jahren zwischen 1816 und 1820 gab Carl Czerny jeden Sonntag für seine Schüler in seiner Wohnung musikalische Veranstaltungen, bei denen vorwiegend Klavierwerke Beethovens vorgetragen wurden. Beethoven selbst gab dem Freund, der in diesen Jahren bei ihm ein und aus ging, ab und zu die Ehre seines Gegenbesuchs.

Die beiden Musiker blieben bis zum Tod des großen Komponisten in enger Verbindung. Sie unternahmen dann und wann einen gemeinsamen Spaziergang in den Wienerwald, und Czerny besuchte den verehrten Meister mehrere Male in Baden bei Wien, wo auch er so manchen Sommer verbrachte. Vor allem aber half er Beethoven bei der Korrektur seiner Klaviermusik und der Einrichtung von Klavierauszügen. Noch zwei Wochen vor Beethovens Tod am 26. März 1827 stattete er dem Musikgenie einen letzten Besuch ab. Beim Begräbnis erwies er als Laternenträger dem großen Komponisten die letzte Ehre.

Carl Czerny hat Beethovens Andenken bis an das eigene Lebensende hochgehalten. Er hat sein großes Können weiterhin in den Dienst des Meisters gestellt und dessen Biographie mit wertvollen Anregungen, Hinweisen und interessanten Details bereichert.

Hinter dem kräfteraubenden Musikunterricht, der einen Großteil seiner Zeit in Anspruch nahm, trat Czernys kompositorische Arbeit lange Zeit zurück. Bereits als Vierzehnjähriger hatte er sein erstes Opus »Konzertante Variationen für Klavier und Violine«, veröffentlicht. Es sollte dann länger als ein Jahrzehnt dauern, ehe er in vollem Umfang und kontinuierlich zu komponieren begann. Ab dem Jahre 1818 schrieb der arbeitswütige Klavierpädagoge, ohne eine seiner zahlreichen Lektionen zu versäumen, bis tief in die Nacht hinein, ein Musikstück nach dem anderen: Sonaten, Rondos, Phantasien, Polonaisen, Impromptus, Walzer, Ouvertüren, Caprices, Potpourris, Märsche, Divertissiments, Quadrillen, Etüden. Insgesamt besteht sein gedrucktes Werk aus nicht weniger als 861 Opera, sein Gesamtschaffen übersteigt die Zahl von zweitausend Werken, die Klavierauszüge und die Bearbeitungen nicht inbegriffen.

An Motiven und Themen fehlte es Czerny nicht. In seinem Nachlaß fanden sich 24 Messen, vier Requien, Symphonien, Konzerte, Chöre und Bühnenwerke, ein riesiges, schier unüberblickbares Œuvre.

Czerny hatte Einfälle, er komponierte nach eigener Aussage äußerst schnell und mit Leichtigkeit, und er wurde mit Aufträgen aus dem In- und Ausland überhäuft. Etliche seiner Frühwerke tragen durchaus eigenständigen Charakter und fanden die Zustimmung des Publikums. Sie sind heute aus den Konzertprogrammen fast vollständig verschwunden. Nur seine Studienwerke für Klavier – »Die Schule des Virtuosen«, »Die Kunst der Fingerfertigkeit« etc. – und seine Schulwerke – u.a. »Vollständige theoretisch-praktische Pianoforte-Schule« und »Die Kunst des Fingersatzes« – haben ihn überlebt. Das aber, wie es scheint, auf Dauer.

Über Czernys Privatleben ist nur wenig überliefert. Er blieb unverheiratet und zeitlebens elterngebunden. Der Verlust der Mutter, 1827, und des Vaters, 1832, traf ihn daher schwer. Über seine Einstellung zu und seine Anteilnahme an den politischen Verhältnissen seiner Zeit wissen wir so gut wie nichts. Er selbst hat sich dazu nicht geäußert.

Nach dem Tod seiner Eltern vereinsamte Czerny mehr und mehr und lebte zuletzt völlig zurückgezogen. Sein Gesundheitszustand verschlechterte sich zu Beginn seines siebenten Lebensjahrzehntes rapid. Die Sehkraft ließ nach, er wurde von der Gicht geplagt. Am 15. Juli 1857 schloß er im Alter von 67 Jahren in der Stadt, in der er geboren worden war, für immer die Augen.

Carl Czerny hinterließ außer ca. 3 000 Büchern und zahlreichen wertvollen Musikalien und Einrichtungsgegenständen ein beträchtliches Vermögen. Die ungefähr 100 000 Gulden an Bargeld, über die er bei seinem Tod verfügte, vermachte er zu vier gleichen Teilen der Gesellschaft der Musikfreunde, dem Verein zur Unterstützung bedürftiger Tonkünstler, dem Taubstummeninstitut und den Klöstern der Barmherzigen Brüder und Schwestern in Wien. Seine Seele empfahl er »der Gnade des allmächtigen Schöpfers«, seinen Leib überantwortete er einem einfachen Grab. Dieser Wunsch ging nur vorübergehend in Erfüllung. Sein Leichnam ruht heute in einem Ehrengrab der Stadt Wien.

BAUKUNST DES BÜRGERTUMS

Im Gegensatz zur Malerei und Literatur spielte die Baukunst in der Biedermeierzeit keine überragende Rolle. Die Gründe hiefür sind im Mangel an großen Architekten, in erster Linie wohl aber in den gesellschaftlichen und politischen Befindlichkeiten der Epoche zu suchen. Der Rückzug in das Familiäre, in die Häuslichkeit, in den seelischen und geistigen Innenraum des Menschen machte die große architektonische Geste, wie sie sich in der Barockkunst manifestierte, zum Anachronismus. Die Bauherren des Biedermeier verzichteten bewußt auf äußerliche Repräsentation zugunsten funktioneller, innenräumlicher Überschaubar- und Bequemlichkeit. Der fassadenprotzende herrscherliche und – oder – adelige Monumentalbau wich der betont einfachen Zweckmäßigkeit des Bürgerhauses.

Die Biedermeier-Architektur ist eine Baukunst des Privatmannes und der Privatsphäre. An die Stelle der barocken Prachtbauten und der verspielten, verschnörkselten Rokoko-Architektur trat die häufig schmucklose, streng gegliederte Fassade, mit der sich das Bürgertum auch architektonisch gegen die Aristokratie abzugrenzen und seine gesellschaftlichen Tugenden wie Einfachheit und Bescheidenheit zu demonstrierten versuchte.

Der Schottenhof auf der Freyung wurde von Joseph Kornhäusel erbaut

JOSEPH KORNHÄUSEL
Der unergründliche Biedermeier-Architekt

Als Hauptvertreter der österreichischen Biedermeier-Architektur gilt heute Joseph Kornhäusel. Noch zu Lebzeiten entzog er sich dem Blickfeld der Öffentlichkeit und fiel nach seinem Tod im Jahre 1860 für mehrere Jahrzehnte fast völlig der Vergessenheit anheim. Dafür gibt es manche Erklärung und mancherlei Vermutungen.

Joseph Kornhäusel war kein radikaler Erneuerer der Architektur. Er begründete keinen neuen Baustil und keine Architekturschule. Er fand und hatte demnach auch keine Schüler, die seine Lehrmeinungen an die folgende Generation hätten weitergeben können. Seine architektonischen Schöpfungen standen nicht im Dienste einer Dynastie oder staatlicher Institutionen, seine Auffassungen und Ziele deckten sich mit jenen des Bürgertums seiner Zeit. Er war ein typisch wienerischer Architekt, der sich mit der herrschenden kulturellen Entwicklung identifizierte, zu Kompromissen neigte, nicht die Selbständigkeit zum Leitmotiv seines künstlerischen Schaffens machte. Als seine Formensprache unmodern wurde, neue Aufgaben zu bewältigen waren, denen er nicht mehr gewachsen war oder denen er sich fachlich nicht mehr stellen wollte, ging die Zeit über ihn hinweg.

Joseph Kornhäusel erließ keine Manifeste, er hinterließ keine Aufzeichnungen und schon gar keine persönlichen Notizen. Leider ist auch kein Porträt von ihm auf uns gekommen, so daß wir nicht einmal wissen, wie er ausgesehen hat. Lediglich ein paar Zeichnungen von ihm sind erhalten geblieben. Wiewohl man sich in unserem Jahrhundert um das Verständnis seines Werkes und die Aufhellung seiner Lebensgeschichte bemüht hat, weist seine Biographie eine Reihe beträchtlicher Lücken auf. Es scheint, daß sie – da entsprechende Unterlagen fast völlig fehlen – wohl kaum mehr zu schließen sein werden.

Joseph Georg Kornhäusel wurde am 13. November 1782 in Wien, Innere Stadt Nr. 827, als ältester Sohn des bürgerlichen Baumeisters Johann Georg Kornhäusel, geboren und in der Domkirche zu St. Stephan nach katholischem Ritus getauft. Über die Herkunft seiner Mutter ist genausowenig bekannt wie über Kornhäusels Kindheit und frühe Jugend. 1792, im Alter von zehn Jahren, ließ ihn der Vater in seinem Betrieb als Lehrjunge einschreiben, zwei Jahre später wurde er dann tatsächlich als solcher aufgenommen. 1797, in dem Jahr, in dem der Vater verstarb, wurde er als Maurergeselle freigesprochen.

Der baugewerbliche Betrieb wurde von der Mutter unter der nominellen Leitung des bürgerlichen Baumeisters Ernst Koch weitergeführt.

Die nächsten fünf für die Berufslaufbahn des jungen Mannes entscheidenden Jahre liegen völlig im dunkeln. Kornhäusel muß in der Zeit zwischen seinem fünfzehnten und zwanzigsten Lebensjahr im elterlichen Betrieb oder in irgendeinem anderen baugewerblichen Unternehmen praktische Kenntnisse erworben haben, die ihn dazu befähigten, nach eigenen Plänen Häuser zu bauen oder umzubauen. Eine Architekturschule hat er jedenfalls nie besucht. Der außerordentlich fleißige und zielstrebige junge Mann trat aber bereits 1802 als Architekt auf. Nach eigenen Angaben entwarf er unter anderem das zwischen 1802 und 1805 errichtete Hotel »Zur Kaiserin von Österreich« in der Inneren Stadt in der Weihburggasse 3. Mit diesem Bau dürfte er sich seine künstlerischen Sporen verdient haben. Er bildete sich weiter aus, legte die Architektenprüfung ab und konnte bereits 1806 einen ersten, öffentlich beachteten Erfolg verbuchen. Bei einem von der Akademie der bildenden Künste ausgeschriebenen Wettbewerb zur Besetzung der architektonischen Lehrkanzel in Krakau, bei dem die Bewerber im Rahmen einer Klausurprüfung den »Entwurf der Domkirche mit einer ovalen Kuppel nach korinthischer Bauart« anzufertigen hatten, erzielte er den ersten Preis. Er trat den mit einem Jahresgehalt von eintausend Gulden dotierten Posten jedoch nicht an. Als Gründe hiefür machte er die Unkenntnis der polnischen Sprache und persönliche Umstände geltend. Wahrscheinlich fällt in diese Zeit seine erste Verehelichung.

Der Sieg im Architektenwettbewerb stärkte das Selbstvertrauen Kornhäusels enorm. Er hatte seine Kenntnisse unter Beweis gestellt, seine Arbeit hatte durch das höchste Gremium des Landes, das Professorenkollegium der Akademie unter der Leitung des bekannten Hofarchitekten Johann Ferdinand Hetzendorf von Hohenberg, Anerkennung gefunden. Sollte er nicht versuchen, selbst Akademiemitglied zu werden? Mit Datum vom 17. August 1807 schrieb er ein Gesuch um Aufnahme. »Diese gnädige Aufnahme«, formulierte er nach Aufzählung seiner bis-

herigen baumeisterlichen Tätigkeiten, »würde nicht nur seiner künftigen Laufbahn einen höheren Schwung zu seinem ferneren Glück bereiten, sondern auch ihn in den Stand setzen, denen geehrten Mitgliedern der Academie noch größere Beweise seiner mit allem Fleiß erworbenen Kenntnisse darlegen können.« Als Aufnahmeprüfungsstück legte er den Wettbewerbsentwurf von 1806 und den Plan einer Gruft vor.
Fast auf den Tag genau ein Jahr später, am 16. August 1808, wurde ihm seine Bitte gewährt. Joseph Kornhäusel wurde Mitglied der k.k. Akademie der bildenden Künste. Im erlauchten Kreis seiner Kollegen ließ er sich freilich nur selten blicken. Den Sitzungen des Gremiums blieb er zumeist fern. Er setzte seine Bautätigkeit fort, errichtete bürgerliche Wohnbauten in Baden bei Wien, nahm Umbauten am Zirkus Bach im Prater vor sowie am Schloß Jeutendorf bei St. Pölten und erbaute das Stadttheater Baden. 1909 fiel es der Spitzhacke zum Opfer und wurde durch einen Neubau von Ferdinand Fellner ersetzt. In diese Zeit fällt seine Freundschaft mit dem Sekretär des Grafen Karl Esterházy, Joseph Karl Rosenbaum, in dessen Tagebüchern Kornhäusels Name mehrere Male erwähnt wird.
Im Jahre 1811 schied Kornhäusel aus dem elterlichen Betrieb aus, 1812 wurde er als Nachfolger von Josef Hardtmuth Baudirektor des Fürsten Johann I. von Liechtenstein. Über wessen Empfehlung er diesen Posten erhielt, entzieht sich unserer Kenntnis.

Für Joseph Kornhäusel hatte ein neuer Lebensabschnitt begonnen. Er hatte nun nicht nur eine Position inne, die ihm unter den Fachkollegen Ansehen verschaffte, er war auch aller materiellen Sorgen enthoben. Er bezog ein Jahresgehalt von 1600 Gulden Wiener Währung, 1815 wurde es auf 3 250 Gulden erhöht. Dazu kamen noch freie Wohnung, ein jährliches Brennholzdeputat und Diäten bei Amtsreisen außerhalb Wiens. Sein Vertrag sah darüber hinaus die ausdrückliche Erlaubnis vor, auch fremde Bauaufträge anzunehmen, soferne dadurch der Dienst für das fürstliche Haus nicht beeinträchtigt wurde. Joseph Kornhäusel konnte durchaus zufrieden sein, zumal ihn vor allem auf den böhmischen Besitzungen des Fürsten auch durchaus reizvolle Aufgaben erwarteten.
In den sechs Jahren, in denen er als Baudirektor des Fürsten Liechtenstein tätig war, errichtete er einen Zubau mit vier Gesellschaftsräumen

am Schloß Eisgrub – heute: Lednice – und etliche Bauten im Park, z. B. den Apollotempel und das Teichschloß, sowie den Husarentempel auf dem Kleinen Anninger, der noch heute zu den markantesten Blick- und Zielpunkten im niederösterreichischen Raum um Mödling gehört.
Von seinem vertraglichen Recht, auch freischaffend tätig zu sein, machte Kornhäusel gebührend Gebrauch. So errichtete er unter anderem das Rathaus in Baden und leitete den ersten Umbau des Josefstädter Theaters. Von allen seinen Theaterbauten ist heute nur noch die Fassade im Hof der »Josefstadt« erhalten.
Am 14. Dezember 1816 starb Johann Hetzendorf von Hohenberg, der länger als vier Jahrzehnte die Direktion der k.k. Akademie der bildenden Künste innegehabt hatte. Kornhäusel bewarb sich um den vakant gewordenen Posten. Zu seiner maßlosen Enttäuschung wurde ihm aber über Intervention des im Kaiserhaus geschätzten Bildhauers Antonio Canova – er hatte das Grabmal der Erzherzogin Marie Christine in der Augustinerkirche errichtet – der im Tessin geborene Peter Nobile vorgezogen. Nobile hatte seine Studien in Rom absolviert. Kornhäusel ersuchte um Urlaub und verließ im April 1818 Wien. Am 31. Juli schied er über eigenes Ersuchen aus dem Dienst des Fürsten Liechtenstein aus. Er hatte eine Reise angetreten, die ihn nach Italien, Frankreich und in die Schweiz führte. Ob er Kunststudien betrieb, welche Städte und Landschaften er bereiste, wo er für längere Zeit Station machte, wie lange er insgesamt unterwegs war, zu welchem Zeitpunkt er wieder in seine Heimatstadt zurückkehrte – alle diese Fragen müssen unbeantwortet bleiben. Es ist darüber keine einzige Zeile überliefert.
Mit seiner Rückkehr begann die fruchtbarste und zugleich bedeutsamste Periode im Schaffen dieses seltsamen, unergründlichen Künstlers. Kornhäusel erhielt vom Bruder Kaiser Franz' I., dem Napoleonbezwinger Erzherzog Karl, den Auftrag zum Bau eines Schlosses im Helenental bei Baden, das als Hochzeitsgeschenk für dessen junge Gemahlin, Henriette von Nassau-Weilburg, gedacht war. Die »Weilburg«, die in den Jahren 1820 bis 1823 entstand – am 29. August 1820 legte der Architekt dem Bauherrn die Pläne vor, vierzehn Tage später war Baubeginn – ist Kornhäusels repräsentativste baukünstlerische Leistung. Es gelang ihm dabei das Kunststück, der großen monumentalen Form eine bürgerliche Note zu verleihen, einen klassizistischen Schloßbau mit einem Raumplan auszustatten, der dem bürgerlichen Ideal

nach bequemer Wohnlichkeit entsprach. Und das war ja überhaupt Kornhäusels ureigenste und eigenständigste Leistung: dem Monumentalen einen bürgerlich-privaten Anstrich zu geben.
Die Weilburg, die bedeutendste klassizistische Schloßanlage Österreichs, fügte sich harmonisch in die Kalklandschaft des südlichen Niederösterreich ein. Die von vielen Zeitgenossen bewunderte Anlage wurde im Zweiten Weltkrieg zerstört – ein schmerzlicher Verlust, der nicht wiedergutzumachen ist. Der zweite große Auftrag, den der kunstliebende Erzherzog dem großen Baumeister erteilte, war der Umbau seines Stadtpalais, der »Albertina«, das er nach dem Tod Herzog Alberts von Sachsen-Teschen geerbt hatte. Kornhäusel unterzog sich auch dieser Aufgabe mit viel Geschick, Meisterschaft und offenkundig denkmalpflegerischem Einfühlungsvermögen. Er ließ den alten Baubestand im wesentlichen unangetastet und adaptierte die Innenstruktur, den Wünschen des Auftraggebers entsprechend, in Hinblick auf mehr Identität und überschaubare, größere Wohnqualität.
In dieselbe Schaffensperiode fällt auch die Erbauung des »Sauerhofes« und des »Engelsbades« in der aufblühenden Kurstadt Baden bei Wien. Bauherr der beiden Badeanlagen war Karl Freiherr von Doblhoff.

In seiner Glanzzeit, dem Jahrzehnt zwischen 1820 und 1830, erwartete den Architekten eine weitere große und repräsentative Aufgabe: die Errichtung eines Tempels für die Israelitische Kultusgemeinde in der Wiener Seitenstettengasse. Kornhäusel mußte dem Kultbau straßenseitig ein Wohnhaus vorlagern, da nach einer aus der Zeit Kaiser Josephs II. stammenden Verfügung ein jüdisches Gotteshaus nach außen nicht erkennbar sein durfte.
Er schuf einen von einem Säulenkranz gesäumten und von einer Kuppel überwölbten ovalen Zentralraum mit Galerien, der zu den gelungensten und eindrucksvollsten Leistungen der klassizistischen Sakralarchitektur zählt.
Die feierliche Eröffnung des Wiener jüdischen Stadttempels erfolgte am 9. April 1826. Die einschränkenden Bestimmungen des Toleranzpatentes Josephs II. haben mehr als hundert Jahre später dieses jüdische Gotteshaus vor der Vernichtung bewahrt. Als in der Nacht vom 9. auf den 10. November 1938, der »Reichskristallnacht« im gesamten damaligen Großdeutschen Reich, zu dem auch bereits die Ostmark gehörte,

die Synagogen niedergebrannt wurden, blieb die Synagoge in der Seitenstettengasse als einziger Tempel Wiens verschont. Der Kornhäusel-Bau ist heute wieder das religiöse Zentrum der jüdischen Gemeinde in der Bundeshauptstadt.

Mit dem Bau der Häuser Seitenstettengasse 2 und 4 sowie des gegenüberliegenden Stadthauses des Stiftes Seitenstetten hat Kornhäusel im übrigen der ganzen Gasse den noch heute sichtbaren Stempel seiner Baugesinnung aufgedrückt. Im Haus Seitenstettengasse 2, das ihm gehörte, hat Kornhäusel viele Jahre in einem Atelierraum gearbeitet und gewohnt.

Von diesem Turm aus soll Adalbert Stifter, der sechs Jahre im »Kornhäuselturm« wohnte, die totale Sonnenfinsternis vom 8. Juli 1842 beobachtet haben. Stifter veröffentlichte über das Naturereignis, das auch andere Künstler – Maler wie Dichter – zu Gestaltungen inspiriert hat, in der »Wiener Zeitschrift für Kunst, Literatur, Theater und Mode« einen Aufsatz. Der große Erzähler schrieb: »... das Phantom der Stephanskirche hing in der Luft, die andere Stadt war ein Schatten, alles Rasseln hatte aufgehört, über der Brücke war keine Bewegung mehr; denn jeder Wagen und Reiter stand, und jedes Auge schaute zum Himmel – nie, nie werde ich jene zwey Minuten vergessen – es war die Ohnmacht eines riesenhaften Körpers, unserer Erde ...«

Die Synagoge in der Seitenstettengasse – eine Schöpfung Joseph Kornhäusels

Der Wohnhausbau im biedermeierlichen Wien, dem sich Joseph Kornhäusel natürlich nicht entzog, stellte die Architekten vor neue Aufgaben. 1820 wurden in der k.k. Haupt- und Residenzstadt Wien 260 000 Einwohner gezählt, ein Jahrzehnt später waren es bereits um 60 000 mehr. Die zusätzlichen Wohn- und Mietshäuer, die für die aus den Kronländern und dem Wiener Umfeld zugezogenen Menschen benötigt wurden, mußten innerhalb des die Stadt umgebenden Festungsgürtels errichtet werden. Die Schleifung der Stadtbefestigungsanlagen wurde bekanntlich erst durch ein Dekret Kaiser Franz Josephs vom 20. Dezember 1857 in die Wege geleitet.

Das Bauareal war knapp, die Erneuerung des Wohnhausbestandes konnte nur punktuell erfolgen. Die Häuser mußten notwendigerweise in die Höhe gebaut und mit mehr Geschoßen und Wohnungen versehen werden. Das Massenmietshaus stellte sich als neue architektonische Aufgabe. Kornhäusel ging der städtebaulichen Herausforderung nicht aus dem Weg. Er setzte auch im Mietshausbau neue Akzente.

Seine Häuser unterscheiden sich von den älteren barocken Wohnbauten durch ein wesentlich einfacheres, strengeres Erscheinungsbild. »Hervorstechende Eigenschaft seiner Mietshäuser«, heißt es in einer Studie, »ist die Betonung des kubischen Baublocks, also der weitgehende Verzicht auf eine Gliederung mittels Risalitbildung ... Über dem durch Bänderung und Arkadenstellung belebten Erdgeschoß bleibt die Wand im oberen Teil glatt (Häuser in der Seitenstettengasse). Das optische Hauptgewicht bildet die additive Reihung der Fenster, die ohne Rahmung in die Wand eingesetzt sind. Die darübergesetzten Dreiecksgiebel oder reliefgeschmückten Lünetten – der plastische Schmuck kann auch weggelassen werden – bilden die wertmäßig höchststehende Form des Fassadenschmuckes ... Alle diese Häuser zeichnet ein ausgewogenes Verhältnis der einzelnen Teile zueinander aus, eine harmonische Proportion im großen wie ein spezifisches Gleichgewicht der Detailformen.«

Musterbeispiele für Kornhäusels Tätigkeit auf dem Mietshaussektor sind die schon mehrmals erwähnten Häuser in der Seitenstettengasse, der Schottenhof, ein dem Schottenkloster auf der Freyung vorgelagerter Mietshauskomplex – dessen Straßenfronten allerdings monumentaler als üblich gestaltet sind –, und der Göttweiger Hof (Spiegelgasse, Seilergasse).

Die Bauherren der Gründerzeit hatten für die funktionelle Einfachheit der vormärzlichen Häuser und Straßenensembles wenig Verständnis. Erst Adolf Loos und Josef Hoffmann haben zu Beginn unseres Jahrhunderts die zukunftsweisende Bedeutung des beinahe in die Anonymität versunkenen Baumeisters Kornhäusel für die Wiener Architektur erkannt und sich auf ihn als einen Vorläufer der modernen Sachlichkeit berufen.

In seiner letzten Schaffensphase, die etwa von 1827 bis 1842 reichte und sich zeitlich mit der Phase des bürgerlichen Wohnbaues überschneidet, widmete sich Joseph Kornhäusel vorwiegend dem Klosterbau. Hiebei handelte es sich mit Ausnahme der beiden Mechitaristenklöster im Wiener Vorort St. Ulrich (heute: 7. Wiener Gemeindebezirk) und in Klosterneuburg in der Hauptsache um Adaptionen großen Stils. In diesem Zusammenhang sind vor allem die Um- und Neubauten im Wiener Schottenstift und im Stift Klosterneuburg zu nennen.

Bei den »Schotten« schuf Kornhäusel unter anderem einen dreischiffigen, von Säulen getragenen Bibliotheksraum, der zu den schönsten klassizistischen Raumschöpfungen Österreichs gehört. In Klosterneuburg hat er den im 18. Jahrhundert von Donato Felice d'Allio begonnenen barocken Stiftsneubau, dessen Grundkonzeption nicht einmal zu einem Viertel verwirklicht werden konnte, zu einem partiellen Abschluß gebracht und auch hier einen schönen Bibliothekssaal geschaffen.

Bei den erwähnten Klosterumbauten hat Kornhäusel im großen und ganzen eine raumschöpferisch-kluge, konservierende Hand bewiesen.

Ab 1842 hat sich Kornhäusel nicht mehr als Architekt betätigt, wenn man vom Bau eines einstöckigen Landhauses absieht, das er 1846 für den eigenen Bedarf in der Hinterbrühl errichtet hat. Bekam er keine Aufträge mehr? Hat er selbst einen Schlußstrich unter sein Berufsleben gezogen? Ist die Zeit über sein Schaffen hinweggegangen? Wir wissen es nicht. Sein letzter Lebensabschnitt, der immerhin fast zwei Jahrzehnte umfaßte, ist eine Terra incognita. Eines ist aber sicher: Joseph Kornhäusel hat sich völlig in das Privatleben zurückgezogen und höchstwahrscheinlich so manchen Tag in jenem kubischen, drei Stockwerke hohen, mit nur kleinen Fensteröffnungen versehenen Atelier- und Wohnturm zugebracht, den er über dem Hoftrakt des Hauses in der Seitenstettengasse Nr. 2 errichtet hatte. Der berühmte »Kornhäusel-Turm« war – so wird behauptet – nur über eine halsbrecherische Stiege und in seinem obersten Teil mittels eines Aufzuges erreichbar. Kornhäusel suchte dort offenbar (auch) Zuflucht, wenn er nach einem Ehezwist allein sein wollte. Der schon erwähnte Joseph Karl Rosenbaum läßt an Kornhäusels Gattinnen jedenfalls kein gutes Haar.

Wenn es stimmt, daß der Turm jahrelang Kornhäusels Fluchtburg war, wäre es wohl gerechtfertigt, ihn als einen biedermeierlichen Sonderling zu bezeichnen. Aber wer weiß, vielleicht hat der eigenwillige Rappelkopf einen Großteil seines Greisenalters gar nicht in Wien, sondern in der Hinterbrühl verbracht. Wozu sonst hätte er sich dort ein Landhaus gebaut? Im übrigen war Kornhäusel dort 1850 und 1851 Mitglied des Gemeindeausschusses, was nach der Revolution des Jahres 1848 auf seine Anteilnahme am öffentlichen Geschehen schließen läßt und so gar nicht in das »Türmerbild« passen würde, das sich die Nachwelt von ihm macht.

Wie immer, gestorben ist Joseph Kornhäusel in seinem Haus in der Seitenstettengasse an der Darmruhr, am 31. Oktober 1860, im Alter von 78 Jahren.

Von seinem Tod hat außer seiner zweiten Frau und vielleicht ein paar Bekannten – Kornhäusel hatte keine Kinder – kaum jemand Notiz genommen. Der einst so bekannte und angesehene Architekt wurde auf dem St. Marxer Friedhof beerdigt. Im Sommer 1934 wurde sein Leichnam exhumiert und in einem Ehrengrab der Gemeinde Wien auf dem Zentralfriedhof beigesetzt. Es war eine Ehre, die viel zu spät kam, um den Namen des längst in Vergessenheit geratenen großen Baumeisters der Biedermeierzeit in das Gedächtnis der Nachwelt zurückzurufen.

DICHTER ALS WEGBEREITER DER FREIHEIT

Gab es in Österreich eine spezifische Biedermeierliteratur? Die Literaturwissenschaft neigt zur Annahme, daß dies nicht der Fall ist. Aber es gab zwischen 1815 und 1848 ein reiches und reichhaltiges literarisches Leben, obwohl die Zensur den geistigen Aktionsradius der Dichter einengte und jede Kritik am Herrscherhaus, an den politischen und gesellschaftlichen Zuständen unnachsichtig unterband. Jedes Urteil über das Schrifttum der vormärzlichen Jahrzehnte muß diesen Tatbestand berücksichtigen. Die meisten Schriftsteller litten darunter. Manche lernten, mit der Zensur und dem Zensor zu leben, andere veröffentlichten ihre Werke unter einem Pseudonym im Ausland, wieder andere verließen die Heimat und übten Kritik aus der Ferne.

Von allen literarischen Gattungen genoß die dramatische Kunst das größte Ansehen. Das Schauspiel war auf dem Theater in vielfältiger Ausprägung präsent: als (antike) Schicksalstragödie, als bürgerliches Konversationsstück, als Gesellschaftskomödie, als Zauberspiel, als gesellschaftliche Satire, als moralisierende Lokalposse.

Die bedeutendste literarische Persönlichkeit, die sich natürlich nicht biedermeierlich zustutzen und schon gar nicht mit biedermeierlichen Maßstäben messen läßt, war Franz Grillparzer. Der sensible Ferdinand Raimund und der bissig-witzige Johann Nepomuk Nestroy waren die Klassiker des Wiener Volksstückes, Alois Gleich, Carl Meisl und Adolf Bäuerle beherrschten die Vorstadtbühnen. Das bürgerliche Konversationsstück hatte in Eduard Bauernfeld seinen Meister.

Der größte Erzähler der Zeit war Adalbert Stifter. Der Schöpfer des »Sanften Gesetzes«, der Dichter der Schlichtheit und der Stille, sah im scheinbar Kleinen die Größe der Weltordnung verkörpert. Von seinen Zeitgenossen unterschätzt und verkannt, wurde Stifter, der sich auch als

Maler betätigte, lange Zeit fälschlich als biedermeierlicher Idylliker unterschätzt.

Charles Sealsfield, alias Karl Postl, der 1823 aus dem Metternich-Staat nach Amerika entfloh, kritisierte schonungslos die politische, soziale und kulturelle Situation im vormärzlichen Österreich.

Ein Metternich-Flüchtling wie Postl war auch Nikolaus Lenau, mit richtigem Namen Nikolaus Niembsch Edler von Strehlenau, doch kehrte er ernüchtert bald wieder in die Heimat zurück. Lenau, der Dichter der

Franz Grillparzers Wohnzimmer in der Spiegelgasse

Schwermut, verkörpert das österreichische Biedermeier schlechthin. Anastasius Grün, wie sich Anton Alexander Graf von Auersperg nannte, ist als liberaler, politischer Dichter in die Literaturgeschichte eingegangen. In Oberösterreich lebte Österreichs bedeutendster Mundartdichter: Franz Stelzhamer.
Neben diesen Dichtern und Literaten wirkten noch viele andere, heute meist vergessene Schriftsteller und Poeten. Einer von ihnen, dessen Namen nur noch Experten kennen, war Ferdinand Sauter.

So vornehm gekleidet bekamen Sauters Zeitgenossen den Dichter selten zu sehen

FERDINAND SAUTER
Ein vormärzlicher Bohemien

Sauter war vom Typus her dem französischen Dichter François Villon wesensverwandt: ein gesellschaftlicher Aussteiger, ungebunden und unangepaßt, ein verkommenes Genie, das im Suff endete. Von biedermeierlicher Bürgerlichkeit ist keine Spur an diesem Erzpoeten zu finden, dessen dichterische Heimat die Wiener Vorstadt war. Das Wirtshaus war seine Dichterstube. Er lebte, zum Teil selbstverschuldet, am unteren Ende der Biedermeiergesellschaft, brachte seine Stimmungen und seine persönliche Lebenssituation zum Ausdruck und fing in seinen Versen, Vierzeilern, Heurigenliedern und Couplets das Vorstadtmilieu, die Volksmentalität ein. In seinem Gassenlied, von dem hier vier Strophen zitiert werden, klingen auch soziale Töne an:

Auf der Gassen schaut der Dichter
Gern die wechselnden Gesichter,
Bringt in Reime die Grimassen
Auf der Gassen, auf der Gassen.

Auf der Gassen waltet Gleichheit
Zwischen Armut, zwischen Reichheit,
Arme betteln, Reiche prassen
Auf der Gassen, auf der Gassen.

Auf der Gassen rollen Leichen,
die kein hartes Herz erweichen,
Sonderbare Menschenrassen
Auf der Gassen, auf der Gassen!

Auf der Gassen lärmen Buben,
Purzeln aus den Schulenstuben
Ob der Weisheit, die sie fraßen,
Auf der Gassen, auf der Gassen.

Ferdinand Sauters Wiege stand allerdings nicht in der Wiener Vorstadt, sondern im Salzburgischen. Er wurde dort am 6. Mai 1804 in Werfen als Sohn eines fürsterzbischöflichen Rates und Pflegers geboren. Der Vater, der 1807 achtunddreißigjährig verstarb, genoß gesellschaftliches Ansehen, die Mutter, eine Bierbrauerstochter, wurde wegen ihrer äußeren Vorzüge und guten Charaktereigenschaften geschätzt und geachtet. Ferdinands ältere Brüder ergriffen durchaus angesehene Berufe: der eine studierte Medizin, der andere Forstwissenschaft. Die einzige Schwester heiratete einen Ministerialrat in Graz.

Nach dem Tod ihres Gatten schlug die Witwe Sauter ihren Wohnsitz vorübergehend in Salzburg auf. Die Jahre zwischen 1810 und 1812 verbrachte sie mit den Kindern auf dem Landgut eines Onkels in der Nähe der Bischofsstadt.

Der kleine Ferdinand war vom Landleben begeistert. Noch als reifer Mann dachte er wehmütig an diese Zeit zurück: »In meiner frühesten Jugend«, erinnerte er sich, »als mein Onkel noch den Hof in einer lieblichen Gegend drei Viertelstunden von Salzburg entfernt, besaß, hatte ich die glücklichsten Tage; wir liefen da in Wald und Flur herum und freuten uns recht in Fülle der schönen Freiheit und des Rechtes, alles, was in unserem Bereich blühte und reifte, pflücken und einsammeln zu dürfen.« Die Kinder tollten auf dem Heuboden umher, fingen Schmetterlinge oder räkelten sich in einer Schaukel, die der Onkel zwischen den Obstbäumen angebracht hatte.

Die ländliche Idylle fand mit dem Tod des Onkels ein jähes Ende. Der Haushalt wurde aufgelöst, die Witwe Sauter kehrte mit ihren Sprößlingen in die Stadt Salzburg zurück. Für Ferdinand begann alsbald ein neuer Lebensabschnitt.

Der begabte Knabe war von seiner ehrgeizigen Mutter für eine akademische Laufbahn vorgesehen. Also schickte sie ihn in das humanistische Gymnasium. Dort wurde er in die Anfangsgründe der klassischen Bildung eingeführt, lernte Griechisch und Latein und entdeckte wohl auch seine Liebe zur Dichtkunst. Eine künstlerische Ader hatte der von seiner Mutter verwöhnte Bub jedenfalls. Sie war ihm gewiß vererbt worden. Im Gegensatz zu seinen Brüdern hatte er jedoch kein Sitzfleisch, es fehlte ihm an Beständigkeit und Selbstdisziplin. Das Gymnasium, das stellte sich nach einigen Jahren heraus, war nicht der richtige Ort für ihn. Nach ein paar Klassen stieg er aus. Es war der erste Bruch in seinem kurzen, aber abwechslungsreichen Leben, das von der familiären Geborgenheit Stufe für Stufe sozial nach unten führte. Die Mutter mußte es mißbilligend zur Kenntnis nehmen, aber noch war er nicht ohne Halt. Das familiäre Band war noch nicht gerissen.

Der Schulabbrecher begann eine Kaufmannslehre und war anschließend kurze Zeit als Schreiber in der Anwaltskanzlei seines Vormundes beschäftigt. Doch es litt ihn auch dort nicht.
Die nächste Station war Wels, wo er als Handlungsgehilfe in einem Krämerladen tätig war. Sauters Herz hing nicht an dieser Beschäftigung. Es gehörte der Dichtkunst. Er las viel, wenn er nach des Tages geistiger Öde am Abend in seiner engen, notdürftigst eingerichteten Kammer saß. Der künstlerisch begabte, empfindsame junge Mann träumte sich dann weg aus dem Kaufmannsladen in die Ungebundenheit eines freien Dichterlebens. An seinen Bruder Anton schrieb er um die Weihnachtszeit 1824: »Meine hiesige Lage wird mir mit jedem Tage lästiger, indem ich in diesem Geschäft, das ein Schusterjunge ebensogut oder besser versehen mag als ich, gar nicht tauge und ich es leider erkennen muß, daß bei dem ewigen Nichtstun auch mein Eifer und meine Wißbegierde erkalten.«
Im März 1825 starb seine geliebte Mutter. Für den Einundzwanzigjährigen gab es nun kein Halten mehr. Er gab seine Stellung in Wels auf und zog nach Wien, in die Residenzstadt des Kaisers, die er in den nächsten drei Jahrzehnten nur noch zu kurzen Ausflügen auf den Schneeberg und zu Verwandtenbesuchen in der Provinz verließ. In seinem Reisetornister waren wohl auch schon ein paar seiner eigenen Gedichte verstaut.
Welchen Eindruck machte die Kaiserstadt auf ihn? Wie fand er sich in ihr zurecht? Wo wohnte er? Wie verdiente er sich seinen Lebensunterhalt?
Der Großteil dieser Fragen muß ohne Antwort bleiben. Gewiß ist nur, daß Sauter in der Wiener Niederlage der Klein-Neusiedler Papierfabrik im »Schönbrunnerhaus« (heute: Tuchlauben Nr. 8 in der Innenstadt) eine Stelle als Kommis fand.
Wien zählte im Jahr 1825 278 000 Einwohner. Im nächsten Jahr waren es bereits um 10 000 mehr. Die Zuwanderung aus allen Teilen der Monarchie war enorm und schuf riesige, beinahe unlösbare Probleme.

Die Wohnungsmieten waren hoch, der Lebensstandard breiter Bevölkerungskreise war niedrig, die Ausgaben für den täglichen Lebensmittelkonsum, für Brennmaterial und Kleidung verschlangen einen Großteil der Löhne und Gehälter. Periodisch auftretende Krankheiten wie die Blattern und die Cholera rafften Tausende von Menschen hinweg, die mittlere Lebenserwartung lag bei Männern zwischen 36 und 40 Jahren, bei Frauen etwas darüber.
Nur etwa die Hälfte der heiratsfähigen Bevölkerung ging eine Ehe ein. Das hatte nichts mit Moral zu tun, sondern war auf bürokratische Vorschriften zurückzuführen. Priestern war es nämlich nur dann gestattet, Personen zu verehelichen, wenn diese eine ausreichende Ausbildung, eine gute Lebensführung, Loyalität gegenüber der Regierung und die entsprechenden Mittel für eine Familiengründung nachweisen konnten. Auch viele Künstler – zum Beispiel Schubert, Bauernfeld, Castelli und Grillparzer – blieben unverheiratet. Für Ferdinand Sauter kam eine Ehe aus mehreren Gründen nicht in Frage. Abgesehen von seiner Unstetheit und seinem Drang nach Unabhängigkeit, wäre er, rein finanziell, gar nicht in der Lage gewesen, eine Familie zu ernähren.

Auf welche Weise und wie rasch Sauter in Wien Anschluß an gleichgesinnte Literaten oder Literatenkreise gefunden hat, läßt sich nur vermuten. Im »Silbernen Kaffeehaus« in der Plankengasse, dem bekannten Künstlertreff im biedermeierlichen Wien, wo Grillparzer, Raimund, Castelli, Anstasius Grün und viele andere literarisch und musikalisch schöpferische Menschen zusammenkamen, wird er wohl kaum verkehrt haben. Und er war wohl auch gewiß nicht Mitglied der »Ludlamshöhle«, jener humoristisch-geselligen Künstlervereinigung, die 1816 von Ignaz Franz Castelli begründet, aber bereits zehn Jahre später von der Staatspolizei wegen »gefährlicher Umtriebe« aufgelöst wurde. Im Jahre 1828 hat Moritz von Schwind jedenfalls ein Bild von Sauter gemalt, nach dem zu schließen ist, daß der junge Literat Anschluß an den Kreis um Franz Schubert gefunden hat.
Anfang der dreißiger Jahre erschienen in Zeitschriften die ersten Gedichte Sauters, die, von Nikolaus Lenau beeinflußt, von einer melancholischen, schwermütigen Grundstimmung durchströmt sind.
»Aus ihren Zauberparadiesen, hat längst die Liebe mich verwiesen, und ließ mir nur das nackte Ich«, dichtete er verzweifelt. Er wechselte jetzt

den Freundeskreis und schloß sich der Tafelrunde um Johann Nepomuk Vogl an, die im Gasthaus »Zur Dreifaltigkeit«, Ecke Mechitaristen- und Neustiftgasse zusammentraf. Auch mit Adalbert Stifter und Franz Stelzhamer trat er in Kontakt. Auf sein Äußeres hielt Sauter schon damals wenig. Stifters Frau nahm daran Anstoß. »Er fiel in die Stube wie hereingeschneit, seine Kleidung war meist in einer Weise defekt, welche ihn zu gymnastischen Künsten zwang, sollte er nicht in Gefahr kommen, unwillkürlich den Anstand auf das gröblichste zu verletzen. Kurz, seine Seele war das einzig Reine an ihm. Dazu sprach er mit einem Zynismus, der seinem Äußeren vollständig entsprach, urteilte sie. Sauter war jetzt immer öfter in Wirtshäusern zu finden, wo ihm seine Zechbrüder die letzten paar Gulden abknöpften, die er in der Tasche hatte. In der Duliöhstimmung am Wirtshaustisch mit gleichgestimmten Freunden war die schnöde Welt am leichtesten zu ertragen. Den lästigen Job in der Papierfabrik vernachlässigte er, häufig kam er zu spät, betrunken oder überhaupt nicht zur Arbeit. Die Folgen konnten nicht ausbleiben. 1839 wurde er entlassen. Ein soziales Netz, das den Gestrauchelten hätte auffangen können, gab es nicht.

Nach seiner Entlassung verließ Sauter Wien und fuhr zu seinen Verwandten nach Salzburg. Der verlorene Sohn wurde gastlich aufgenommen. Er erhielt freies Logis, man unternahm Wanderungen in die Umgebung. Bei einer Landpartie nach Hallstatt passierte dann das Mißgeschick. Sauter stürzte, offenbar aus purem Übermut, von einem Felsen ab und blieb mit gebrochenem Bein liegen. Ein Beinbruch bedeutete vor einhundertfünfzig Jahren eine persönliche Katastrophe. Ferdinand Sauter mußte lange, schmerzerfüllte Monate im Krankenhaus zubringen. Als er es verließ, mußte er feststellen, daß das Bein nicht wieder voll funktionsfähig war. Von nun an hinkte er.
Was sollte er nun anfangen, was beginnen? Ein Freund bot ihm einen Kanzleiposten in Mittersill an. Sauter lehnte ab. Lieber wollte er in Wien hungern, als in der Provinz versauern.
Nach Wien zurückgekehrt, leistete er zunächst in einer Zeitschriftenredaktion schlecht bezahlte Hilfsdienste, ehe ihm sein einflußreicher Dichterfreund Eligius Freiherr von Münch Bellinghausen, der unter dem Decknamen Friedrich Halm bereits zu Burgtheaterehren gekommen war, eine Stelle bei einer Versicherungsgesellschaft verschaffte.

Mit dem Jahresgehalt von 300 Gulden, das später auf 500 erhöht wurde, konnte er sich bestenfalls eine Dachkammer samt Bett in einem Vorort, eine warme Mahlzeit am Tag und ein bißchen Heizmaterial leisten. Freude machte ihm die Federfuchserarbeit ganz gewiß nicht. In den beiden letzten Strophen seines Gedichtes »Beherzigung« reimte er:

Eines doch bedenke jeder,
Was er immer tut und treibt,
Ob mit Hammer oder Feder
Brot er schmiedet oder schreibt,

Daß die Mühsal des Erwerbens
Ihm sein Bestes untergräbt,
Und am Tage seines Sterbens
Niemand weiß, ob er gelebt.

Daß er sich in den Quartieren, in denen er hauste, nicht wohl fühlte, kann man verstehen. Sauter schlief dort zumeist bloß seine Räusche aus. Zu Hause war er bald nur noch in den Beiseln von Neulerchenfeld und Hernals. Der Wirt sorgte für die Getränke, während der Ferdl mit Stegreifgedichten, mit zotigen Versen auf Kellnerinnen und Vierzeilern für Stimmung sorgte. Von diesen vielbeklatschten Gelegenheitsgedichten und Dialektzoten, die er auf Papierfetzen, auf Speisekarten und auf die Rückseite von Formularen kritzelte, ist, wenn überhaupt, nur das solide Gerippe übriggeblieben. Je ausgelassener die Stimmung wurde, desto tiefer griff er in die Saiten, desto gewagter wurden die Gstanzeln und Lieder, die er zum besten gab. Zynisch und scharfzüngig ätzte er über seine Umgebung. Aber seine Verse schlossen auch die qualvolle Selbsterkenntnis nicht aus. In seiner »Selbstbiographie« porträtierte er sich so:

Immer lustig lebt der Sauter,
Treu ist sein Gemüt und lauter,
Tausend Hirngespinste baut er
Und sich selber nicht vertraut er …
Schöne Mädchen gerne schaut er,
Wie ein Kater dann miaut er,
Leider aber schon ergraut er,
Immer mehr und mehr – versaut er.

Und so muß man sich das Dichteroriginal, einem zeitgenössischen Bericht zufolge, vorstellen: »Eine hagere Gestalt mit scharf ausgeprägten Gesichtszügen und kahler Stirne, um das Hinterhaupt von einigen wirren Haarbüscheln umflattert, um den Hals einen Schlips, in übergenialer Schlampigkeit umschlungen, das Hemd unter der Weste nur notdürftig zusammengehalten, in fadenscheinigem Rock und zerschlissenen Hosen.«
Als eines Tages ein Oberleutnant des Deutschmeister-Regimentes mit dem zerlumpten Vorstadtpoeten einen Spaziergang unweit des Josefstädter Glacis unternahm, mußte sich der Offizier nachher wegen des Umganges mit einem »dekorumwidrigen Zivilisten« verantworten.
Ferdinand Sauter hatte längst den Boden unter den Füßen verloren, als im Jahre 1848 die Revolution den habsburgischen Kaiserstaat erschütterte. Jetzt raffte sich der Volksdichter wieder zu ein paar ernsthaften Versen auf, in denen er seine Sympathie mit den Armen und Entrechteten der Welt zum Ausdruck brachte. In dem Gedicht »Den Proletariern« rief er ihnen zu:

Gott zum Gruß, ihr wackern Leute,
glaubt, ich kenne eure Not!
Lange schon des Kummers Beute,
gibt die Freiheit euch kein Brot.

Und ihr müßt noch immer darben;
euch berührt der Jubel nicht,
der, beschwingt von deutschen Farben,
aus der Jugend Kehlen bricht.

Mag der Mund euch gierig wässern
nach den Bissen jener Zunft,
Löffel seid ihr nur den Essern,
und euch sättigt nicht Vernunft.

Mögt ihr fluchen, mögt ihr jammern,
ewig taub ist der Besitz,
dessen dunkle Herzenskammern
nie erleuchtet noch ein Blitz.

Bruderliebe ist gestorben.
Wer da heischt, ist vieler Feind.
Was die Väter einst erworben,
war den Enkeln nur vermeint.

Drum, ihr Männer, wollt es glauben:
letzte Waffe bleibt das Wort.
Besser kämpfen doch als rauben.
Ehre heißt der Menschheit Hort.

Die Revolution wurde blutig niedergeschlagen, der Absolutismus wiederhergestellt. Kaiser Franz Joseph bestieg den Thron. Am 24. April 1854 heiratete er die sechzehnjährige Wittelsbacher-Prinzessin Elisabeth, Sisi genannt. Für das Volk aber war es kein Hochzeits-, sondern ein Cholerajahr. Wieder fielen, wie schon in den Jahren 1830 und 1831, zahlreiche Menschen der verheerenden Seuche, gegen die damals die Medizin machtlos war, zum Opfer.

Sauter, in seinen letzten vier Lebensjahren in der Hernalser Hauptstraße Nr. 63 wohnhaft, nahm am 29. Oktober am Begräbnis eines Bekannten teil. Beim Totenmahl zeigten sich auch bei ihm die Anzeichen der Krankheit. Man brachte den körperlich Geschwächten in das Cholera-Notspital des Ortes. Schon am nächsten Tag, zwei Stunden nach Mitternacht, verstarb er.

Am Allerheiligentag des Jahres 1854 wurde der völlig verarmte Bohemien, seinem Wunsch gemäß, auf dem alten Hernalser Friedhof (dem heutigen Lorenz-Bayer-Platz) zu Grabe getragen. Einer seiner Dichterfreunde hielt einen Nachruf, die Beerdigungskosten trug die Redaktion der Zeitschrift »Der Wanderer«. Den Grabspruch, der ihn als echten Dichter und großen Menschenkenner ausweist, hatte Ferdinand Sauter selbst verfaßt:

Meine Grabschrift

Viel genossen, viel gelitten,
Und das Glück liegt in der Mitten;
Viel empfunden, nichts erworben,
Froh gelebt und leicht gestorben.

Fragt nicht nach der Zahl der Jahre!
Kein Kalender ist die Bahre,
Und der Mensch im Leichentuch
Bleibt ein zugeklapptes Buch.
Deshalb, Wandrer, zieh doch weiter,
Denn Verwesung stimmt nicht heiter.

Die Nachwelt vergaß das verkommene Genie nie ganz. Nach der Auflassung des alten Hernalser Friedhofes wurde der Leichnam in den neuen Hernalser Gottesacker umgebettet. Dort erhielt Ferdinand Sauter ein Ehrengrab. Alle paar Jahrzehnte erinnert sich irgend jemand dieses seltsamen Kauzes, der so etwas wie der liebe Augustin der Biedermeierzeit gewesen ist.

Liebling der Frauen und immer zu Späßen bereit: Ignaz Franz Castelli

IGNAZ FRANZ CASTELLI

Biedermeierlicher Vielschreiber und Philanthrop

Er war der Prototyp des Herrn Biedermeier und ein Repräsentant biedermeierlicher Geistes- und Lebenshaltung. Schriftstellerisch begabt und persönlich liebenswüdig, leichtlebig und lebenslustig, waren seine bestimmenden Persönlichkeitsmerkmale nicht charakterliche und schöpferische Tiefe, sondern geniale Oberflächlichkeit, ja Schlamperei. Ignaz Franz Castelli war ein stets zu Streichen aufgelegter Spaßmacher, ein schalkhafter Hanswurst, ein sinnlicher Bonvivant, ein bindungsscheuer Frauenfreund und bedingungsloser Tierliebhaber, ein Theaternarr, der den flüchtigen literarischen Tagesruhm genoß und wenig Wert auf einen Ehrenplatz im Reich der Dichtkunst legte – wozu ihm wohl auch das Format fehlte. Er begnügte sich damit zu gefallen, er schrieb für den Augenblick, den Dauererfolg suchte und fand er nicht.

Castelli spielte eine große Rolle im Theaterleben seiner Epoche. Seine Stücke waren zwar Dutzendware, dafür aber ungeheuer populär. Sie trafen den Nerv der Zeit, wurden von der kleinsten Bühne in der österreichischen und deutschen Provinz zur Aufführung gebracht.

Die zahlreichen Lustspiele, Parodien, Possen und Schwänke, die Einakter, Melodramen, Opern, Singspiele und Operetten, insgesamt 228 an der Zahl, die er mit Bienenfleiß geschrieben hat, kennt heute kaum noch jemand. Ignaz Franz Castelli ist als Dramatiker vergessen. Sein abwechslungsreiches Leben und sein vielfältiges Wirken haben aber die Epoche um einen unverwechselbaren bunten Farbfleck bereichert.

Castelli wurde am 6. März 1781 in Wien geboren. Sein Vater, der bis in die besten Mannesjahre das Ordenskleid eines Laienbruders der Jesuiten getragen hatte, stand bereits an der Schwelle des Greisenalters, als der Sohn zur Welt kam. Im Staatsdienst, zu dem er übergewechselt war, war er jedoch noch immer hochaktiv. Er wurde 1790, im Todesjahr Kaiser Josephs II., mit geringen Bezügen pensioniert, nahm bei dem mit ihm befreundeten Pfarrer von Weitra im oberen Waldviertel den Posten eines Kirchenverwalters an und starb im Alter von 91 Jahren.

Die um Jahrzehnte jüngere Mutter Ignaz Franz Castellis, die Tochter

eines Hausbesitzers aus Mariahilf, starb hingegen bereits 46jährig an einer Brustkrankheit, als der Sohn 15 Jahre alt war.
Der Knabe, der zärtlich an Vater und Mutter hing, wurde von seinen Eltern, höchstwahrscheinlich aus Gründen der Ausbildung, nicht in das ferne Waldviertel mitgenommen, verbrachte dort aber stets die Ferienmonate. Seine Erziehung übernahmen die Großmutter mütterlicherseits und zwei ledige Tanten. Castelli erzählt darüber in seinen Memoiren: »Meine Großmutter war schon nahe an die siebzig, klein, unansehnlich, aber herzensgut. Sie liebte mich ganz außerordentlich. Sie war fromm, wohl auch etwas knauserig und geschwätzig, aber eine vortreffliche Hauswirtin … Meine beiden Tanten, Therese und Katherine, waren beide noch unverehelicht und schon nahe an den Dreißigern … Ich danke diesen beiden Tanten alles, was ich besitze, und ich ehre ihr Andenken noch jetzt … aber doch muß ich der Wahrheit zur Steuer gestehen, sie waren beide ein paar alte Jungfern mit allen Schwächen, die diesem stets verspotteten Stande ankleben. Sie waren reizbar, geschwätzig, medisant.«
Die letzteren Bemerkungen sind nicht gerade zartfühlend und stellen Castellis Charakter kein besonders gutes Zeugnis aus. Denn immerhin hatten ihm die beiden Damen ihre Häuser vererbt. Aber Dankbarkeit war offenbar nicht seine Sache.
Die erste schulische Ausbildung erhielt der Knabe in der Volksschule im Heiligenkreuzer Hof, wo er viele Jahrzehnte später auch starb.
Castelli besuchte das Universitätsgymnasium, begann im Alter von fünfzehn Jahren (!) Philosophie und Pädagogik zu studieren und wechselte ein paar Jahre später zum Jusstudium über, das er trotz seiner sprichwörtlichen Unbeständigkeit erfolgreich abschloß. Zuvor aber machte der Sechzehnjährige zum ersten, aber nicht zum letzten Mal Bekanntschaft mit der Weltgeschichte. 1797 bedrohte Napoleon, der von Oberitalien aus über die Alpen vorgestoßen war, die kaiserliche Residenzstadt. Kaiser Franz II. bot zur Verteidigung des Vaterlandes den Landsturm auf. Sein Manifest stieß auf begeisterte Zustimmung. Die Wiener Bürgerschaft gab sich patriotisch, die Studenten bildeten eine Universitätsbrigade, in die auch Castelli eintrat. Die Knaben wurden in Uniformen gesteckt, leisteten, mit Gewehr und Bajonett ausgestattet, pochenden Herzens den Militäreid und setzten sich, ein Lied auf den Lippen, nach Klosterneuburg in Marsch. Bereits in Nußdorf erstickten

Jubelgeschrei und Gesang in den ausgetrockneten Kehlen. In Klosterneuburg führten die jugendlichen Vaterlandsverteidiger nach dem täglichen morgendlichen Exerzieren dann ein verhältnismäßig fröhliches Leben. Es ist amüsant, es in Castellis Memoiren nachzulesen.
Nach zwölf Tagen war das operettenhafte Soldatenspiel zu Ende. Die Donaumonarchie schloß am 18. April 1797 mit Frankreich den Präliminarfrieden von Leoben. Die Studentenbrigade hielt ihren feierlichen Einzug in Wien, defilierte stolz am Kaiserpaar vorbei und löste sich auf. Castelli erhielt wie alle anderen Freiwilligen für seine »Tapferkeit und Fürstentreue« eine Medaille in der Größe eines Guldenstückes. Es war seine erste Auszeichnung. Zahlreiche andere sollten folgen.
Nach Abschluß des Jusstudiums fand der junge Mann eine Anstellung als Praktikant in der Buchhaltung der niederösterreichischen Landstände (heute: Landesregierung) in der Wiener Herrengasse. Er war von seinem Naturell und seiner Veranlagung her alles andere als ein pedantischer Beamter. Trotzdem fühlte er sich im Staatsdienst wohl, offenbar auch deshalb, weil er von der Last der Arbeit nicht erdrückt wurde. Bedächtig stieg er die Stufenleiter der Bürokratie empor, machte auf Kosten der Stände Reisen nach Ungarn, Frankreich und Italien und lernte fast jedes Dorf in Österreich kennen.
Seine Tätigkeit ließ ihm genug Zeit für seine großen Leidenschaften: das Theater und die Schriftstellerei. Castelli führte volle 41 Jahre ein beschauliches Beamtenleben, ehe er 1843 mit einer jährlichen Pension von zweitausend Gulden als »Sekretär, Herrenstandsagent und ständischer Häuserrevident« in den Ruhestand trat. Zuvor war er ein Jahrzehnt lang landständischer Bibliothekar ohne feste Dienststunden gewesen. »Wenn ich wieder auf die Welt kommen und Beamter werden sollte, so würde ich gewiß in kein anderes Amt eintreten als bei den Landständen«, bekennt er in seinen Memoiren.
Mit dem ererbten Besitz, der Pension und den Tantiemen aus seiner schriftstellerischen Arbeit hatte Castelli ein sorgloses Auskommen, hielt sich Wagen und Pferd und firmierte eine Zeitlang sogar als Schloßherr.

Das Theater hatte schon auf den Knaben eine unwiderstehliche Faszination ausgeübt. Mozarts »Zauberflöte« begeisterte ihn, bei Emanuel Schikaneders »Philippine Welser« weinte er »süße Tränen«. Durch seinen Violinlehrer, einem Mitglied des Orchesters im Freihaustheater auf der Wieden, erhielt er Zutritt zu dieser Bühne, später war er täglich Gast im Theater an der Wien. Er lernte wie beiläufig etliche Rollen, trat auf zahlreichen Liebhaberbühnen auf und erwarb sich bald den Ruf eines begabten Amateurdarstellers.

Castelli fühlte sich zum Schauspieler geboren. Zeitgenössischen Berichten zufolge war er ein schauspielerisches Naturtalent. In seinen Memoiren rühmt er sich: »Es glückte mir gleich anfangs, Beifall zu erringen, und ich darf es kühn behaupten, wenn ich zu irgend etwas ein außerordentliches Talent hatte, so war es zum Schauspieler ...«

Im Juni 1807 sprang er über Nacht im Theater an der Wien für einen erkrankten Komiker ein und rettete dadurch eine auf dem Spielplan stehende Aufführung. Den Vertrag, den ihm die Theaterdirektion daraufhin anbot, lehnte er aber ab. Auch ein Angebot des Hofburgtheaters soll er zurückgewiesen haben. Es ist eben doch etwas anderes, Abend für Abend auf der Bühne zu stehen, auch mißliebige Rollen spielen zu müssen und kontinuierliche, ernste Arbeit zu leisten, als gelegentlich zu glänzen und sich der Gunst des Publikums zu erfreuen.

Durch seine Betätigung als Schauspieler gewann Castelli jedoch wertvolle Einblicke in das Theaterleben. Sie schärfte seinen Blick für die Bühnenwirksamkeit von Theaterstücken, für dramaturgische Effekte und Kniffe. Der Schriftsteller hat diese Erfahrungen später für seine eigene Arbeit nutzbar gemacht.

Castelli hatte schon sehr früh damit begonnen, Verse zu schmieden und Theaterstücke zu verfassen. Das erste Produkt seiner schier unerschöpflichen dramatischen Muse, »Der travestierte König Lear«, entstand, als er gerade fünfzehn Jahre zählte. Es fiel, da es eine »königliche Gestalt parodierte«, der Zensur zum Opfer und ist verlorengegangen. Von da an schrieb er munter drauflos, schüttelte ein Theaterstück nach dem anderen aus dem Ärmel, machte vor keinem Thema und vor keinem Tabu halt. Originalität war dabei selten im Spiel, um geistiges Eigentum kümmerte er sich, den Usancen der Zeit entsprechend, überhaupt nicht. In der Mehrzahl der Fälle handelt es sich bei seinen Lustspielen, komischen Opern etc. um Übertragungen und – oder – Bearbeitungen aus dem Französischen. Seine ausgezeichneten Kenntnisse der französischen Sprache kamen ihm dabei natürlich sehr zustatten.

Gegen die Methode der Übernahme ausländischer literarischer Erzeugnisse und ihrer Darstellung auf deutschsprachigen Bühnen wäre an und für sich nichts einzuwenden, hätte Castelli sie als solche deklariert, hätte er auf seine geistigen Bezugsquellen hingewiesen. Das tat er jedoch vielfach nicht. Er schmückte sich mit fremden Federn, verheimlichte oder verschleierte die Herkunft seiner Stücke. Da das Copyright damals noch keine Rolle spielte, machte das weder den Theaterdirektoren noch dem Publikum viel aus. Castellis höchst mittelmäßige Produktionen wurden mit großem Erfolg aufgeführt. Seine lyrische Oper in drei Akten »Die Schweizerfamilie« etwa, deren Hauptidee er dem französischen Vaudeville entnahm, die aber ansonsten seine Handschrift trägt, ging dreihundertmal über die Bretter der verschiedensten Bühnen des In- und Auslandes. Der Autor berichtet darüber in seinen Memoiren: »Es ist keine, wenn auch noch so kleine Bühne Deutschlands, auf welcher diese Oper nicht gegeben worden ist, und wo sie nicht gefallen hätte. Sie wurde in das Französische, Italienische, Russische, Dänische übersetzt ...« Der glänzende Erfolg, den das Stück erzielte, veranlaßte Fürst Franz Josef Lobkowitz, der das Opernressort leitete, Castelli im Jahr 1811 zum »Hausdichter« des »k.k. Hofoperntheaters nächst dem Kärntnerthor« zu ernennen. Er hatte diese Position drei Jahre lang inne. Ein paar Zeilen mögen demonstrieren, wie erfolgreich der seichte, aber fleißige Vielschreiber zu seiner Zeit war.

In den Jahren zwischen 1802, in dem sein erstes Stück aufgeführt wurde, und 1861, in dem sein letztes über die Bühne ging, beherrschte er den Theaterspielplan. Das Theater an der Wien brachte 60, das Kärntnertortheater 39, das Josefstädter Theater 31, das Leopoldstädter Theater 28 seiner Stücke heraus, das Hofburgtheater spielte in ungefähr der gleichen Zeit, von 1804 bis 1857, 49 Schauspiele Castellis. Bis 1876 standen auf dieser Bühne Stücke von ihm nicht weniger als 552 mal auf dem Programm

Er arbeitete jedoch nicht nur für das Theater. Nach ersten holprigen poetischen Versuchen, die er anonym veröffentlichte, trat er in der Napoleonischen Zeit als Kriegslyriker in Erscheinung. Das klang so:

Hinaus! Hinaus mit frohem Mut!
Hinaus ins Feld der Ehre!
Damit der Feinde Übermut
Nicht uns'rer Brüder Hab und Gut,
Nicht unser Land verheere.

Die in dieser Manier geschriebenen Gedichte stellen keine literarischen Ansprüche, sie wurden jedoch vielfach vertont und übten eine starke propagandistische Wirkung aus.
Im Jahre 1828 brachte Castelli »Gedichte in niederösterreichischer Mundart« heraus, die er, der nie von Bescheidenheit geplagt war, dem Weimarer Dichterfürsten zusandte. In seinem Begleitschreiben an Goethe bemerkte er überraschend selbstkritisch: »Wer nicht Großes schreiben kann, muß es durch vieles zu ersetzen suchen, vielleicht glückt ihm darunter einiges.«
Dem Meister der literarischen Quantität glückte nicht viel. Seine Mundartgedichte gehören aber jedenfalls zu seinen niveauvolleren Schöpfungen. Sie zeichnen sich durch eine einfache, klare Sprache aus und stehen am Beginn einer neuen literarischen Gattung, die sich im Laufe der Jahre zunehmender Beliebtheit erfreute.
Johann Wolfgang von Goethe fand übrigens an den Dialektgedichten seines österreichischen Schriftstellerkollegen durchaus Gefallen. Er stellte das Bändchen in die Reihe jener Bücher, die er immer wieder zur Hand nahm.
Castellis literarisches Schaffen blieb nicht auf Theaterstücke und Lyrik beschränkt. 1828 veröffentlichte er Skizzen aus dem Leben der Hauptstadt, die unter dem Titel »Wiener Lebensbilder« erschienen. Darüber hinaus gab er, der Mode der Zeit folgend, insgesamt zwanzig Taschenbücher heraus. Sie waren jeweils einer Dame der Gesellschaft gewidmet, enthielten kurze Geschichten und Theaterstücke und trugen ihm nicht nur Prestige, sondern auch eine Stange Geld ein. Schließlich gründete der literarische Hans-Dampf-in-allen-Gassen auch noch das Theaterjournal »Thalia«, in welchem er heftige Attacken gegen die ihm verhaßte italienische Oper ritt, auch war er verantwortlicher Leiter des »Musikalischen Anzeigers« und dazu noch als Tagesjournalist tätig. Gerade wegen der Vielzahl und Buntheit all seiner Aktivitäten sollte sein Einfluß auf das kulturelle Getriebe seiner Zeit nicht unterschätzt werden.
Die ureigenste geistige Schöpfung Castellis war die Gründung der humoristischen Künstlervereinigung »Ludlamshöhle«. Der Beginn dieses geselligen Vereines geht auf das Jahr 1816 zurück. Damals fanden sich allabendlich einige Wiener Literaten, Schauspieler und Künstler im Gasthaus »Zum Blumenstöckchen« in der Ballgasse zusammen, um sich

mit Liedern, hitzigen Wortgefechten über verschiedenste Themen, derben Späßen und Streichen, die man auf dem Heimweg den Bürgern spielte, zu unterhalten.
Die Gasthausgesellschaft wuchs, die Räume im »Blumenstöckchen« wurden zu eng. Schließlich fand man im Gasthaus des Bonifaz Haidvogel, wo man eines Abends die Premiere des Stückes »Ludlamshöhle« von Adam Oehlenschlager feierte, eine dauernde Bleibe. Das in der Nähe des Theaters an der Wien im damaligen Schlossergäßchen situierte Stammlokal und der Vereinsname waren gefunden.
Die »Ludlamiten«, zu deren Mitgliedern so prominente Persönlichkeiten wie Franz Grillparzer, Carl Maria von Weber, Friedrich Rückert, Antonio Salieri sowie die Schauspieler Joseph Korntheuer und Heinrich Anschütz gehörten, trieben munteren, harmlosen Schabernack. Sie statuierten ein Aufnahmeritual, legten den Ablauf von Vereinsgebräuchen fest, dichteten und komponierten Chöre und Lieder, die sie am Schluß

Die Künstlervereinigung »Ludlamshöhle« bei einer ihrer Stammtischrunden

jeder Zusammenkunft in fröhlicher Runde sangen, gaben eine eigene Zeitung heraus und sprachen einander mit ihrem Vereinsnamen an. So hieß etwa Grillparzer in Anspielung auf sein Drama »Sappho« und als echter, an der Ister (antiker Name der Donau) geborener Österreicher »Sapphokles der Istrianer«. Der Hofschauspieler Anschütz wurde nach seinem Wohnort auf der Neuen Wieden als »Lear der Neuwieder« bezeichnet, Castelli selbst wegen der Frivolität seiner Witze als »Cif Charon der Höhlenzote« angesprochen.

Das Treiben der »Ludlamiten« wurde von der Polizei mit scheelen Augen betrachtet und geheim überwacht. Man vermutete hinter der heiteren, ausgelassenen Fassade verschwörerische, staatsgefährdende Umtriebe. Schließlich gab der Chef der Wiener Polizei den Befehl zur Auflösung. Am 26. April 1826 wurden die Räumlichkeiten des Vereines von der Polizei durchsucht, alle darin befindlichen Gegenstände beschlagnahmt, einige Mitglieder in ihren Wohnungen einem peinlichen Verhör unterzogen. Für den Nachweis einer regimefeindlichen Tätigkeit fehlte aber jede Spur. Die Blamage war perfekt. Trotzdem wurde der Verein aufgelöst. Das biedermeierliche Wien war um einen originellen, aus der schöpferischen Phantasie geborenen Verein ärmer.

Castelli bekam es noch mehrere Male mit der Staatsgewalt zu tun. Die Zensur war ihm auf den Fersen. Dem stets zu Streichen aufgelegten Schriftsteller machte es natürlich unheimlichen Spaß, der staatlichen Geisteskontrolle zu entkommen und ihr ein Schnippchen zu schlagen. Er veröffentlichte so manche seiner Schriften unter dem Pseudonym »C. A. Stille« und benannte mit boshaftem Humor einen seiner Hunde »Sedl«, den anderen »Nitzky«. Zur Belustigung der Leute rief er sie gemeinsam, was den Namen des verhaßten »Präsidenten der Obersten Polizei- und Zensurbehörde« ergab: Sedlnitzky. In einem Brief an einen Freund wetterte er: »Wir haben alle, alle, die einen Kiel bewegten, lange und viel von der Zensur gelitten, allein so lange ist keiner gemartert worden, als ich. Ich besitze Sammelgeist, und so wie ich Dosen, Anekdoten und Bücher sammelte, so sammelte ich mir Zensurniederträchtigkeiten, und könnte mit mehreren Faszikeln voll aufwarten ...«

Als Liberaler, der er war, brachte Castelli der Revolution des Jahres 1848 große Sympathien entgegen und trat in Aufrufen für die Pressefreiheit, für die Schaffung einer Konstitution und andere liberale Forderungen ein. Als im Verlaufe des revolutionären Geschehens radikale Strömungen die Oberhand behielten, rief er wiederholt zur Mäßigung auf und zog sich, da es nichts fruchtete, schreckerfüllt auf seinen Landbesitz in Lilienfeld von der Revolution zurück.

Ignaz Franz Castelli liebte das Leben über alle Maßen. Er war ein großer Bewunderer und Verehrer der Frauen, blieb aber zeitlebens Junggeselle. Dauerhaften Herzensbindungen ging er tunlichst aus dem Weg, zu tieferen Gefühlen war er offenbar nicht fähig. Er war jedoch im Kern seines Wesens eine gütige Natur und hatte ein warmfühlendes Herz, das stets für seine Mitmenschen schlug. Er half mit, die Not zu lindern, der breite Bevölkerungsschichten in der »guten, alten Zeit« ausgeliefert waren. Sein karitatives Wirken hatte wohl einen theatralischen, öffentlichkeitswirksamen Anstrich, aber er scheute sich auch nicht, persönlich bei den Wohlhabenden milde Gaben zu erbitten und diese dann eigenhändig an die Armen zu verteilen. Hilfsbedürftige Menschen fanden bei ihm immer ein offenes Ohr und eine offene Tür.

Ein besonderes Verdienst Castellis, womit er sich Dank und Anerkennung der Nachwelt erwarb, war die Gründung des Wiener Tierschutzvereins. Castelli hat diese großartige Idee, die er lange Zeit mit sich herumtrug, 1847 verwirklicht. Er erwirkte mit Gleichgesinnten ein Gesetz gegen die Tierquälerei und hatte noch die Freude und Genugtuung zu erleben, wie seine Idee Wurzeln schlug und in allen Teilen der Donaumonarchie Verbreitung fand. Zur Persönlichkeit Castellis gehört auch seine Sammelleidenschaft. Der philanthropisch gesinnte Schriftsteller besaß nicht nur eine wertvolle Schnupftabakdosensammlung, er sammelte auch Theaterzettel, Schauspielerporträts und -autographen (mehr als 2 000 an der Zahl), die er der k.k. Hofbibliothek vererbte, und besaß eine umfangreiche Bibliothek.

Nach der Niederschlagung der Revolution erlebte Castelli noch die neoabsolutistische Herrschaft Kaiser Franz Josephs und deren Ende. Am 5. Februar 1862 schloß er für immer die Augen. Sein Leichnam wurde in der Dominikanerkirche eingesegnet und auf dem Hütteldorfer Friedhof beigesetzt. Die Wiener haben den Biedermeierpoeten rasch vergessen. Nur der Wiener Tierschutzverein bewahrte ihm ein längeres Angedenken. Er verschaffte seinem Begründer 1895 ein Ehrengrab der Stadt Wien auf dem Zentralfriedhof.

Anastasius Grün: Hinter dem bürgerlichen Pseudonym verbarg sich ein Hocharistokrat

ANASTASIUS GRÜN

Adeliger Poet und Regimegegner

Ein Adeliger, der dichtet, war im vorigen Jahrhundert nicht unbedingt die Regel. Und wenn er gar, wie im vorliegenden Fall, das herrschende politische Regime aufs Korn nahm, es einer scharfen Kritik unterzog, dann war das ebenfalls nicht alltäglich, sondern ganz im Gegenteil ungewöhnlich. Auch ein Adeliger durfte seine Kritik natürlich nicht offen aussprechen, denn staatsfeindliche Äußerungen wurden bestraft, die entsprechenden Publikationen verboten und konfisziert. Daher schrieb Anton Alexander Graf Auersperg unter einem Decknamen. Das Pseudonym Anastasius (= Auferstehender), das er wählte, signalisiert Freiheitsdenken und Gegnerschaft gegen ein repressives politisches System. Der Sproß eines uralten Krainer Adelsgeschlechts wurde am 11. April 1806 in Laibach geboren. Der Vater, Graf Maria Alexander Auersperg, war weltanschaulich von der Aufklärung geprägt. Er gehörte einer Freimaurerloge an und bekannte sich zu den Idealen der Humanität und der Freiheit. Diese Geisteshaltung hat später auch das Denken und Handeln seines Sohnes bestimmt.
Anton Alexander, der seine Kindheit im väterlichen Stammschloß Thurn am Hart in Unterkrain verbrachte, war hochbegabt, aber eigenwillig und schwer lenkbar. Offenbar um ihm Zügel anzulegen, überließ der Vater den Siebenjährigen zur weiteren Erziehung der Theresianischen Ritterakademie (dem heutigen Theresianum) in Wien, an der damals Geistliche als Pädagogen wirkten. Es fruchtete nicht viel. Der obstinate junge Graf mußte die Anstalt nach zwei Jahren wegen Undisziplinierbarkeit verlassen und übersiedelte an die Ingenieursakademie. Aber auch die militärische Zucht, der er dort unterworfen wurde, blieb ohne nennenswerte Wirkung.

Im Jahre 1818 starb der Vater. Die Mutter heiratete in zweiter Ehe einen Freiherrn von Lichtenberg, der seinem Stiefsohn mit ungebührlicher erzieherischer Strenge begegnete und sich somit von vornherein um die Zuneigung des Knaben brachte.

Da Anton Alexander Auersperg auch in der Ingenieursschule allen pädagogischen Bemühungen Widerstand entgegensetzte, steckte ihn der Stiefvater in das über Veranlassung von Clemens Maria Hofbauer vom Maler und Pädagogen Friedrich August von Klinkowström gegründete Erziehungsinstitut für katholische Knaben. Der junge Adelige erhielt dort zwar eine gründliche und umfassende humanistische Ausbildung, schöpfte aber auch eine tiefe Abneigung gegen Glaubenszwang, gegen die katholische Kirche und gegen den Klerikerstand. Sie sollte sein ganzes persönliches und literarisches Leben prägen.
Ende Oktober 1824 verließ Auersperg die ungeliebte Anstalt und inskribierte an der Wiener Universität. Er besuchte die »Philosophischen Studien«, einen zweijährigen philosophischen Vorbereitungskurs, dem sich damals jeder Student zunächst unterziehen mußte, ehe er mit dem eigentlichen Fachstudium beginnen konnte. Der muntere Studiosus suchte Anschluß an das künstlerische Leben Wiens und fand ihn im »Silbernen Kaffeehaus« des Ignaz Neuner in der Plankengasse. In diesem bekannten Künstlertreff lernte er einige führende Köpfe des geistigen Österreich kennen: Franz Grillparzer, Ferdinand Raimund, Nikolaus Lenau, Eduard von Bauernfeld, Johann Ludwig Deinhardstein, Joseph Freiherr von Hammer-Purgstall. Es entspannen sich anregende Gespräche, die für den weiteren Lebensweg des Adeligen von entscheidender Bedeutung waren. Anton Alexander Graf Auersperg entdeckte seine dichterische Ader und schrieb bereits in diesen Jahren seine ersten Verse. Sie erschienen u. a. in Adolf Bäuerles »Allgemeiner Theaterzeitung« und in Joseph Hormayrs »Archiv für Geschichte«. Zum größten Teil handelte es sich um originelle Liebesgedichte ohne tieferen Gehalt. 1827 übersiedelte der 21jährige nach Graz, um dort sein Rechtsstudium fortzusetzen. Er schloß es aber dann in der k.k. Residenzstadt ab. In Graz sammelte er einen Kreis von Künstlern und Schriftstellern um sich, las Horaz, Goethe, Schiller, Heine und Uhland und trieb historische Quellenstudien für sein erstes größeres Werk »Der letzte Ritter« über Kaiser Maximilian I., das er seinem Freund Josef Fellner widmete. Das Buch erschien 1830 in einem deutschen Verlag und fand zustimmende bis begeisterte Aufnahme. Der Boden für das vaterländisch-volkstümliche Thema war in Österreich durch Joseph Freiherr von Hormayr aufbereitet worden. In Deutschland war die Romantik in vollem Schwange. Man begeisterte sich für das Mittelalter, sammelte alte Volks-

lieder und Märchen. Historiker, Germanisten und Dichter, z. B. die Brüder Grimm und Schlegel, Clemens von Brentano und Achim von Arnim, beschäftigten sich eingehend mit der deutschen Vergangenheit.

Das Jahr 1830 war nicht nur eine Zäsur im Leben des Anastasius Grün. Es war auch ein Schicksalsjahr der europäischen Geschichte. In Frankreich fegte die Julirevolution König Karl X. vom Thron, die Griechen schüttelten die osmanische Herrschaft ab, die Polen erhoben sich gegen das Regime des Zaren. Die gebildeten Schichten Mittel- und Westeuropas, allen voran die Dichter und Schriftsteller, wurden von geradezu rauschhafter philhellenischer Begeisterung und einer in seelische Tiefenregionen reichenden Sympathie für die Sache der Polen erfaßt. Zahlreiche österreichische Dichter, unter ihnen der Graf aus Krain, bekundeten ihre Anteilnahme am Schicksal des polnischen Volkes.
Anastasius Grün befand sich zum Zeitpunkt des Ausbruchs der Pariser Julirevolution auf einer Reise durch Süddeutschland. Er traf dort mit dem von ihm hochverehrten Ludwig Uhland zusammen, lernte Gustav Schwab, Justinus Kerner, Wolfgang Menzel und Johann Friedrich Cotta kennen und wurde überall freundlich aufgenommen. Das schlichte Auftreten des gräflichen Dichters aus Österreich machte Eindruck.
Die erfolgreiche Julirevolution in Paris, die Gespräche mit den gleichgesinnten Freunden in Deutschland und die freiere politische Luft, die er auf der erwähnten Reise atmete, festigten in ihm die Überzeugung von der Notwendigkeit politischer Reformen in seinem vergleichsweise rückständigen, geistig geknebelten Vaterland. Nach Wien zurückgekehrt, konnte er von sich behaupten: »Nun ist mir der Nebel von den Augen gerissen worden, mit dem man mich in Österreich umhüllt hat.«

Der Entschluß, gegen das Regime anzuschreiben, war rasch gefaßt. Anton Alexander Graf Auersperg machte sich an die Arbeit und schrieb vom November 1830 bis zum März 1831 den aus 326 vierzeiligen trochäischen Strophen bestehenden Gedichtzyklus »Spaziergänge eines Wiener Poeten«, den er 1831 anonym im Hamburger Verlagshaus Hoffmann & Campe herausbrachte.
Der liberal gesinnte Dichter prangerte in seinem künstlerisch bedeutendsten Werk, das er Ludwig Uhland widmete, in wohldosierten Wor-

ten die unhaltbaren politischen, gesellschaftlichen und geistigen Zu- und Mißstände im vormärzlichen Österreich an. Die Kritik richtete sich insbesondere gegen den Klerikalismus, die Bürokratie, die Zensur und das Spitzelwesen und gipfelte in der Strophe: »Österreichs Volk ist's ehrlich, offen, wohlerzogen und auch fein. Sieh, es fleht ganz artig: dürft' ich wohl so frey sein, frey zu sein?« Anastasius Grün gelang in seinen »Spaziergängen« eine glänzende Zustandsschilderung des von den Zeitgenossen vielgeschmähten Metternichschen Systems. Konkrete Vorschläge für die Gestaltung der Zukunft machte er darin nicht, zur Bejahung eines revolutionären Umsturzes der bestehenden Verhältnisse konnte er sich nicht durchringen. Dazu hatte er eine viel zu enge innere Bindung an den Staat, wurzelte er viel zu tief in der altösterreichischen Adelskultur, brachte er dem Hause Habsburg eine zu große Ehrfurcht entgegen.
Sein Buch fand in Deutschland und Österreich einen außerordentlich raschen und guten Absatz (er erlebte im Laufe der Jahre acht Auflagen) und erregte riesiges Aufsehen. Es war das erste große Werk der politischen Dichtung in Österreich und übte auf die deutschsprachige politische Lyrik, so etwa auf das Werk Georg Herweghs, Ferdinand Freiligraths und anderer zum »Jungen Deutschland« zählender Dichter großen Einfluß aus.

Es konnte nicht ausbleiben, daß die Publikation eines solchen Werkes bald auch die Geheimpolizei beschäftigte. Wer hatte dieses Ärgernis erregende Buch verfaßt? Man setzte alle Mittel ein, ließ alle Spitzelkünste spielen, um den Verfasser ausfindig zu machen. Vergeblich. Das Inkognito des Autors konnte nicht gelüftet werden. Anton Alexander Graf Auersperg bestritt hartnäckig die Urheberschaft. Erst 1838 gestand er in einer Unterredung mit Staatskanzler Metternich, Verfasser des Buches zu sein. Metternich nahm ihm bei dieser Aussprache das Versprechen ab, zu schweigen beziehungsweise in seine Verse keine Politik mehr einfließen zu lassen oder auszuwandern. Vor diese Alternative gestellt, beschloß der vornehme Aristokrat, in seiner Heimat zu bleiben.
Einer seiner engsten Freunde, der schwermütige Nikolaus Lenau, mit richtigem Namen Niembsch Edler von Strehlenau, war einige Jahre zuvor auf der Flucht vor der »Tyrannei« in die Neue Welt aufgebrochen, aber nach vierzehn Monaten ernüchtert und desillusioniert wieder nach

Österreich zurückgekehrt. Ein anderer Schriftsteller, der in aller Stille das vormärzliche Österreich verlassen hatte, machte Amerika zu seiner geistigen Heimat. Seine Identität wurde erst 1864, nach seinem Tod im Schweizer Solothurn, festgestellt. Es war Karl Anton Postl. Er stammte aus Mähren und hatte nach seiner Priesterweihe sieben Jahre in einem Kloster des Kreuzherren-Ordens in Prag gelebt, ehe er sein Vaterland verließ. In Amerika nannte er sich Charles Sealsfield. Postl-Sealsfield veröffentlichte 1828 in London anonym das Buch »Austria as it is«. 1834 erschien es auch in deutscher Sprache. Darin unterzog er den Metternichschen Polizeistaat einer ungewöhnlich scharfen Kritik. »Ein so vollendeter und raffinierter Absolutismus wie der österreichische, hat vielleicht noch niemals in irgendeinem zivilisierten Land bestanden«, faßte er sein Urteil knapp und bündig zusammen. Im besonderen beklagte er die Situation der Schriftsteller. »Der österreichische Schriftsteller ist wohl das meistgequälte Geschöpf auf Erden ... er darf nicht freisinnig, nicht humoristisch, kurz er darf nichts sein«, formulierte er mit spitzer Felder und klagte weiter: »Unter den verbotenen Dingen sind nicht nur Satire und Witz verstanden, er darf sich überhaupt nicht vertiefen, weil dies zu ernsterem Nachdenken anregen könnte. Wenn er irgend etwas zu sagen hat, muß dies in jenem unterwürfigen und ehrfurchtsvollen Ton geschehen, der einem österreichischen Untertanen ziemt ... Was wäre wohl aus Shakespeare geworden, hätte er in Österreich leben oder schreiben müssen?« Der kluge, weltgewandte Metternich wußte genau, warum er die literarische Opposition so konsequent verfolgen ließ. Er wollte verhindern, daß die von ihr ausgestreute geistige Saat der Freiheit aufging. Gegen die Freiheit des Geistes ist aber auf die Dauer kein Kraut gewachsen. Das mußte letztendlich auch Fürst Klemens Wenzel Lothar Metternich zur Kenntnis nehmen.

Der Dichter aus Krain zog sich nach dem großen Erfolg seiner »Spaziergänge« auf sein komfortables Stammschloß zurück und widmete sich als Majoratsherr der Bewirtschaftung seiner Güter. Den Winter verbrachte er zumeist in Graz oder Wien, das er als seine geistige Heimat betrachtete. Wenn er nicht, wie etwa in den Jahren 1834 und 1835, auf Reisen ging. Er besuchte die kulturellen Zentren Italiens, Venedig, Padua, Florenz, Rom, Neapel, und kehrte mit reichhaltigen Eindrücken in die Heimat zurück. Die literarische Frucht dieser Reise war ein Gedichtzyklus, der 1835 unter dem Titel »Schutt« erschien. Obwohl Anastasius Grün mit dieser Gedichtsammlung in der Hauptsache poetische Zwecke verfolgte, kreisten die Gedanken seiner Phantasiegestalten doch wieder um die bewegenden Ideen der Zeit – um Freiheit, Recht und Menschenwürde.

1836 reiste Grün gemeinsam mit Eduard von Bauernfeld durch Deutschland, wo die beiden liberal gesinnten Dichter überall triumphal empfangen wurden. In Dresden und Leipzig wurden sie von Literaten und Studenten begeistert begrüßt, in Weimar hieß Ottilie von Goethe sie herzlich willkommen. Die Reise führte dann über Eisenach, Frankfurt am Main nach Köln und Bonn und von dort zurück nach Wien.

Ungefähr ein Jahr später mußte sich der von der Zensur »vexierte«, verfemte Dichter gegen einen im Dienst der Geheimpolizei stehenden Literaten namens Karl Braun von Braunthal zur Wehr setzen. Dieser hatte in einer Zeitschrift einige Gedichte Auerspergs unter dem Decknamen Grün veröffentlicht. Im Verlaufe der öffentlich geführten Auseinandersetzung gab der Graf sein Pseudonym preis und dadurch der Staatsgewalt die Möglichkeit, gegen ihn vorzugehen. Anton Alexander Graf Auersperg mußte sich vor Gericht verantworten und wurde zu einer Geldstrafe von 25 Dukaten verurteilt. Im Schuldspruch hieß es, der Dichter habe »mehrere höchst anstößige Schriften im Ausland« publiziert.

Nach diesem unerfreulichen literarischen Zwischenspiel unternahm Grün im Winter 1837/38 eine Reise nach Paris, wo er sich längere Zeit aufhielt und mehrere Male mit Heinrich Heine zusammentraf. »Heine ist einer der liebenswürdigsten, aber zugleich charakterlosesten Menschen, die es gibt, von außerordentlicher Feinheit und Durchdringlichkeit des Geistes und Gefühles, aber eben daher von großer Reizbarkeit und Empfindlichkeit«, berichtete er Bauernfeld. Dieses barsche Urteil hat Auersperg in den folgenden Jahren jedoch revidiert.

Nach einem Kurzbesuch in London kehrte er im März 1838 wieder nach Wien zurück und hatte jene Unterredung mit Staatskanzler Metternich, die das Ende seiner literarischen Tätigkeit zur Folge hatte. Angeblich soll der allgewaltige Chef der Zensurbehöre, Graf Joseph Sedlnitzky sich hinter einer spanischen Wand versteckt haben, um das Gespräch zu belauschen. Graf Auersperg begab sich anschließend auf sein Krainer Stammschloß, sah auf seinen Gütern wieder nach dem Rechten und beschäftigte sich vorerst mit der Neuauflage seiner Dichtungen, zumal das Jahr 1839 eine grundlegende Veränderung in seinem Privatleben brachte. Am 11. Juli 1839 heiratete der Graf in Graz die Tochter des Landeshauptmannes der Steiermark, Gräfin Marie von Attems. Erzherzog Johann, das populäre Mitglied des Kaiserhauses, fand sich zur Hochzeit ein. Viele der liberalen Gesinnungsfreunde Auerspergs und ein Teil der Presse beargwöhnte allerdings diese eheliche Verbindung. Da Auerspergs Gattin bei Hofe verkehrte, mutmaßte man, der Dichter habe seine Gesinnung geändert und erstrebe die Würde eines kaiserlichen Kammerherren. Der mit Grün befreundete Hoffmann von Fallersleben reimte:

Anastasius Grün

Es stand ein Baum in Österreich,
Der grünt' und blühte manches Jahr
Fürwahr so schön und wunderbar ...
Ein Doppeladler flog einmal
Zu diesem Wunderbaum hinan,
Band einen güldnen Schlüssel dran.
Da wurden seine Blüten taub
und falbe ward sein grünes Laub ...

Anastasius Grün verteidigte sich gegen die Angriffe auf seine Person mit der Herausgabe des Buches »Nibelungen im Frack«, in dem er sich zwar zu seiner liberalen Gesinnung bekannte, aber nachdrücklich von radikalen Strömungen distanzierte. Zwei Jahre später setzte er seine Unterschrift unter eine Petition an den Kaiser, in der die Wiener Schriftsteller um eine Milderung der Zensur ersuchten. Der Schritt blieb ohne jede Wirkung.

Als sich im März 1848 die politische Lage zuspitzte und alle Anzeichen auf Sturm standen, reiste Anton Alexander Auersperg am 12. März nach Wien. In der Residenzstadt erlebte er vom Fenster der Wohnung seines Freundes Anton Doblhoff im Niederösterreichischen Landhaus aus den Ausbruch der Revolution. Am 13. März gehörte er zu jener Delegation, die in der Hofburg auf die Pressefreiheit und die Gewährung einer Verfassung drängte. In einer Proklamation, deren Text wahrscheinlich von ihm stammt und die von Rudolf Arthaber, Bauernfeld und Alexander Bach unterzeichnet war, rief er zur Aufrechterhaltung von Ruhe und Ordnung auf.

Am 16. März kehrte Auersperg nach Graz zurück und überbrachte, stürmisch umjubelt, die Kunde von den Vorgängen in Wien. Er hielt sich in den Märztagen noch einmal in der Donaumetropole auf, verließ sie aber bald wieder. Die radikale Entwicklung der Revolution entsprach nicht seinen Vorstellungen, widerstrebte seiner poetischen, auf Ausgleich der Gegensätze angelegten Natur.

Anfang April 1848 reiste Auersperg als Vertreter Österreichs nach Frankfurt am Main, wo sich Abgeordnete aus allen Teilen Deutschlands zu einem Vorparlament versammelten. Einige Wochen später wurde der deutschnational gesinnte Graf gegen slowenischen Einspruch vom Kreis Laibach in die erste deutsche Nationalversammlung gewählt. Sie trat am 18. Mai zu ihrer konstituierenden Sitzung zusammen. Doch bereits im September legte Auersperg aus privaten Gründen und weil er »nicht mehr die Beruhigung haben konnte, in Frankfurt der treue Ausdruck seines Wahlkörpers zu sein«, das Mandat zurück.

Das Jahrzehnt von 1850 bis 1860 verbrachte der Dichter, von drei Kuraufenthalten auf Helgoland unterbrochen, vorwiegend in stiller Zurückgezogenheit in Thurn am Hart. Er veröffentlichte das Epos »Der Pfaff vom Kahlenberg«, gab »Volkslieder aus Krain« heraus und besorgte mit größter Sorgfalt die Ausgabe der nachgelassenen und der gesammelten Werke seines am 22. August 1850 in Oberdöbling in Wien verstorbenen Freundes Nikolaus Lenau, der er einen meisterhaften biographischen Umriß voranstellte. Auerspergs Frau brachte am 25. Dezember 1858 nach zweijähriger Ehe zu seiner großen Freude einen Sohn zur Welt, der den Namen Ignaz Alois erhielt.

Im Jahre 1860 trat der Krainer Graf mit der ausgeprägt deutsch-liberalen Gesinnung wieder auf der politischen Bühne in Erscheinung. 1861 wurde er Mitglied des Krainer Landtages, der Kaiser ernannte ihn zum lebenslänglichen Mitglied des Herrenhauses. Ab 1867 war er auch im steirischen Landtag tätig. Anton Alexander Graf Auersperg widmete sich den neuen politischen Aufgaben mit nachdrücklichem Eifer. Er sprach sich 1868 in einer großen Rede gegen das zur Zeit des Neoabsolutismus abgeschlossene Konkordat aus, das er als »gedrucktes Canossa« bezeichnete, und gefiel sich in zunehmendem Maße als Vor-

Graf Auersperg verläßt unter Ovationen das Landhaus

kämpfer der deutschen Kultur, was ihm die heftige Gegnerschaft klerikaler Kreise und – nicht nur – der slawischen Abgeordneten in den erwähnten Körperschaften eintrug.

Gegen Ende seines Lebens wurde der einstmals verfemte Dichter mit öffentlichen Ehrungen überhäuft. Die Städte Wien und Graz verliehen ihm die Ehrenbürgerschaft, die Wiener Universität zeichnete ihn mit der Ehrendoktorwürde der philosophischen Fakultät aus. 1871 wurde er von der Akademie der Wissenschaften zum Ehrenmitglied ernannt, sein 70. Geburtstag war Anlaß zu zahlreichen Feiern und Festveranstaltungen.

Anton Alexander Graf Auersperg hat die späte Anerkennung seiner Persönlichkeit, seines dichterischen Schaffens und politischen Wirkens nicht lange überlebt. Nach einem Schlaganfall, von dem er sich nicht mehr erholte, schied er am 12. September 1867 aus dem Leben. Sein Leichnam wurde im Jahr danach in dem kuppelgekrönten Mausoleum in Thurn am Hart, das ihm seine Gattin hatte errichten lassen, zur letzten Ruhe gebettet.

IM REICH DER MUSEN

Das Theater war in der Biedermeierzeit in allen Gesellschaftsschichten ungeheuer populär. Nicht nur in Wien mit seiner langen Theatertradition, auch in zahlreichen anderen Städten der Donaumonarchie fand das Theater großen Zuspruch, waren die Aufführungen von Dramen, Opern, von Balletten, Volks- und Zauberstücken trotz aller Zensurmaßnahmen eine willkommene Gelegenheit, dem oft harten, nüchternen Alltag für ein paar Stunden zu entfliehen und sich vom höchsten bis zum niedersten Niveau zu unterhalten.

In Wien gab es in der Biedermeierzeit fünf Theater, die um die Gunst des Publikums warben. Zwei davon, das Hofburgtheater und das Theater am Kärntnertor, waren innerhalb der Stadtmauer lokalisiert, die übrigen drei, das Theater an der Wien, das Leopoldstädter Theater und das Theater in der Josefstadt, waren Vorstadtbühnen.

Das Theater mit dem besten Ruf, der weit in die deutschen Lande ausstrahlte, war das von der kaiserlichen Schatulle finanzierte Hofburgtheater am Michaelerplatz. Es war eines der wenigen Theater in Europa, in dem das deutsche Drama gepflegt wurde. Lessing, Goethe, Schiller, Kleist, aber auch Shakespeare und Moliére standen neben Iffland und Kotzebue auf dem Programm, es bot aber ebenso Unterhaltung aus Spanien und Italien und öffnete dem österreichischen Lustspieldichter Eduard Bauernfeld wie auch Franz Grillparzer seine Pforten. Grillparzers Dramen »Sappho« (1818), »Des Meeres und der Liebe Wellen« (1823) und »Ein treuer Diener seines Herrn« (1828) wurden am Hofburgtheater aufgeführt.

Künstlerischer Leiter der »Burg« war Hofstaatssekretär Joseph Schreyvogel (den Titel eines Direktors erhielt er nie), der dem Haus den Stempel seiner Persönlichkeit aufdrückte. Er »internationalisierte« nicht nur den Spielplan, er schuf auch ein großartiges Ensemble, aus dem Karl Ludwig Costenoble, Heinrich Anschütz, Sophie Schröder und andere große Schauspielerpersönlichkeiten herausragten.

Das Kärntnertortheater – gleichfalls ein Hoftheater – war auf Oper und

Ballett spezialisiert. Abgesehen von einigen denkwürdigen Premieren, wie Beethovens Neunter Symphonie und Webers »Euryanthe«, wurde der Spielplan in der Biedermeierzeit von der italienischen Oper beherrscht. Gioacchino Rossini war der Hausregent. In den zwanziger Jahren gab es einen ausgesprochenen Rossini-Taumel, bis seine Werke von den ersten Erfolgen Donizettis und Bellinis abgelöst wurden. Daneben konnte sich auch die französische Oper behaupten. Aubers »Fra Diavolo«, Meyerbeers »Robert der Teufel« und »Die Jüdin« von Halévy standen auf dem Spielplan. Unter den Sängern ragten Isabella Colbran, Caroline Unger und Giovanni David hervor.

Das Theater an der Wien, 1801 eröffnet, wurde von den Zeitgenossen als »das größte und schönste Theater« der Stadt gepriesen. Es erlebte die Uraufführung von Beethovens »Fidelio«, 1805, und Grillparzers »Die Ahn-

Das Theater an der Wien

frau«, 1817, geriet jedoch in eine schwere wirtschaftliche Krise und wurde 1826 öffentlich versteigert. Der Theaterunternehmer Carl Carl führte das Haus dann mit Zauber- und Lokalpossen und den Komikern Johann Nestroy und Wenzel Scholz zu einer neuen Blüte.
Das Theater in der Josefstadt offerierte einen breiten Spielplan, hatte jedoch nur einige wenige gute Schauspieler und kämpfte kontinuierlich mit finanziellen Problemen. Erst in den dreißiger Jahren gewann es mit den Premieren von Webers »Oberon«, Raimunds »Verschwender«, 1834, und Lortzings »Zar und Zimmermann«, 1837, etwas an Anziehungskraft.
Die bei den unteren Volksschichten und den zeitgenössischen Dramatikern beliebteste Wiener Vorstadtbühne war das Theater in der Leopoldstadt. Obwohl räumlich klein und beengt, war es doch heimelig und verströmte Atmosphäre. Im Leopoldstädter Theater hatte die nicht selten derbe, anspruchslose Volkskomödie ihre Heimstätte. So glänzende Schauspieler wie Anton Hasenhut, Ignaz Schuster, Friedrich Joseph Korntheuer, Johanna Huber und Therese Krones konnten hier vollsaftig ihre Talente ausspielen. Auch Ferdinand Raimund glänzte dort als Dichter vor allem mit den Stücken »Der Diamant des Geisterkönigs« und »Der Bauer als Millionär« wie als Schauspieler.
Auf dem Gebiet des Musiktheaters galt die besondere Vorliebe breiterer Bevölkerungsgruppen dem Ballett, wobei auch ein gerüttelt Maß an Voyeurismus mit im Spiel war. Herausragende Tänzerinnen wurden umjubelt, stürmisch gefeiert, verehrt, in den Himmel gehoben. Ein regelrechter Starkult setzte ein, in dem sich bereits das Showbusineß unserer Zeit ankündigte.

Hochbegabt, wandlungsfähig und umschwärmt: Therese Krones

THERESE KRONES

Die große Komödiantin des Altwiener Volkstheaters

Sie besuchte keine Schule, schon gar keine Schauspielschule, und war doch im Wien der Biedermeierzeit eine der originellsten und beliebtesten Persönlichkeiten des Theaterlebens, eine Darstellerin von elementarer, urwüchsiger Kraft, die das Publikum zu Lachstürmen hinriß. Die nicht eben gebildete, für Späße empfängliche, für witzige Extempores stets dankbare Zuhörerschaft des Altwiener Vorstadttheaters lag dem schauspielerischen Naturtalent zu Füßen. Und das, obwohl die Krones nur neunundzwanzig Jahre alt wurde und ihr Stern am Theaterhimmel nicht länger als ein Jahrzehnt glänzte. Popularität und künstlerische Vollendung sind eben an kein Lebensalter gebunden.

Therese Krones, die am 7. Oktober 1801 im schlesischen Freudenthal (dem heutigen Bruntál in Tschechien) geboren wurde, war die Tochter eines Kürschnermeisters. Der theaterbesessene Vater gab seinen handwerklichen Beruf bald auf und gründete eine Wandertruppe, der außer ihm lediglich seine Frau, sein Sohn Joseph und Therese angehörten. Die vierköpfige Komödienkompanie zog auf staubigen Straßen durch die Dörfer und Städte Mährens, Niederösterreichs und Westungarns und führte in Scheunen, auf Jahrmarktbuden und in Wirtshäusern Possen, Parodien und andere Theaterspektakel auf. Das muntere kleine Mädchen lernte demnach schon als Kind die Mühseligkeiten eines unsteten Wanderlebens kennen. Hunger und Kälte waren die Wegbegleiter der Familie Krones, wußte man doch von einer Nacht zur anderen nicht, ob man unter einem Dach oder unter freiem Himmel schlafen würde.

Der Theaterbegeisterung der Krones-Truppe tat diese Strapaz offenbar keinen Abbruch. Der Vater gaukelte den Kindern eine sorglos-heitere Scheinwelt vor, in der diese offenbar nicht ungern lebten. Nur die Mutter scheint sich mit ihrer Rolle nur schwer abgefunden zu haben. Kein Wunder. Sie mußte drei hungrige Mäuler stopfen und wußte doch oft nicht, wo sie das Allernotwendigste zum Leben und Überleben hernehmen sollte. Sie hatte die Obsorge für die Theaterrequisiten und saß, wenn sie nicht gerade mitspielen mußte, an der Kasse. Viel lieber hätte sie in Freudenthal den Haushalt geführt, aber ihrem Mann floß nun einmal das Theaterblut in den Adern, und den Kindern machte das Zigeunerleben Spaß. Also mußte sie sich fügen.

Als der Vater seinen bürgerlichen Beruf an den Nagel hängte und begann, mit seiner Familie durch die Lande zu ziehen, war Therese fünf Jahre alt. Und sie war ganze neun, als sie zum erstenmal auf einer richtigen Bühne stand. Im Theater in der Leopoldstadt, das später zur Stätte ihrer großen Triumphe werden sollte, spielte sie die Rolle des Schutzgeistes Jeriel in dem beliebten Volksmärchen »Die Teufelsmühle am Wienerberg«. Der Theaterzettel vom 22. November 1810 empfahl Herrn Krones und seine kleine Tochter der »Gnade und dem Wohlwollen« des Publikums. Es war vergeblich. Obwohl Therese in ihren zahlreichen Verkleidungen allerliebst anzusehen war, war sie doch viel zu jung und unerfahren, um die verwöhnten städtischen Zuschauer zu überzeugen. Das Stück wurde abgesetzt. Vergebens bemühte sich der Vater um andere Rollen an anderen Wiener Theatern.

Der Thespiskarren der Krones-Wandertruppe rollte wieder aus der kaiserlichen Hauptstadt hinaus. Diesmal ging es nach Osten, nach Altenburg und Preßburg, wo die begabte kleine Therese sogar vor einigen Angehörigen des Wiener Hofes ihr Talent unter Beweis stellen durfte. Später, als die Völker in den Napoleonischen Kriegen einander bekämpften, ging es kreuz und quer durch die Habsburgermonarchie, von Graz bis Agram und dann wieder nach Norden, nach Zwittau und Troppau. Die Zeiten waren hart, die Aufführungen schlecht besucht. Nur mühsam brachte sich die Schauspielerfamilie durchs Leben.

Im Oktober 1816 versuchte Vater Krones noch einmal sein Glück in Wien. Diesmal auf der Bühne des k.k. priv. Theaters in der Josefstadt. Aber wiederum blieb der Erfolg aus. »Familie Krones debütierte und vermochte nicht, sich aus der Mittelmäßigkeit zu erheben«, schrieb die von Adolf Bäuerle herausgegebene »Allgemeine Theaterzeitung«. In dem Stück »Der Daum lange Hansel« hatte die fünfzehnjährige Therese die Fee Carosa gespielt und der Kritik überhaupt nicht gefallen.

Das beschwerliche Wanderleben ging weiter. Therese verkörperte Rolle um Rolle, spielte heute eine Naive, morgen eine junge Liebhaberin und sang mit ihrer unausgebildeten Stimme Soubrettenpartien. Sie war zu

einem graziösen Mädchen herangewachsen, das bei der Männerwelt Gefallen fand und erste begehrliche Blicke auf sich zog.
Es schien ihr zu gefallen. Sie war nicht nur für das Theater, sondern auch zur Leidenschaft und zur Liebe geboren. Über ihre zahlreichen Affären ist nicht allzuviel bekannt. Aber ihr Lebenswandel war, mit den strengen, prüden Maßstäben ihrer Zeit gemessen, gewiß nicht bieder und bürgerlich. Der Dichter Ignaz Franz Castelli, der ihr allerdings nicht gewogen war, nannte sie das »liederlichste Frauenzimmer in Wien«, und Carl Meisl, ein anderer schreibender Zeitgenosse, meinte: »Ihr größter Fehler war, daß sie die schönen jungen Männer lieber gehabt hat als die alten Weiber.«
Wie dem auch immer gewesen sein mag, Tatsache ist, daß die temperamentvolle Schauspielerin in jungen Jahren in Agram ein Mädchen, Auguste, zur Welt brachte, das jedoch bald nach der Geburt verstarb. Der Vater blieb unbekannt.
Therese, die sich 1819 von der väterlichen Truppe trennte, sang am städtischen Theater in Graz unter anderem die Donna Elvira in Mozarts »Don Juan«, gastierte in Laibach und übersiedelte dann an das k.k. priv. Theater in der Leopoldstadt, wo sie am 11. Oktober 1821 ein Gastspiel begann, das sehr bald zu einem Engagement führte.

Das 1781 eröffnete Theater in der Leopoldstadt war zur Zeit, als Therese Krones in das Ensemble eintrat, das beliebteste Volkstheater Wiens. Wegen seiner Kleinheit im Volksmund »Speckkammerl« genannt, war es das »Lachtheater« der Wiener schlechthin und wurde von allen Wiener Bevölkerungsschichten aufgesucht. Selbst Adelige fanden sich gerne und regelmäßig zu den Aufführungen ein. In der Leopoldstadt wurde im Gegensatz zu den beiden anderen Vorstadtbühnen, wo auch ernste Stücke und Opern gespielt wurden, nur die »Komik« gepflegt. Aber in einer Bandbreite, die vom Grotesk-Komischen, vom harmlosen Spott und Scherz bis zur Charakterkomik reichte.
Die Wiener nannten das Leopoldstädter Theater in liebevoller Erinnerung an die volkstümliche Figur des Kasperls, die hier den Hanswurst abgelöst hatte, auch »Kasperltheater«. 1821 hatte der Kasperl seine Popularität allerdings bereits eingebüßt. An die Stelle der kindlich-naiven »Infantilitätskomik« war eine realistische, nuancenreiche Charakterkomik getreten, die von dem 1801 zum erstenmal auf der Leopoldstädter

Bühne agierenden Ignaz Schuster am eindrucksvollsten verkörpert wurde. Schusters einprägsame Vis comica inspirierte den bisher als Theaterdichter erfolglosen Journalisten Adolf Bäuerle in dem Lustspiel »Die Bürger von Wien«, das am 23. Oktober 1813 uraufgeführt wurde, zur Figur des Parapluiemachers Chrisostomus Staberl. Staberl, ein Wiener Spießbürger mit allen seinen Fehlern und Schwächen, seiner Pfiffigkeit und Vorwitzigkeit, seinem Jähzorn und seiner Impertinenz, mit seiner Sucht, überall dabei zu sein und mitzuplauschen, erhielt durch Schuster individuelle Charakterzüge, wurde von ihm zu einer tragenden Figur geformt. Der Erfolg war so durchschlagend, daß er damit sogar die Gunst des Kaisers errang. Franz I. lud Schuster zu Vorführungen nach Laxenburg, Schönbrunn und anderen Lustschlössern ein und nahm ihn sogar zu den Kongressen nach Troppau, Aachen und Laibach mit.

Karl Schuster war nicht der einzige hervorragende Schauspieler des Theaters in der Leopoldstadt. Es spielten da noch u. a. Friedrich Joseph Korntheuer, der »Inbegriff alles Lächerlichen«, der schon durch sein Äußeres, seine lange, hagere, eindrucksvolle Figur im Verein mit seinen langsamen, phlegmatischen Bewegungen, komisch wirkte, und Ferdinand Raimund, der als Autor und als Schauspieler am Leopoldstädter Theater Triumphe feierte.

Aber auch für das weibliche Rollenfach standen der Direktion des Hauses ganz ausgezeichnete Schauspielerinnen zur Verfügung: Katharina Ennöckl, die durch Anmut, Charme und ihr dezentes, maßvolles Spiel bestach, Louise Gleich-Raimund, die mit ihrer hübschen, vorzüglich ausgebildeten Stimme mit großem Erfolg alle Soubrettenrollen sang, und Johanna Huber, eine der schönsten Schauspielerinnen Wiens, deren vollendete Charakterkomik das Publikum in ihren Bann zog.

Sich in einem solchen Ensemble durchzusetzen war gewiß nicht leicht. Und die junge, unbekümmerte Therese Krones hatte es auch schwer genug. Zwar wurde ihr Debüt in dem schwachen Stück »Die Belagerung von Ypsilon« nicht einmal so schlecht aufgenommen – man lobte ihre Frische und Ursprünglichkeit, tadelte allerdings ihren mangelhaften Gesang.

Die alteingesessenen Darstellerinnen bekämpften die Neue mit allen erdenklichen Mitteln. Es gab erbitterte Kulissenkämpfe, Gehässigkeiten,

Kabalen, Eifersüchteleien, demütigende Hintansetzungen. In den gemeinsamen Ankleideräumen soll es sogar zu Handgreiflichkeiten gekommen sein.

Therese Krones bekam nur kleine, unbedeutende Rollen: Stubenmädchen, Zofen, naive Liebhaberinnen. Sie war nahe daran, das Leopoldstädter Theater zu verlassen, entschloß sich dann aber doch zu bleiben, und spielte sich wacker in den Vordergrund. Drei Jahre nach ihrem Debüt gelang ihr schließlich der erste große Erfolg. In der Rolle der Zilly in Adolf Bäuerles komischer Zauberoper »Aline oder Wien in einem anderen Weltteile« spielte sie so frei, temperamentvoll und übermütig, daß sie vom Publikum mit Beifall überschüttet wurde.

Einige Wochen später gelang ihr als Rosamunde in Bäuerles romantischem Zauberspiel mit dem umständlichen Titel »Lindane oder die Fee und der Haarbeutelschneider« der künstlerische Durchbruch. Mit ihrer unbefangenen Schalkhaftigkeit, ihrem bezwingenden Gebärden- und Mienenspiel, ihrer eigenständigen, kühn improvisierten Rollengestaltung und ihren köstlichen Einfällen hatte sie sich endgültig freie Bahn geschaffen. Am Leopoldstädter Theater war ein leuchtender Stern aufgegangen, die Wiener hatten einen neuen Theaterliebling.

Therese Krones hatte sich freigespielt. Sie stand jetzt beinahe allabendlich auf der Bühne, ließ ihrem Temperament die Zügel schießen, produzierte mutwillig Scherze, spielte aus dem Augenblick für den Augenblick, gestaltete ihre Rollen jeden Abend ein wenig anders und schäkerte mit den Zuschauern. Den Leuten gefiel es, aber ein Teil der Kritik fand ihr Spiel übertrieben aufgeplustert, ja geradezu anstößig.

»Diese Schauspielerin fängt nach gerade an, sich von dem Beifalle des Publikums blenden zu lassen und zwar so, daß man ihre Komik schon fast mit dem Namen Keckheit belegen dürfte«, schrieb eine Zeitung. »Sie spricht Dinge, die vorzüglich in dem Munde eines Frauenzimmers etwas sonderbar klingen, und wird, wenn sie nicht noch zur rechten Zeit einlenkt, bald zum weiblichen Hanswurst herabsinken. Es wäre jammerschade um ihr eminentes Talent.«

Die Krones sank nicht zum weiblichen Hanswurst herab. Sie wuchs vielmehr in neue Aufgaben und Rollen hinein, die kein Geringerer als Ferdinand Raimund für sie schrieb.

Der im Kern seines Wesens schwermütige, hypochondrische Schauspieler und Dramatiker hatte erkannt, daß Therese Krones ihrer künstlerischen Reife und Vollendung entgegenstrebte. In seinem Stück »Der Diamant des Geisterkönigs« war sie als Köchin Mariandl dann auch tatsächlich die vollendete Partnerin seines Florian. Der Burgschauspieler und Zeitchronist Karl Ludwig Costenoble schrieb begeistert über das beglückende Zusammenspiel der beiden so verschieden gearteten Schauspielerpersönlichkeiten: »Raimund-Florian und Krones-Mariandl, welch eine Harmonie zwischen beiden, der ewig wahren Natur abgelauscht.« Und selbst Franz Grillparzer fand, daß Therese Krones ihre Rolle mit »Natürlichkeit und Grazie« unnachahmlich spielte.

Im November 1826 errang die große Schauspielerin als Jugend in Raimunds Zaubermärchen »Das Mädchen aus der Feenwelt, oder der Bauer als Millionär« einen der größten Erfolge in ihrem Bühnenleben. In dieser Rolle konnte sie, durch die dichterische Vorgabe künstlerisch gebändigt, den ganzen Zauber ihrer Persönlichkeit ausspielen. Ihr »herzpackendes, mit wehmütig schelmischem Frohsinn« gesungenes Abschiedslied »Brüderlein fein ...« riß das Publikum des Leopoldstädter Theaters zu mit Tränen und Lachen vermischten Jubelstürmen hin. Die Krones wurde in dieser Rolle, beinahe über Nacht, zur Legende. Auf

Therese Krones als Jugend in Raimunds »Der Bauer als Millionär«

Glückwunschkarten, Bechern und Gläsern wurde sie als Raimunds »Jugend« verewigt. Mit Raimund stand sie in den folgenden Jahren allerdings nur noch selten auf der Bühne. Aber sie brillierte in den Rollen anderer Stückeschreiber, als Frau von Springerl in der Posse »Herr Josef und Frau Baberl« von Josef Alois Gleich etwa, als Julerl in Carl Meisls Parodie »Julerl, die Putzmacherin«, als Fisperl in Adolf Bäuerles Singspiel »Gisperl und Fisperl«, das zu einem Serienerfolg wurde. Sie kreierte darin das Lied »Muß ich schon sterben, bin noch so jung, so jung«, von dem die Zuschauer nicht genug bekommen konnten. Es wurde im biedermeierlichen Wien zum Gassenhauer.

Mit ihrer Gesundheit und ihren persönlich-privaten Verhältnissen stand es nicht eben zum besten. Bereits Anfang 1824 erkrankte Theres Krones schwer, kehrte jedoch nach einigen Wochen wieder auf die Bühne zurück. Zwei Jahre später mußte sie abermals pausieren, 1828 blieb sie aus Krankheitsgründen länger als neun Monate dem Theater fern. Es handelte sich um ein schweres chronisches Darmleiden, das die Künstlerin Jahr für Jahr zu längeren Kuraufenthalten im böhmischen Marienbad, in Baden bei Wien und anderen Erholungsorten zwang.
Über die näheren Umstände der heimtückischen Krankheit, der sie schließlich in jungen Jahren zum Opfer fiel, sind wir mangels Unterlagen nicht unterrichtet. In den Zeiträumen zwischen den Krankheitsanfällen ließ die Schauspielerin, möglicherweise in Vorahnung ihres nahenden Endes, ihrer Lebenslust und ihrer Theaterleidenschaft freien Lauf.
Therese Krones war flatterhaft. Sie wechselte oft ihre Liebhaber, die Männer mußten um ihre Gunst nicht allzu lange werben. »Die Natur hat mir schwachem Geschöpf zu viel Gefühl gegeben«, bekannte sie einmal freimütig. Ihr Liebreiz soll auch Ferdinand Raimund gefangengenommen haben. Zumindest machte ihm das seine große Liebe, die Kaffeesiederstochter Toni Wagner, zum Vorwurf. Aber Raimund wies den Verdacht weit von sich. »Was für eine Krones?« erwiderte er indigniert. »Zu mir kommt niemand, und ich war nicht ein einziges mahl bey ihr, das kann ich schwören. Die dummen Leute sprechen so viele infame und unbegründete Dinge seit Jahren von mir, daß es mich schon ekelt, davon zu hören ...«
Raimund war nicht der einzige Theaterliebling, für dessen Privatleben

die Wiener ein brennendes Interesse zeigten. Sie dichteten auch der Krones viel mehr Liebschaften an, als sie tatsächlich hatte. Aber daß sie leichtsinnig war und gutgläubig, ist nicht zu bestreiten.
Ihr Leichtsinn und ihre Gutgläubigkeit waren es wohl auch, die die Schauspielerin 1827 in eine Affäre schlittern ließen, die sie zum Stadtgespräch von Wien machte.
Therese Krones hatte sich von einem Polen namens Severin Jaroszinsky, der sich als Graf ausgab und sie mit Geschenken überhäufte, blenden lassen. In Wahrheit war dieser Jaroszinsky jedoch ein Hochstapler und gemeiner Verbrecher. Als er seinen aufwendigen Lebensstil nicht mehr länger aufrechterhalten konnte, stach er seinen ehemaligen Lehrer, den Mathematikprofessor Abbé Johann Konrad Blank, nieder und raubte dessen Obligationen.
Drei Tage nach der Tat, am 16. Februar 1827, gab Jaroszinsky in seiner Mietwohnung im Trattnerhof am Graben ein Mittagsmahl, zu dem ein französischer Major, die Krones und ihre Kollegin Antonie Jäger geladen waren. Das Essen ließ auf sich warten, man unterhielt sich, und Therese brachte das Gespräch wie selbstverständlich auf den Raubmord, was den vorgeblichen Grafen in nicht geringe Aufregung versetzte. In diesem Augenblick wurde die Tür aufgerissen, ein paar Staatspolizisten betraten den Raum und verhafteten Jaroszinsky. Monatelange Verhöre folgten, Therese Krones mußte in den Zeugenstand. Sie wurde von jeder Mitschuld an der Tat freigesprochen, der Mörder zum Tode verurteilt. Am 30. August 1827 wurde er vor den Augen einer vieltausendköpfigen Menschenmenge bei der »Spinnerin am Kreuz« öffentlich gehenkt.

In der zeitgenössischen Berichterstattung wurde die Jaroszinsky-Affäre maßlos aufgebauscht. Da wurden Tatsachen verfälscht, haltlose Beschuldigungen erhoben, Schauermärchen erfunden. Therese Krones soll bei ihrem ersten Auftreten nach der Verhaftung Jaroszinskys im Leopoldstädter Theater vom Publikum mit Pfiffen und Pfuirufen empfangen worden sein. Zu einem solchen Theaterskandal ist es jedoch, wie ernstzunehmende Literarhistoriker festgestellt haben, nie gekommen. Die Zuschauer zeigten der beliebten Schauspielerin zwar zunächst die kalte Schulter, aber bald jubelten sie ihr wie in alten Tagen zu.
Und die Krones zog wieder alle Register ihrer verblüffenden Verwand-

lungsfähigkeit, spielte alte Jungfern und Xanthippen, glänzte in der Parodie Adolf Bäuerles auf Friedrich Schillers »Kabale und Liebe« als Luise, stellte in dem Stück »Sylphide, das Seefräulein«, deren Urheberschaft man ihr zuschrieb, das aber wahrscheinlich ihr Bruder Joseph geschrieben hat, als Nettchen eine Figur auf die Bühne, mit der sie ihrem Temperament freien Lauf lassen, aber auch ihre Ironie und ihr Talent zur heiteren Satire ausspielen konnte. Fünfzehn neue Rollen verkörperte sie im Jahre 1827, dem Jahr der Jaroszinsky-Affäre, und es spricht vieles dafür, daß sie versucht hat, ihren seelischen Kummer in Arbeitswut zu ertränken.

Im nächsten Jahr konnte sie krankheitshalber nur selten auftreten, aber im darauffolgenden Jahr stand ihr Name fast jeden zweiten Abend auf dem Spielplan, obwohl sie einen großen Teil ihrer alten Rollen abgab. Therese Krones hatte den Höhepunkt ihrer schauspielerischen Laufbahn und ihrer Beliebtheit erreicht. Umso überraschender kam zu Beginn des Jahres 1830 ihr Entschluß, das Leopoldstädter Theater zu verlassen. Am 23. Januar gab sie in einer ihrer Paraderollen, als Putzmacherin Julerl, ihre Abschiedsvorstellung. Für sie war es ein schwerer Abgang, für ihr Stammtheater ein unersetzlicher Verlust.

Der Grund, warum Therese Krones ihren auslaufenden Vertrag nicht mehr verlängerte, war der neue Direktor. Rudolf Ritter von Steinkellner war brutal, selbstsüchtig, unversöhnlich, ein protziger Despot, der vom Theater wenig verstand und die Schauspieler wie Leibeigene behandelte. Was zwischen ihm und seiner populärsten Schauspielerin vorgefallen ist, ist im Detail nicht bekannt. Die Krones war ein Star. Statt auf Händen getragen zu werden, mußte sie sich, wie übrigens auch Ignaz Schuster, Friedrich Joseph Korntheuer und Ferdinand Raimund, von Steinkellner Zurücksetzungen, Kränkungen und Beleidigungen gefallen lassen. Sie war nicht gewillt, das hinzunehmen, und machte Schluß.

Therese Krones hatte Angebote aus dem Ausland. Sie hätte nach Berlin gehen können, Prag bat sie zu kommen. Aber sie zog es vor, in Wien zu bleiben.

Schon drei Tage nach ihrem letzten Auftreten in der Leopoldstadt gab sie ihr erstes Gastspiel im Theater an der Wien. Sie hatte einen guten Einstand. »Der Beifall, den Dem. Krones bei ihrem ersten Erscheinen im Theater an der Wien erhielt, bei welchem sie 5 mal gerufen wurde ...

war ungewöhnlich«, berichtete die Theaterzeitung. Aber der Erfolg konnte nicht darüber hinwegtäuschen, daß ihr auf der großen Bühne dieses Theaters inmitten eines fremden Ensembles gewissermaßen der Nährboden ihrer Komik fehlte. Ihre zarte Stimme füllte den riesigen Theatersaal nicht, sie mußte übertreiben, konnte in vielen Szenen die notwendigen feinen Nuancen nicht setzen. Vor allem aber fehlte ihr der enge Kontakt zum Publikum, der sie am Leopoldstädter Theater inspiriert und zu Höchstleistungen angespornt hatte. Im Theater an der Wien konnte sie auch in ihren besten Rollen – sie stand noch an 22 Spielabenden auf der Bühne – keinen durchschlagenden Erfolg mehr erringen.

Ende März 1829 warf sie ihr schweres Darmleiden erneut auf das Krankenlager. Wieder suchte sie, wie schon oft, in den Heilquellen von Marienbad Linderung. Sie wurde ihr nur vorübergehend zuteil. An das Theater konnte sie, trotz gegenteiliger Meldungen in den Gazetten, nicht mehr zurückkehren.
Am 28. Dezember 1830 erlag Therese Krones ihrer Krankheit. Der Leichnam der Schauspielerin wurde zunächst auf dem St. Marxer Fried-

Das Theater in der Leopoldstadt

hof beigesetzt und später in ein Ehrengrab der Gemeinde Wien auf dem Zentralfriedhof umgebettet.
Der Nachrufe gab es viele. Eines der schönsten Urteile über Therese Krones, die ungekrönte Theaterkönigin des biedermeierlichen Wien, fällte ein halbes Jahr nach ihrem Tod die Münchener Zeitschrift »Inland«. Sie schrieb: »Eine der wunderbarsten Schauspielerinnen aber machte mehrere Jahre das Leopoldstädter Theater zu einem der anziehendsten Wiens. Ich war wie betäubt von dem unerwarteten Eindruck, welchen diese sonderbare Erscheinung auf mich hervorbrachte. Ein solch dramatisches Talent, eine solche ungeheure Beherrschung aller Umgebungen, so wie der eigenen unerschöpflichen Mittel in Organ, Mimik, Stellung, richtigen Takt, Geistesgegenwart, kurz so Alles, was zu einem vollendeten Schauspieler berufen kann, habe ich früher niemals in einem und demselben Menschen vereint gefunden.«

Der Burgtheaterdirektor aus Deutschland förderte Franz Grillparzer

JOSEPH SCHREYVOGEL

Er begründete den Ruf des Burgtheaters

Das Wiener Burgtheater ist zumindest seit den Tagen der Biedermeierzeit eine der renommiertesten Sprechbühnen des deutschsprachigen Raumes. Seine Strahlkraft verdankte und verdankt es ungezählten hervorragenden Schauspielerpersönlichkeiten und einigen umsichtigen, tatkräftigen Direktoren.

Die »Burg«, wie die Theaterfreunde das Burgtheater liebevoll nennen, hat seit den Tagen, als Maria Theresia 1741 das »Königliche Theater nächst der Burg« begründet und ihr Sohn Kaiser Joseph II. es zum deutschen »Hof- und Nationaltheater« erhoben hat, Höhen und Tiefen durchgemacht. Es hat als leuchtender Stern am Theaterhimmel gestrahlt, ist in veritable Krisen geschlittert und hat doch stets seine künstlerische Bedeutung gewahrt.

Das Fundament, auf dem sich das Burgtheater literarisch wie ästethisch-künstlerisch zum Welttheater entwickeln konnte, hat ein Mann gelegt, der nicht einmal sein Direktor war. Er trug offiziell den Titel eines Hoftheatersekretärs und hieß Joseph Schreyvogel.

Schreyvogel wurde am 27. März 1768 in Wien geboren. Theaterblut floß nicht in den Adern seiner Ahnen. Der Vater war Holzhändler, die Mutter eine biedere, herzensgute Hausfrau. Um die Erziehung seiner drei Söhne kümmerte sich der tüchtige Geschäftsmann herzlich wenig. »Meine Jugend war unglücklich, ohne Rath und Leitung«, klagte Schreyvogel später.

Joseph erhielt erst ab dem achten Lebensjahr den ersten Schulunterricht. Vier Jahre später übersiedelte er in das Piaristengymnasium, wo er ein lebhaftes Interesse für die Literatur entwickelte und Verse schmiedete. Nach der Reifeprüfung studierte er mit geringem Eifer die Jurisprudenz. Seine ganze Liebe gehörte weiterhin dem Theater und der Dichtkunst, seine geistige Heimat war die Josephinische Aufklärung, sein Lebensziel die Ungebundenheit des freischaffenden Gelehrten. Der Konflikt zwischen Neigung und Pflicht löste in dem hypochondrisch veranlagten jungen Mann eine schwere Depression aus, die er

durch das Studium der philosophischen Werke Immanuel Kants überwinden und überstehen konnte. Die Weltsicht des großen deutschen Philosophen, seine strenge Moral- und Pflichtauffassung bildeten fortan die ethische Richtschnur seiner Lebensführung.
Joseph Schreyvogel betätigte sich nach dem Ende seines Studiums zunächst als freier Schriftsteller. Er gab gemeinsam mit Johann Baptist Edler von Alxinger die »Österreichische Monatsschrift« (1793/94) heraus, in der er in einer Reihe von Aufsätzen nicht nur Theaterereignisse besprach und das Trauerspiel »Die eiserne Maske« veröffentlichte, sondern auch seinen politischen Meinungen Ausdruck verlieh. Offen und streitbar wandte er sich gegen jede Form von Despotismus, gegen die Unterdrückung des freien Wortes und attackierte munter alles, was ihm reaktionär und antiliberal dünkte.
Es sollte ihm nicht gut bekommen. Die Zeiten hatten sich gewandelt. Auf die beiden aufgeklärten Herrscher Joseph II. und dessen Bruder Leopold II. war Kaiser Franz II. gefolgt, der hinter der kleinsten freiheitlichen Regung revolutionäre Umtriebe vermutete. Den aufklärerisch gesinnten Geistern blies ein scharfer reaktionärer Wind ins Gesicht. Die Zensurbestimmungen wurden verschärft, jede freie Meinungsäußerung zu unterdrücken versucht. Schreyvogel und seine Mitstreiter wurden konspirativer Betriebsamkeit verdächtigt.
Im Juli 1794 wurden in Wien und anderen Städten der Habsburgermonarchie eine Reihe von Persönlichkeiten mit klangvollen Namen verhaftet, denen man den Vorwurf machte, jakobinisches Gedankengut zu vertreten. Schreyvogel war nicht darunter. Aber er zog es vor, im Herbst dieses Jahres nach Deutschland zu gehen, einerseits um seinen Gegnern auszuweichen, wohl aber auch, um sich intensiven geschichtlichen und literarischen Studien zu widmen.
Etwas mehr als zwei Jahre verbrachte Joseph Schreyvogel in Jena und Weimar, im Zentrum der damaligen literarischen Welt. Über das, was er in dieser Zeit getan oder unterlassen hat, in welchen Kreisen er verkehrte, welche geistige und literarische Anregungen er empfing, ist nicht allzuviel bekannt. Sein Gesinnungsfreund Alxinger führte ihn mittels eines Empfehlungsschreibens bei Christoph Martin Wieland ein. In dessen Haus war er ein gerne gesehener Gast. Wieland bot ihm auch in seiner Zeitschrift »Neuer Deutscher Merkur« ein Forum für seine literarischen Ambitionen. Im »Merkur« erschienen Proben seines Briefroma-

nes »Der neue Lovelace«, der jedoch ein Torso blieb und von dem sich Schreyvogel in späteren Jahren geistig distanzierte.
Der junge, ehrgeizige Schriftsteller lebte sich in Deutschland offenbar rasch ein. Er verkehrte mit dem dichtenden Weimarer Legationsrat Friedrich Justin Bertuch, mit dem Pathologen Christoph Wilhelm von Hufeland, der die gesamte damalige Jenaer und Weimarer Dichterprominenz zu seinen Patienten zählte, mit Schiller und Goethe. Schiller war Schreyvogel sehr gewogen, erkannte und anerkannte dessen schriftstellerisches Talent. Er nahm Schreyvogels in Jena entstandenes Lustspiel »Die Witwe« in die »Neue Thalia« auf, was den Wiener Literaten natürlich mit Stolz und Befriedigung erfüllte, zumal Goethe – der damals allerdings noch keineswegs die überlebensgroße Autorität war – das Manuskript des Stückes nach der Lektüre kommentarlos weggelegt hatte.
Mit Goethe kam Schreyvogel nur schwer zurecht. Wohl war der Dichter aus Weimar dem beinahe um 20 Jahre jüngeren Mann mit dem aufbrausenden Temperament zunächst gut gesinnt, aber ihr Verhältnis trübte sich zunehmend ein und blieb bis zum Tod der beiden im Jahre 1832 angespannt. Die Gründe hiefür liegen im dunkeln. Schreyvogel arbeitete in Jena auch an der »Allgemeinen Literaturzeitung« mit, die in Österreich nicht vertrieben werden durfte. Seine Beiträge, die dem Broterwerb dienten, fanden in den interessierten deutschen Literaturkreisen wohlwollende Beachtung. In der Heimat wurden sie mit scheelen Augen angesehen. In der konservativen Hof- und Adelsgesellschaft hat er sich damit keineswegs beliebt gemacht. Im Jahre 1797 kehrte er dennoch in seine Geburtsstadt zurück. Die geliebte Mutter war lebensgefährlich erkrankt. Ihr Tod stürzte ihn in eine schwere seelische Krise.
Als er sie endlich überwunden hatte, ging er daran, neue Pläne zu realisieren. Da infolge seiner josephinischen Einstellung ein öffentliches Amt für ihn nicht in Frage kam, verfiel er auf die Idee, eine moralische Wochenschrift nach englischem Muster zu gründen. Das Projekt scheiterte jedoch aus vielerlei Gründen.
Nicht viel besser erging es ihm mit seinem Vorhaben, die »Wiener Zeitung«, die ein mehr als kümmerliches Dasein fristete, mit Kultur anzureichern und zu einem modernen Journal um- und auszugestalten. Die für die Bewilligung eines solchen Projektes zuständige Behörde winkte unmißverständlich ab. Das lesende Publikum, argumentierte sie hämisch, sei nur an politischen Nachrichten interessiert.

Joseph Schreyvogel war wieder einmal einer Krise nahe. Er schätzte zwar die persönliche Ungebundenheit, aber vom Vermögen, das ihm die Mutter hinterlassen hatte, konnte er auf die Dauer nicht leben. Was sollte er anfangen, nun, da seine journalistischen Pläne, wie es schien, ein für allemal gescheitert waren?
Ein Jugendfreund half ihm aus dem Dilemma. Er überredete ihn zur Gründung eines Musikalien- und Kunstverlages. Schreyvogel pumpte in das gemeinsame Unternehmen nicht nur die Reste seines Vermögens, er brachte auch seine Ideen ein. Er verlegte Musikwerke, ließ Kunstblätter anfertigen und Landkarten stechen. Bereits im ersten Geschäftsjahr erschienen nahezu sechzig musikalische Werke, das Unternehmen ließ sich gut an. Aber was so glänzend und vielversprechend begonnen hatte, endete letztlich in einem Fiasko. Der Kompagnon kümmerte sich nicht um das Geschäft, der Umsatz ging zurück, die Geldentwertung im Gefolge der Napoleonischen Kriege beschleunigte den Verfall der Firma. Der Konkurs des Unternehmens stürzte Schreyvogel abermals in eine schwere persönliche Krise. Nur mühsam konnte er sie mit ärztlicher Hilfe überwinden. »Seit 18 Tagen aß ich heute zum erstenmal wieder etwas Fleisch«, notierte er am 18. September 1813 in seinem Tagebuch. »Die Überzeugung, daß ich arm, in diesem Augenblick bettelarm bin, (denn ich kann nicht arbeiten und bin Anderen selbst meine Arbeit schuldig) hat mir die Kostbarkeit der einfachsten Nahrungsmittel (des Wassers, Brotes, der Suppe, gemeiner Zugemüse) kennen gelernt.«
In den Jahren, in denen er unternehmerisch tätig war, hatte Schreyvogel seine künstlerischen und literarischen Interessen doch nicht ganz vernachlässigt. Nach einem Intermezzo als literarischer Sekretär am Burgtheater von 1802 bis 1804 gründete er 1807 eine neue Zeitschrift, das »Sonntagsblatt«. Die Zeitschrift, die allerdings keine lange Lebensdauer hatte, diente ihm als Sprachrohr für seine satirisch-kritischen, von Geist und Witz sprühenden Anmerkungen und Anschauungen über dramatische Dichtung und deren Darstellung am Burgtheater.
Schreyvogel schrieb die Zeitung, wie später Karl Kraus seine »Fackel«, unter verschiedenen Pseudonymen (u. a. Thomas und Karl August West) fast allein. In der Form von Briefen nach dem Vorbild der »Literaturbriefe« Lessings, von Gesprächen mit Rede und Gegenrede, von Aufsätzen, Anzeigen und Ankündigungen sagte er zum Beispiel den

Brüdern August Wilhelm und Friedrich Schlegel als führenden Köpfen und Wegbereitern der Romantik den Kampf an, und er polemisierte scharf gegen den Herausgeber des Nibelungenliedes, F. H. von Hagen. »In dem Liede der ›Nibelungen‹, in den alten Volksbüchern und Mysterien meinen die Wiederhersteller Deutschlands dasjenige zu finden, was uns zu einer Nation machen soll«, meinte er ätzend, »und wahrscheinlich hoffen sie, die Feinde des Reiches mit den Waffen der Mystik und Romantik zu schlagen … Aber in diesen Torheiten gehen die letzten Reste deutscher Kraft und Selbständigkeit unter.«

In seinem »Sonntagsblatt«, das von einem Zeitgenossen als »Fundgrube der Belesenheit, der Lebens- und Kunstansichten« bezeichnet wird, nahm Schreyvogel auch den Spielplan des Burgtheaters aufs Korn. Mit Vehemenz wandte er sich gegen die Vernachlässigung der Meisterwerke der deutschen Dichtkunst zugunsten der Stücke Ifflands, Kotzebues und anderer Autoren. »Kein Volk kann eine gute Schaubühne haben, von der die größten Meisterwerke verbannt werden, sobald sie über ein Jahrzehnt alt sind«, konstatierte er dediziert. Aber auch die Schauspieler verschonte der kritische Rationalist nicht. Auch sie, mit denen so mancher Theaterdirektor und Regisseur seine liebe Not hatte, bekamen ihr Teil ab.

Schreyvogels kritische Aufsätze und Polemiken zum Wiener Theaterleben im »Sonntagsblatt« hatten zum Teil programmatischen Charakter und stellten das geistige Fundament für seine spätere dramaturgische Arbeit am Hofburgtheater dar.

Am 1. April 1814 wurde Schreyvogel zum »Hoftheatersekretär« des Burgtheaters bestellt. Es war die große, entscheidende Wende seines Lebens. Nach Jahrzehnten beruflichen Unausgefülltseins hatte er endlich jenen Wirkungskreis gefunden, der seinen Neigungen, seinen Kenntnissen und Fähigkeiten am besten entsprach, in dem er alle seine schöpferischen Kräfte entfalten konnte. In seinem Tagebuch notierte er: »Die Genien des Lebens umschweben mich mit verjüngter Kraft. Mäßigung ist das große Gesetz, das sie in Eintracht erhält. Muth und Stärke werden in mich zurückkehren.«

Um das Burgtheater stand es damals nicht gerade zum besten. Die Stücke auf dem Spielplan wurden von der Zensur immer wieder arg zerzaust, die finanzielle Situation war besorgniserregend. Nachdem das Haus bis zum Jahre 1806 verpachtet gewesen war, wurde es bis 1814

von einem Konsortium von Adeligen geleitet, dem es jedoch nicht gelang, die Finanzmisere zu meistern. Wer weiß, in welches Desaster es geschlittert wäre, hätte sich nicht der kunstsinnige Ferdinand Graf Palffy von Erdödy bereitgefunden, die Leitung des Theaters zu übernehmen. Der »Theatergraf«, wie ihn seine Zeitgenossen nannten, war es auch, der Schreyvogel als Dramaturg an die Burg holte. Palffy, der 1817 die Direktion wieder zurücklegte, opferte seiner Theaterleidenschaft sein gesamtes bedeutendes Vermögen. Und Palffy war es auch, der Kaiser Franz von der Notwendigkeit überzeugte, das Burgtheater 1820 wieder und diesmal auf Dauer in die Obhut des Hofes zu übernehmen. Die wirtschaftliche Zukunft des Theaters war damit gesichert.
Joseph Schreyvogel machte sich nach seiner Bestellung zum Hoftheatersekretär, eine Funktion, die der des künstlerischen Leiters des Burgtheaters entsprach, unverzüglich und mit ganzer Kraft an die Arbeit. Er war gleich zu Beginn seiner Tätigkeit mit der unerquicklichen Finanzsituation konfrontiert. Aber er ging unbeirrbar seinen Weg.
Die Aufgabe war schwer, und Schreyvogel machte es sich nicht leicht. Er hatte sich ein hohes Ziel gesetzt: das Wiener Hofburgtheater sollte zur besten Bühne im deutschen Sprachraum werden. Das verlangte selbstverständlich nicht nur seinen eigenen unermüdlichen Einsatz, sondern auch Maßnahmen, die nicht überall und bei allen Beteiligten auf freundliche Aufnahme und Zustimmung stießen. Der nicht gerade anspruchsvolle Spielplan mußte vom Niveau her entscheidend angehoben, das Ensemble ergänzt und zu einer homogenen Einheit zusammengeschweißt, der Sprechstil geändert werden.
»Die Theaterangelegenheiten beschäftigen mich sehr«, konstatierte Schreyvogel am 23. April 1814. »Es ist eine große und wichtige Sache; ich werde nützlich sein und mir einen guten Namen machen können. Ernst, redlich, klug: so muß ich mich betragen.« Aber schon ein paar Wochen später klagte er, daß die Last der Geschäfte beinahe erdrückend sei. Sein Temperament ging zu oft mit ihm durch, er war zu jähzornig, zu leidenschaftlich.
Über den Spielplan einer Bühne von Format hatte Schreyvogel glasklare Vorstellungen. Er durfte nicht auf den Tag abgestellt sein, auf den raschen, billigen Erfolg. Alte und neue Dramen, klassische und komische Stücke sollten ein niveauvolles, abwechslungsreiches Repertoire ergeben. Den klassischen Werken räumte er in seinem Theaterkonzept

den Vorzug ein. »Auf klassische Werke muß das Theater einer Nation gegründet werden, wenn es seiner Bestimmung wert sein soll«, schrieb er programmatisch. »Ohne ein bleibendes Repertoire solcher Werke werden wir weder eine tragische noch eine komische Schaubühne, noch ein Publikum, das sie zu würdigen verstände, noch endlich darstellende Künstler dafür haben.«

Der Realisierung seines Programmes stand natürlich die Zensur hinderlich im Wege. Im Polizeistaat des Vormärz schaute jedem Theaterdirektor ein Zensurbeamter über die Schulter. Jeder Satz wurde auf politische Anspielungen abgeklopft, Wörter wie »Verfassung« oder »Freiheit« waren von vornherein verboten, Uniformen oder Symbole der österreichischen Armee durften auf der Bühne nicht gezeigt werden. Schreyvogel nahm 1817 das Angebot an, auch als Zensor zu fungieren, und schlug in dieser Eigenschaft seiner vorgesetzten Dienstbehörde so manches Schnippchen.

Bei der Um- und Neugestaltung des Spielplans ging er ganz gegen seine sonstigen Gepflogenheiten vorsichtig und behutsam vor. Er ebnete den Weimarer Klassikern in beinahe unverfälschter Form den Weg, brachte die wichtigsten Dramen Shakespeares in einer Bearbeitung auf die Bühne, die dem Dichter völlig gerecht wurde, übersetzte die Spanier Calderon und Moreto ins Deutsche und brachte sie, dem Geschmack des Wiener Publikums angepaßt, zur Aufführung. Ernst Haeusserman erwähnt in seinem großartigen Buch über das Wiener Burgtheater folgende Aufführungen: »Wallenstein« (1814), »Maria Stuart« (1814), Torquato Tasso« (1816), »Donna Diana« (1816), »Macbeth« (1821), »König Lear« (1822), »Das Leben ein Traum« (1822), »Hamlet« (1825), »Der Kaufmann von Venedig« (1827), »König Heinrich IV.« (1828) und »Götz von Berlichingen« (1830).

Im Lustspielbereich hielt der Theaterbesessene an den bewährten publikumswirksamen Autoren wie Kotzebue und Iffland fest, bereicherte den Spielplan jedoch durch französische Lustspiele, Werke von Carlo Goldoni und öffnete Eduard von Bauernfeld, dem Schöpfer des Wiener Konversationsstückes, die Tore des Burgtheaters.

Vor allem aber war Joseph Schreyvogel, und das muß man ihm als eines seiner größten Verdienste anrechnen, der väterliche Freund und eifrige Förderer des jungen Franz Grillparzer. Er erkannte dessen enormes dichterisches Talent, ermutigte und beriet ihn bei seinen ersten Versuchen als Dramatiker und stärkte sein Selbstvertrauen. »Grillparzer las mir heute den 3. Akt seiner Tragödie vor. Ich erklärte ihm mit Wärme und Wahrheit, daß er ein Dichter sei«, notierte Schreyvogel am 3. September 1816 in seinem Tagebuch. Es handelte sich um »Die Ahnfrau«, deren Entstehen und Werdegang der Theaterleiter mit großer Anteilnahme verfolgte. Selbst an der Probenarbeit nahm er regen Anteil. Im Tagebuch hielt er am 29. Januar 1817 fest: »Ich war bei der Probe der Ahnfrau. Vieles wird sich trefflich machen.« Und am 30. Januar notierte er: »Auch heute war ich bei der Probe. Der dritte und vierte Akt müssen große Wirkung thun, – nur vielleicht zu gräßlich. Grillparzer war da, ich umarmte ihn.«

Die Aufführung am 31. Januar 1817 im Theater an der Wien übertraf dann alle Erwartungen. »Das Stück hat vollkommen reüssirt. Ich bin mit dem Dichter nach Hause gegangen«, resümiert Schreyvogel.

Bereits am 21. April 1818 wurde Grillparzers nächstes Stück, »Sappho«, an der Burg uraufgeführt. Es wurde – so Schreyvogel – mit beinahe unerhörtem Beifall aufgenommen. Dem Hoftheatersekretär gelang es nun, unter der Verpflichtung, alle künftigen Stücke zunächst dem Burgtheater anzubieten, den Dichter mit einem Jahresgehalt von eintausend Gulden an das Haus zu binden. Es folgten »Das goldene Vließ« (1821), »König Ottokars Glück und Ende« (1825) – das Stück wurde allerdings zwei Jahre von der Zensur zurückgehalten, ehe es aufgeführt werden durfte –, »Ein treuer Diener seines Herrn« (1828) und schließlich »Des Meeres und der Liebe Wellen« (1831).

Die antiken Klassiker, und auch das muß angemerkt werden, fanden im welttheaterlich orientierten Spielplan Schreyvogels keine Berücksichtigung.

Die Schauspieler vertrugen Schreyvogels ordnende Hand zunächst nur schlecht. Sie waren daran gewöhnt, bei der Auswahl der Stücke mitzureden, und pflegten den sogenannten Weimarer Sprechstil, der sich durch Gestenreichtum und Pathos, Unnatürlichkeit und Steifheit auszeichnete. Der neue Herr am Burgtheater, der viele Proben selbst leitete und wichtige Rollen mit den Schauspielern durchbesprach, setzte eine natürliche Sprechweise durch. Er dämpfte das Pathos, ließ andererseits aber auch keinen allzu grellen Realismus zu. Er konnte seinen neuen Sprechstil, der als Burgtheaterstil dann in ganz Europa Zustimmung

und Anerkennung fand, nach heftigen Auseinandersetzungen mit einem Teil des Ensembles nur mühsam durchsetzen.
Schreyvogel holte nach einer Deutschlandreise (17. Juni – 20. August 1817) in den folgenden Jahren neue Darsteller an die Burg: Heinrich Anschütz, Sophie Schröder, Ludwig Devrient, Julie Gley-Rettich ... Er wies den Schauspielern, nicht selten gegen deren Willen, neue Rollen zu, was natürlich zu Streitigkeiten und Animositäten führte. Er war ein leidenschaftlich aufbrausender, von seiner Aufgabe und seiner Sendung durchdrungener Theatermann, der auch vor Beleidigungen nicht zurückschreckte, wenn er auf Widerstand stieß und von der Richtigkeit seines Standpunktes überzeugt war. Nach noch so heftigen Ausfällen war er aber immer wieder versöhnungsbereit, denn es ging ihm stets um die Sache, um das Wesentliche, nicht um kleinkrämerische Belanglosigkeiten. Er war selbstkritisch genug, seine persönlichen Schwächen zu erkennen und zu bekämpfen. In seinem Tagebuch hält er immer wieder Zwiesprache mit sich selbst, ermahnt er sich zu Ruhe und Besonnenheit, zur inneren Einkehr.
Schreyvogel schuf sich mit seiner Art, die Dinge beim Namen zu nennen und hochgesteckte Ansprüche zu stellen, Gegner und Feinde. Aber sein bedingungsloser Einsatz, sein eisernes Pflichtbewußtsein und sein Können verfehlten zu guter Letzt nicht ihren Eindruck auf das Ensemble. Das Burgtheater gewann unter seiner künstlerischen Leitung von Jahr zu Jahr mehr Ansehen und Gewicht. Schreyvogels Position war dennoch nicht ungefährdet. Stets war er auf das Wohlwollen seiner Vorgesetzten und seiner vorgesetzten Dienstbehörden angewiesen, lebte er in ständiger Angst vor den Intrigen und Ränken aus Hof- und Schauspielerkreisen. Seine Entlohnung war nicht übermäßig gut, eine soziale Absicherung nach einer allfälligen Entlassung gab es damals natürlich nicht. Er saß auf einem wackeligen Stuhl.
Um im Falle einer Aufkündigung seines Dienstverhältnisses nicht brotlos dazustehen, war Schreyvogel daher unermüdlich bestrebt – sein Tagebuch beweist es –, sich als Schriftsteller einen Namen zu machen. Neben seinen zahllosen Bearbeitungen fremder Stücke für das Theater, die viel Mühe und Zeit in Anspruch nahmen, schrieb er grundlegende Aufsätze über Theater und Theaterkritik für Zeitschriften und trug sich mit Plänen für größere eigene Dichtungen. Vieles von dem, was er sich vornahm, blieb unausgeführt oder torsohaft. Das lag nicht nur an seinen

äußeren Lebensumständen, sondern auch an seinem labilen Gesundheitszustand und an den hohen literarischen Anforderungen, die er an sich selbst stellte. 1818 schrieb er das Stück »Die Gleichgültigen«, das am Burgtheater jedoch nach drei Aufführungen mangels Publikumszuspruchs abgesetzt werden mußte. Erfolgreicher war seine Komödie »Donna Diana«, die in Berlin, Hamburg, Karlsruhe und in anderen deutschen Städten mit Beifall aufgenommen wurde. Bedeutenderes als auf dem Gebiet des Schausspieles hat der Schriftsteller Joseph Schreyvogel als Erzähler geleistet. Seine Novellen reflektieren seinen Gemüts- und Seelenzustand, sie atmen aber auch den beschaulichen Geist der Biedermeierzeit. Aber auch sie sind, wie sein übriges literarischen Schaffen, längst der Vergessenheit anheimgefallen.
Solange Schreyvogel Direktoren und Vorgesetzte hatte, die sich von seinen Plänen überzeugen und ihnen wohlwollende Förderung angedeihen ließen oder sich mit einer lockeren Überwachungsfunktion begnügten, fand sich der Hoftheatersekretär mit seiner untergeordneten Rolle durchaus ab –, was bis 1826 der Fall war. Als jedoch in diesem Jahr der Oberstkämmerer des Kaiserhauses, Graf Ottokar Czernin, mit der Leitung des Burgtheaters betraut wurde, begannen sich die Dinge zu spießen. Czernin war eigenwillig, hochfahrend und geltungssüchtig. Diese Charaktereigenschaften allein machten eine Zusammenarbeit mit dem nicht leicht zu behandelnden Schreyvogel schwierig. Was aber schlimmer war: Czernin verstand vom Theater wenig, er fand den Theaterbetrieb »zum Sterben langweilig«. Er war inkompetent, duldete aber keinen Widerspruch. Der Konflikt mit Schreyvogel war unter diesen Umständen vorprogrammiert. Wäre da nicht mit Vizedirektor Ignaz von Mosel ein Mann im Amt gewesen, der die Gegensätze ausglich und immer wieder zwischen den beiden Streithähnen vermittelte, der unvermeidliche Bruch wäre wesentlich früher passiert. So aber schwelte die Feindschaft etliche Jahre dahin, bis sie sich 1832 wie mit einem Donnerschlag entlud.
Czernin verlangte von Schreyvogel, eine junge Schauspielerin mit einer bestimmten Rolle zu betrauen, was dieser, da er die Dame für unbegabt hielt, mit schneidender Barschheit ablehnte. »Das verstehen Sie nicht, Exzellenz«, soll er dem Grafen ins Gesicht geschleudert haben. Czernin verfügte daraufhin Schreyvogels sofortige Entlassung. Was sich danach abspielte, soll sich einer zeitgenössischen Schilderung zufolge, die – so

Ernst Haeusserman – von Burgtheaterdirektor zu Burgtheaterdirektor weitergegeben wird, folgendermaßen abgespielt haben: Schreyvogel wankte an diesem naßkalten Frühlingstag, es war der 26. Mai 1832, gebrochen die Treppe hinab. Draußen regnete es in Strömen, und nun erst fiel ihm auf, daß er seinen Überzieher und seinen Regenschirm vergessen hatte. Er kehrte um und stieg die Treppe wieder hinauf, um die beiden Gegenstände zu holen. Als er die Tür des Zimmers, in dem er achtzehn Jahre amtiert hatte, öffnete, entspann sich zwischen ihm und einem Hofbeamten, dessen Name nicht überliefert wird, folgendes Gespräch:

»Was wünschen Sie, Herr Schreyvogel?«

»Meinen Schirm und Überzieher.«

»Die sollen Ihnen nachgeschickt werden, falls sie sich vorfinden sollten.«

»Drüben in der Ecke sind sie.«

»Das kann ich glauben oder nicht.«

»Fragen Sie den Diener! Ich werde mich auf den Tod erkälten.«

»Daran liegt uns nichts.«

An diese Entlassungsszene knüpfte Hermann Bahr einmal die Bemerkung: »Das Burgtheater lebt seither davon, daß von Zeit zu Zeit immer wieder einer diesen vergessenen Regenschirm nimmt.« Entlassungen von Burgtheaterdirektoren hat es seit dem Abgang Schreyvogels zuhauf gegeben, und sie haben selten der Würde des Hauses entsprochen.

Zurück in den Frühling 1832. Schreyvogel machte sich auf den Heimweg und kam, bis auf die Haut durchnäßt, zu Hause an. Die Erkältung, die er sich zugezogen hatte, warf ihn auf das Krankenlager. Sein geschwächter Körper fiel ein paar Wochen nach seiner leidlichen Genesung am 23. Juli 1832 der Cholera zum Opfer.

Der Verlust wurde von einigen Burgmimen bedauert, in etlichen Blättern des In- und Auslandes wurden Nachrufe veröffentlicht, Eduard von Bauernfeld und Karoline Pichler gedachten seiner in Dankbarkeit.

Seinem Sarg auf dem Weg zum Währinger Friedhof folgten nur wenige Menschen, unter ihnen Franz Grillparzer, der seinem Gönner mit der Grabinschrift: »Thomas West, Karl August West, Joseph Schreyvogel. Drei Namen bezeichnen nur einen Mann, aber einen völligen. Stand jemand Lessing nahe, so war er's«, ein literarisches Denkmal gesetzt hat.

Fanny Elßler, die personifizierte Grazie der Biedermeierzeit, beim Tanz der Cachucha

FANNY ELSSLER
Botschafterin des Wiener Charmes

Nur wenige Tänzerinnen wurden im vorigen Jahrhundert so gepriesen wie die am 23. Juni 1810 in Wien geborene Fanny Elßler. »Fräulein Fanny Elßler hält in ihren weißen Händen das goldene Zepter der Schönheit«, schrieb ein großer Verehrer ihrer Kunst, der französische Dichter Théophile Gautier. »Wenn sie erscheint, entsteht im Saal ein leidenschaftliches Erschauern, das schmeichelhafter ist als aller Beifall der Welt, denn es gilt dem Weibe, nicht der Spielerin. Und man ist immer stolzer auf die von Gott gegebene Schönheit als auf das selbsterworbene Können. Man kann kühnlich sagen, daß Fräulein Elßler die schönste der Frauen an dem jetzigen Theater aller Länder ist. Wenn man sie sieht, sagt man nicht, wie bei anderen Frauen: Gott, welch schöne Augen! oder: welch schöne Arme! Man meint: welch reizvolles, begehrenswertes Geschöpf! Da alles fein, schön, gut proportioniert ist, fesselt nichts Einzelnes das Auge, sondern der Blick steigt und fällt liebkosend über die runden, glatten Formen, die man für göttlichen Marmor aus Perikles' Zeiten halten könnte. Das ist das Geheimnis, warum man Fanny Elßler mit so viel Vergnügen ansieht.«
Und Gautier gibt dann eine für einen Poeten recht gründliche, geradezu plastische Beschreibung ihrer Erscheinung. »Sie ist groß von Wuchs«, berichtet er, »gut gebaut und hat einen schön geschwungenen Körper: ihre Beine sind wie die der Göttin Diana als Jägerin schön geformt; ihre Grazie wird durch die Kraft keineswegs verringert; der Kopf ist klein wie der eines antiken Bildwerkes – seine reinen und edlen Züge verbinden sich mit den seidigen Schultern, die keines Reispuders bedürfen, um weiß zu scheinen, ihre Augen haben einen ungemeinen pikanten Ausdruck von Schelmerei und Leidenschaft, einen Ausdruck, der durch spöttisches Lächeln der an den Mundwinkeln hochgezogenen Lippen noch vermehrt wird. Im übrigen ist diese Maske in so hervorragendem Maße regelmäßig, daß sie wie aus Marmor gemeißelt erscheint, aber trotzdem alle Empfindungen ausdrücken kann, beginnend mit tragischem Schmerz bis zur gelassenen Fröhlichkeit. Das sehr weiche, sehr

seidige, sehr glänzende kastanienbraune Haar wird gewöhnlich durch einen Mittelscheitel geteilt und umschließt die Stirn, die gleichsam dafür geschaffen ist, den goldenen Stirnreif einer Königin oder den zerpflückten Kranz einer Kurtisane zu tragen.«

Man könnte, wenn man diese Zeilen liest, an Verblendung denken, wäre Gautier nicht auch Maler und Ästhet gewesen und hätte er seinem Porträt nicht auch ein paar verbalkritische Pinselstriche beigefügt. »Mlle. Elßler lächelt nicht häufig genug«, fand er, »ihr Lächeln ist mitunter zu gezwungen und etwas herb, sie entblößt dabei das Zahnfleisch zu viel. Bei einigen vorgeneigten Stellungen werden ihre Gesichtszüge nicht so ganz vorteilhaft in Licht und Schatten gerückt, die Augenbrauen wirken dabei zu schmal, die Mundwinkel heben sich, die Nase wird spitz: dies alles gibt dem Gesicht den Ausdruck einer listigen Verschlagenheit, der nicht so angenehm wirkt. Auch täte Mlle. Elßler gut daran, wenn sie ihr Haar im Nacken üppiger frisieren würde, tiefer gekämmt, könnte es die allzu gerade Linie der Schulter und des Nackens vorteilhaft unterbrechen …«

Nicht alle ihre Zeitgenossen betrachteten sie mit so unvoreingenommener kritischer Distanz. Sie erlagen der Faszination ihrer unvergleichlichen Kunst, übersahen ihre Fehler und Schwächen oder nahmen sie ganz einfach nicht wahr.

Was ihr Aussehen betrifft, so gibt es genug Porträts, die es der Nachwelt gestatten, sich eine Vorstellung von der großen Tänzerin zu machen. Es gibt welche, auf denen sie zauberhaft aussieht, formvollendet, blendend schön, und wieder andere, die überhaupt kein Charisma ausstrahlen, auf denen sie nur gefällig wirkt, bieder, hausbacken. Um ihrer Verzauberung und ihrem Charme zu erliegen, wie dies Abertausenden ihrer Zeitgenossen zustieß, muß man sie wohl tanzen gesehen haben.

Die Musikalität war der großen Tänzerin, der die ganze zivilisierte Welt huldigte, in die Wiege gelegt worden. Bereits Fannys Großvater geigte neben Joseph Haydn in der Kapelle des Fürsten Esterházy in Eisenstadt. Der Komponist fungierte auch als Taufpate der Söhne Elßlers und ließ sie musikalisch ausbilden. Später nahm er sie in sein Orchester auf. Johann Florian Elßler, der Vater Fannys, folgte Haydn nach Wien, wurde sein Notenkopist und Diener und begleitete ihn auf seinen bei-

den Englandreisen. Bei der Hochzeit seines Faktotums war der mittlerweile zur Berühmtheit gelangte Tondichter Trauzeuge.
Um seinem Herrn und Meister nahe zu sein, nahm Elßler eine Wohnung in Gumpendorf (heute ein Teil des 6. Wiener Gemeindebezirkes), wo Haydn ein Haus erworben hatte. Die kinderreiche Familie – das Ehepaar Elßler hatte zwei Buben und drei Mädchen, vier Kinder starben nach der Geburt – brachte sich schlecht und recht durchs Leben.
Nach Haydns Tod im Napoleonjahr 1809 wurde in der Familie das Andenken des großen Meisters liebevoll hochgehalten. Schließlich hatte der Komponist seinem treuen Diener 6000 Gulden vererbt. Vater Elßler spielte seinen Kindern immer wieder volkstümlich-lebensfrohe Weisen aus der unerschöpflich reichen Klangwelt Haydns vor, und die musikbegabten Elßler-Töchter mögen sich dazu im fröhlichen Reigen gedreht haben.
Vater Elßler wollte, das Haydn-Legat im Rücken, seinen Kindern ein kleinbürgerliches Armeleutedasein ersparen. Den Erstgeborenen schickte er in ein Kloster, den zweiten Sohn ließ er zum Sänger ausbilden, die drei Töchter, Anna, Theresia und Fanny, sollten Tänzerinnen werden. Im nahen Theater an der Wien, das Emanuel Schikaneder, der Librettist von Mozarts »Zauberflöte« hatte errichten lassen, gab es neuerdings ein Kinderballett, das sich beim Publikum großer Beliebtheit erfreute. Fanny und ihre Schwestern erlernten dort unter der strengen Leitung von Friedrich Horschelt ihre ersten Tanzschritte. Ganze fünf Jahre war Fanny alt, als sie in das Ensemble eintrat. Bereits in ihrer frühen Kindheit mußte sie sich an Ordnung und Disziplin gewöhnen, und nebenbei verdiente sie schon ein bißchen Geld. Immerhin trug jede Aufführung ihr und ihrer Familie ein paar Gulden ein. Nach einigen Jahren wurde das Horschelt-Kinderballett im Theater an der Wien aufgelöst. Die siebenjährige Fanny und ihre Schwester Therese wurden Mitglieder des k.k. Hofopernballetts am Kärntnertortheater. Das Gebäude befand sich an der Stelle des späteren Hotels Sacher hinter der heutigen Staatsoper.
Prinzipal des Balletts war der französische Choreograph Jean Aumer, ein Verfechter der strengen klassischen Ballettkunst. Aumer ließ die kleinen Tänzerinnen und Tänzer am Reck turnen und überließ keine der Figuren dem Zufall oder der persönlichen Eingebung. Jeder Schritt mußte exakt ausgeführt werden, es herrschte ein harter, konventioneller Drill.

Auf dem täglichen Übungsprogramm standen Pirouetten, Entrechats (Sprünge) und Schrittkombinationen in streng geregelter Abfolge. Es war eine ausgezeichnete Schulung, aber sie kostete Schweiß und höchstwahrscheinlich auch Tränen.
Jahrelang wurden die Elßler-Töchter ausgebildet, tanzten sie unauffällig im Ensemble mit, ohne besonders aufzufallen. Um hervorzustechen, waren sie noch viel zu jung. Erst im März 1823 begann die Öffentlichkeit von der Jüngsten zaghaft Notiz zu nehmen. In dem romantischen Ballett »Der Blaubart« verkörperte sie eine Solorolle, in der sie recht gut zu gefallen wußte. Und schon zu dieser Zeit, nicht erst in Paris, wie es in den meisten Elßler-Biographien zu lesen ist, trat sie neben Maria Taglioni auf, deren künftige große Rivalin sie einmal werden sollte.

Fanny Elßler eroberte mit ihrer Kunst auch in Amerika die Herzen des Publikums

Fanny Elßler war ein Riesentalent. Das erkannte mit Kennerblick der italienische Impresario Domenico Barbaja, der durch nicht ganz saubere Geschäfte zu Reichtum gelangt war. Barbaja, Pächter des Kärntnertortheaters, gefiel die geschmeidige Grazie des Mädchens, die Aura, die von der noch nicht ganz Vierzehnjährigen ausging, sobald sie zum Tanzschritt ansetzte. Als er 1824 Wien verließ, nahm er Fanny und ihre Schwester Therese mit Einverständnis des Vaters nach Neapel mit. Auch die Mutter kam mit. Ihre beiden Töchter waren noch zu jung, um in der Fremde allein gelassen zu werden.

Es war eine andere Welt, die sich vor den staunenden Augen der drei Wienerinnen auftat. Die brodelnde Vitalität der Stadt, das Meer, das gegen die Kaimauern anbrandete, die Silhouette des Vesuvs – das alles waren verwirrende, fremdartig-reizvolle Eindrücke. Aber auch die italienische Ballettwelt war für die Elßler-Töchter eine völlig neue Erfahrung. Im sinnesfreudigen Italien legte man keinen Wert auf stereotype, marionettenhafte Tanzkunst. Hier galten andere Gesetze und Regeln. Der Ballettanz lebte im Land der großen Gebärden und des feurigen Temperamentes von der persönlichen Ausstrahlung und Gestaltungskraft, von der natürlichen, ungezwungenen Gestik, vom beseelten Ausdruck, der überraschenden und überlegt gehandhabten Pantomime.

Für Fanny war die italienische Schule eine Befreiung von den Fesseln, die man ihr in Wien angelegt hatte. Sie legte in Neapel den Grundstein für ihren beruflichen Aufstieg zum gefeierten Weltstar, zur Königin des Ausdruckstanzes.

Italien wurde ihr freilich auch zum ganz persönlichen Schicksal. Die kleine, hübsche sechzehnjährige Tänzerin entfachte Liebesfeuer in den Herzen der Männer. Einem von ihnen, dem Prinzen Leopold von Salerno, Schwiegersohn des Kaisers von Österreich, den ihr der Impresario möglicherweise geschickt zuführte, schenkte sie ihr Vertrauen. Das kurze Liebesglück, wenn es für das junge Mädchen überhaupt eines war, hatte Folgen. Sie wurde schwanger. Die Tänzerin war verzweifelt, die Mutter fiel aus allen Wolken, als Fanny es ihr gestand. An eine Ehe war natürlich nicht zu denken.

Nach Wien zurückgekehrt, brachte die kaum Siebzehnjährige am 4. Juni 1827 in aller Heimlichkeit einen Sohn zur Welt, der auf den Namen Franz Robert getauft wurde. Es ist nicht bekannt, wer außer der Familie davon wußte.

Ein lediges Kind – das war damals nicht nur eine Schande, es schadete gewiß auch der Karriere. Der kleine Franz Robert wurde daher von Verwandten in Eisenstadt aufgenommen und erzogen. Die Mutter, von den Pflichten des Berufes voll und ganz in Anspruch genommen, kümmerte sich um den Sohn, so gut es ging, sorgte für seine Ausbildung, schickte ihm Geld. Es genügte offenbar nicht, Franz Robert entwickelte sich zum Sorgenkind. Der Sohn einer weltberühmten Mutter wurde zu einem Tunichtgut, einem Hasardeur, der am Spieltisch das Glück suchte, das er im Leben nicht fand. Im Alter von 46 Jahren beging er Selbstmord.

Fanny Elßler kehrte einige Zeit nach ihrer Entbindung an das Kärntnertortheater zurück, ohne zunächst entscheidend Fuß fassen zu können. Immerhin trat sie doch so prominent in Erscheinung, daß sie den Verehrerblick des k.k. Hofrates Friedrich von Gentz auf sich lenkte. Aus der Neigung des im 66. Lebensjahr stehenden Publizisten für die Neunzehnjährige wurde eine beiderseitige Zuneigung. Der große Alters- und Bildungsunterschied zwischen Fanny und ihrem altersweisen und liebeserfahrenen Kavalier gab natürlich Anlaß zu böswilligem Tratsch, wilden Gerüchten und gehässigen Spekulationen. Fanny wurde der Berechnung geziehen, des Eigennutzes. Alle ihre Biographen sind jedoch der einhelligen Meinung, daß sie ihrem Gönner echte Zuneigung entgegenbrachte.
Im September 1830 und wiederum im Oktober 1831 unternahmen Fanny und ihre Schwester Therese eine Gastspielreise nach Berlin. Die beiden »anmutigen Sylphiden, die« – nach einem zeitgenössischen Bericht – »wie kleine Kolibris durch die Luft flatterten und dann langsam herunterschwebten«, tanzten sich in die Herzen des Berliner Publikums, wobei Fanny die Schwester bereits deutlich ausstach. Ihre Rollengestaltung der Fee Viviane im Ballett »Die Fee und der Ritter« sowie ihr »Schweizer Milchmädchen« fanden begeisterte Zustimmung. Carl Friedrich Zelter, der musikalische Berater Goethes, der Fanny als Zoloë in Daniel-François Aubers Oper »Der Gott und die Bajadere« sah, berichtete nach Weimar: »... unser Gast Mlle. Elßler, die Bajadere, tanzt nicht bloß, sie spielt so vollkommen, wie ich seit der Vignano nichts gesehen habe. Das ganze Haus war zufrieden. Das Mädchen hat eine Fronte rings herum für tausend Augen. Die Teile ihres Gesichts sind ein

Farbenklavier, mit bewunderswürdiger Anmut gespielt. Liebreiz, Biegsamkeit, ja, Herzlichkeit und Schelmerei spielen durcheinander, von leiser Lust getragen ...«
An der Berliner Oper gab es auch ein Wiedersehen mit einem guten alten Bekannten, mit dem Solotänzer Anton Pepi Stuhlmüller, den Fanny bereits seit den Tagen des Kinderballetts im Theater an der Wien kannte. Ob sie mit dem Pepi bereits während ihres zweiten Berliner Gastspieles eine Affäre hatte, als Gentz noch am Leben war, oder erst nach dem Tod des alten Herrn (er starb am 9. Juni 1832) bei ihrem dritten Gastspiel im Herbst dieses Jahres, ist im Grunde unerheblich. Die Zeche mußte nicht der Solotänzer, sondern der aufgehende weibliche Stern am Ballettthimmel bezahlen. Als sich bei Fanny eine Schwangerschaft einstellte, reiste sie nach London, absolvierte in »Her Majesty's Theatre« ein paar Auftritte und zog sich dann aus der Öffentlichkeit zurück. Am 26. Oktober 1833 gebar sie ihr zweites lediges Kind, eine Tochter, die den Namen Theresia Anna erhielt. Das Kind wurde von dem englischen Historikerpaar Harriet und George Grote in Pflege genommen. Theresia Anna heiratete 1860 den Offizier Viktor von Webenau, verstarb jedoch bereits zehn Jahre später in Meran an der Schwindsucht.
Über weitere Liebschaften der von den Männern angebeteten Tänzerin ist nichts Näheres bekannt. Man darf jedoch annehmen, daß sie auch nach der Geburt ihrer Tochter dem einen oder anderen Abenteuer nicht abgeneigt war.

Am 15. September 1834 trat Fanny Elßler in der Grand Opéra zum erstenmal in dem neuen, Shakespeare nachempfundenen Ballett »Der Sturm« vor das verwöhnte Pariser Publikum. Die Tänzerin aus der Kaiserstadt an der Donau, die ihre gestalterische Kraft und Inspiration, ihre Musikalität und Grazie aus ihrem unverfälschten Wienertum zog, wußte um die Bedeutung dieser Premiere für ihre Karriere. Wenn es ihr gelang, die Menschen in der Seinemetropole, der damaligen Hauptstadt des Tanzes, von der Ungewöhnlichkeit ihrer Tanzkunst zu überzeugen, dann war ihr der Ruhm der Welt gewiß. Sie bot an diesem Abend ihren ganzen hinreißenden Zauber auf, ihre natürliche Begabung, ihr großes Können, und errang mit ihrer »Fee Alcine« einen großartigen Triumph. Die Pariser jubelten ihr frenetisch zu, und selbst Maria Taglioni, die große Rivalin, die der Aufführung beiwohnte, konnte ihr die Anerkennung nicht versagen. Ein Kritiker schrieb: »… nur wer sie sieht, kann sich eine richtige Vorstellung von ihr machen … von ihrem Tanz, der aus kleinen, schnellen, korrekten, dichten Schritten besteht, die die Bretter fressen und die ebenso anmutig wie kräftig sind. Sie tanzt mit dem ganzen Körper, von den Spitzen der Haare bis zu den Zehen …«

Ein anderer brach in den Hymnus aus: »Welche Stellungen! Ist sie in der Luft, oder hält sie sich auf den Füßen? Man weiß es nicht. Sie tanzt, aber das sind so feine Schritte, das ist ein so richtiger Tanz, das sind zwei so bewegliche kleine Füße, daß man sich fragt, ob sie wirklich tanzt oder ob sie unbeweglich ist. Fanny Elßler tanzt nicht, sie spielt, sie ist schön, sie ist groß, sie ist gut gebaut. Es ist eine ganz neue Tänzerin, die in nichts der Taglioni gleicht; zum Glück für alle beide!«

In Hinkunft war das Pariser Ballettpublikum in zwei Lager gespalten: in die Taglionisten und die Elßleristen.

Den Wettstreit der beiden großen Tänzerinnen um die Siegespalme entschied zwei Jahre später die Wienerin für sich. Am 1. Juni 1836 brachte Fanny Elßler bei der Uraufführung des Balletts »Der hinkende Teufel« zum erstenmal die »Cachucha«, einen feurigen andalusischen Volkstanz, auf die französischen Bühne und versetzte mit ihrem Kastagnetten-Furioso das Publikum in Ekstase. Das ganze Haus erwies ihr stehende Ovationen, man überhäufte sie mit roten Rosen und weißen Kamelien. Fanny, die Feengestalt aus dem biedermeierlichen Wiener Kleinbürgertum, hatte ihren tänzerischen Olymp erklommen. »In einem rosaseidenen, mit breiten, schwarzen Spitzenvolants besetzten spanischen Rock, der, unten mit Blei beschwert, an den Hüften eng anliegt, tritt sie auf«, beschrieb Gautier ihr Tanzkleid, »ihre Wespentaille ist kühn geschweift und auf ihrem Leibchen blitzt als Schmuck ein mit Diamanten besetztes Stäbchen; ihr Bein, blank, wie Marmor, scheint durch das zarte Netz ihrer Seidenstrümpfe, und ihr Füßchen lauert nur auf das Zeichen der Musik, um anzufangen.« Und bewundernd fügte er hinzu: »Wie sie sich windet, wie sie sich biegt! Welches Feuer! Welche Wonne! Welche Glut! Ihre Arme bewegen sich ohnmächtig um ihr geneigtes Haupt, ihr Leib biegt sich nach rückwärts, fast berühren ihre weißen Schultern den Boden. Welch reizende Gebärde!«

Die zweite Tanzschöpfung, mit der sie berühmt wurde, war die Craco-

vienne. Es war dies ein polnischer Volkstanz – der Name leitet sich von der Stadt Krakau her –, bei dem Fanny die farbenprächtige Tracht der polnischen Bauernmächen trug.
Unter dem Einfluß der »Spanierin des Nordens«, wie manche Kritiker Elßler apostrophierten, setzte sich nun der stilisierte, veredelte Volks- und Charaktertanz neben dem klassischen internationalen Tanz auf der Ballettbühne durch. Die Cachucha und die Mazurka, die Polka, die Tarantella, der Bolero und wie sie alle hießen, waren bühnenreif geworden und wurden begeistert akklamiert.
Obwohl die fulminante Tänzerin aus Wien in der französischen Hauptstadt Erfolg um Erfolg feierte, wurde ihr der Pariser Boden doch bald zu heiß. Die Anhänger der Taglioni machten gegen sie mobil, ein Teil der Presse verunglimpfte sie, in der ehrenwerten Grand Opéra kam es zu einer regelrechten Theaterschlacht zwischen den beiden miteinander verfeindeten Ballettgruppierungen. Der zartbesaiteten Fanny, die alles andere als eine Kämpferin war, kam es daher nicht ungelegen, als sie eines Tages das Angebot erhielt, in New York ihre Tanzkunst zu zeigen. Sie nahm einen sechsmonatigen Urlaub von der Pariser Oper und machte sich im März 1840 auf die Reise über den Ozean. Zu ihrer Begleiterin wurde vom Elßler-Clan ihre Cousine Kathi Prinster auserkoren, die den Alltag von ihr fernhalten und sich um Fannys leibliches und seelisches Wohl kümmern sollte. Kathi Prinster hat sich dieser Aufgabe vorbildlich entledigt und blieb von diesem Zeitpunkt an Fannys fürsorgliche, treue Reise- und Lebensbegleiterin.

Der Empfang der berühmten Tänzerin in Amerika nach der achtzehntägigen beschwerlichen Überfahrt war überschwenglich. »Der Himmel sei gepriesen, gestern sind wir in der Neuen Welt glücklich angekommen«, schrieb Kathi, die über den Verlauf des Gastspieles nach Wien am 4. Mai berichtete. »Meine Feder vermag die Pracht der Natur, die Frische der Vegetation nicht zu beschreiben. Unmöglich ist es auch, einen Begriff von jener Sensation zu geben, welche Fanny bei ihrem Erscheinen in New York hervorrief. Jeden ihrer Schritte verfolgt eine Schar Neugieriger und Kunstenthusiasten. Der ›Herald‹ unterhält sogar einen eigenen Reporter, welcher der ›Terpsychore Europas‹, sobald sie die Wohnung im zweiten Stockwerk des ›American Hotels‹ verläßt, nicht von der Seite weicht, um in der nächsten Nummer über jeden Schritt haarklein berichten zu können. Noch nie soll es hier so etwas gegeben haben.«

Es war ein regelrechter Starrummel, der in den Vereinigten Staaten um die gefeierte Tänzerin aus Wien losbrach. New York, Washington, Philadelphia und die anderen Städte, in denen sie tanzte, standen buchstäblich kopf. Die Amerikaner wurden von einem regelrechten »Fanny-Fieber« geschüttelt. Der »Fannytismus« erfaßte alle Bevölkerungsschichten und alle Wirtschaftszweige. Der Kommerz feierte Triumphe. Man verkaufte Elßler-Strümpfe und -Strumpfbänder, Elßler-Schuhe, -Korsetts, -Fächer, -Parasols und sogar, was natürlich nicht ins Bild paßte, Elßler-Zigarren.

Wo und wann immer sich die Künstlerin in der Öffentlichkeit zeigte, wurde sie von den Menschen umringt und umjubelt, wurden Hochrufe auf die »Queen of Hearts«, die Königin der Herzen, angebracht. Die Vorstellungen waren auf Wochen im voraus ausverkauft, der amerikanische Präsident lud das Mädchen aus der Wiener Vorstadt zu einem Besuch in das Weiße Haus ein. In Baltimore spannte eine begeisterte Menge die Pferde aus und zog den Wagen zum Hotel, in dem sie wohnte. Die »Göttliche« wurde mit Geschenken überhäuft, man veranstaltete für sie Festzüge, prägte ihr zu Ehren Silbermedaillen. Ihr Bankkonto wuchs.

Fanny Elßler war nicht nur ein Tanzgenie, sie war auch geschäftstüchtig. Sie münzte ihre enorme Beliebtheit und ihr Können in profitable Verträge um und erzielte Gagen, die vor ihr in den Vereinigten Staaten noch kein Künstler kassiert hatte. Sie war schließlich eine Jahrhunderterscheinung.

Fanny Elßler wurde durch ihre Tanzkunst zur Millionärin, aber sie bewahrte sich ein Herz für die Not der Armen. In den Staaten gab sie nicht nur Benefizveranstaltungen, deren Reinertrag armen Künstlerkollegen zugut kam, sie unterstützte auch die Gründung eines katholischen Waisenhauses, ließ Schuhe für arme Negerkinder anfertigen und initiierte für die Künstler des Parktheaters in New York einen Pensionsfonds.

Nach ihren triumphalen Erfolgen in Amerika gastierte Fanny zweimal in Kuba und eroberte auch dort die Herzen der Ballettfreunde im Sturm. Aus den sechs Monaten, die sie von der Heimat hatte wegbleiben wollen, waren inzwischen mehr als zwei Jahre geworden. Sie ver-

stieß damit gegen die vertraglichen Vereinbarungen mit der Pariser Oper und mußte bei ihrer Rückkehr mit einer Schadenersatzzahlung rechnen. Das gerichtliche Urteil hiefür lag bereits vor. Die weltberühmte Balletteuse mied daher Paris. Sie bezahlte nach einem Vergleich mit der Operndirektion letztendlich ein Reuegeld von 30 000 Franken. Die französische Hauptstadt sah sie nie wieder.
Nach ihrem Siegeszug in Übersee hätte sich Fanny Elßler bequem zur Ruhe setzen können. Sie war jetzt 32 Jahre alt und stand auf dem Höhepunkt ihrer Karriere. Sie hatte ausgesorgt. Aber sie entschloß sich, aus welchen Gründen immer, weiterzumachen.
Ihre erste Vorstellung auf europäischem Boden gab sie in ihrer Vaterstadt. Im Schönbrunner Schloßtheater tanzte sie vor der kaiserlichen Familie und wurde dafür mit einem prächtigen Schmuckstück belohnt. Dann erst bekamen sie die Wiener zu sehen, die bereits mit Ungeduld ihre Rückkehr auf die Bühne des Kärntnertortheaters erwartet hatten.
Und dann begannen wieder die Gastspielreisen. In den nächsten neun Jahren hetzte Fanny Elßler von einem Land zum anderen, unermüdlich, rastlos, geschäftig. Triumph reihte sich an Triumph. In England wurde sie von Königin Victoria nach einer Galavorstellung in Privataudienz empfangen, in Oxford erhielt sie die Ehrendoktorwürde für »Tanzkunst und Pantomime« verliehen. In Italien riß sie die Menschen trotz der dort herrschenden antiösterreichischen Stimmung zu Begeisterungsstürmen hin, in St. Petersburg eroberte sie das russische Publikum.
Machte sie der Erfolg glücklich? Wie aus den paar Blättern, die von ihrem Tagebuch erhalten geblieben sind, zu ersehen ist, nicht unbedingt. Die Notizen verraten eine ängstliche, in ihren Gefühlen wankelmütige, zu Depressionen neigende Frau, die über Einsamkeit klagt und sich in so mancher verzweifelten Stunde an ihren Glauben klammert, an ihr unerschütterliches Gottvertrauen.

Im Alter von 41 Jahren nahm Fanny Elßler Abschied von der Bühne. Da halfen keine Beschwörungen und keine Bitten. Am 21. Juni 1851, zwei Tage vor ihrem Geburtstag, gab sie im Ballett »Faust« in ihrer Heimatstadt die Abschiedsvorstellung. Noch einmal, ein letztes Mal, verzauberte sie ihr Publikum mit ihrer formvollendeten, unvergleichlichen Tanzkunst. Es gab zahllose Vorhänge, nicht endenwollenden Beifall, Geschenke, Blumen und Tränen. Die große Künstlerin, die tänzerische

Inkarnation biedermeierlicher Wiener Weiblichkeit, beendete ihre Karriere, wo sie sie begonnen hatte: am Kärntnertortheater zu Wien.
Die seelische Umstellung vom gefeierten Weltstar zum unauffälligen, gewöhnlichen Alltagsmenschen gelang ihr offenbar rasch. Nach den aufregenden, aufreibenden Jahren und Jahrzehnten auf der Bühne, nach dem öffentlichen Rummel um ihre Person, sehnte sie sich nach Ruhe. Fanny Elßler verließ bald nach ihrem letzten Auftreten beinahe fluchtartig die Kaiserstadt und begab sich zu ihrer achtzehnjährigen Tochter nach Hamburg, wo sie in der Nähe des Dammtores eine Wohnung bezog. Bis 1855, annähernd vier Jahre, verweilte sie in der schönen Hansestadt. Dann kehrte sie nach Wien zurück.
Sie schlug hier zunächst in der Kärntner Straße ihr Domizil auf und übersiedelte 1860, nach der Heirat der Tochter, in das Haus Nr. 1192 (heute: Seilerstätte 19), ihrem endgültig letzten Quartier. Sie bezog im vierten Stock eine geräumige Wohnung, die sie mit ihrer getreuen Kathi teilte. Von hier aus hatte sie einen schönen Blick über das damals noch bestehende Glacis und den Vorort Landstraße. Für das Ballett soll die große Tänzerin nach ihrem Abschied von der Bühne nur noch geringes Interesse gezeigt haben. Ihre ganze Anteilnahme gehörte dem Burgtheater, wo sie bei keiner Premiere fehlte. Mit dem Direktor des Hauses, Adolf Wilbrandt, und seiner Frau, Auguste Baudius, war Fanny eng befreundet, einigen Schauspielerinnen half sie angeblich beim Studium der Ausdrucksgebärden ihrer Rollen. Sie machte häufig Besuche, unterhielt eine rege Korrespondenz, unterstützte junge Tänzerinnen und richtete in ihrer Wohnung einen wöchentlichen Empfangstag ein, an dem sie ihre Gäste im Salon bewirtete. Der Dichter Friedrich Hebbel notierte im März 1863 nach einem solchen Abend in seinem Tagebuch: »Diese Dame hat etwas von der Ninon de Lenclos; sie ist bereits Großmutter, aber noch immer fein und graziös …« Und auf Eduard Hanslick, den gefürchteten Kritiker, machte sie noch im Alter von 60 Jahren »mit ihrem faltenlosen Gesicht, den vollen weißen Schultern und Armen« den Eindruck der Jugendlichkeit. Wenn sie ein enger Freund des Hauses bat, gab Fanny Elßler ab und zu auch noch ein paar ihrer mimischen und tänzerischen Kunststücke zum besten.
Nach ihrem siebzigsten Geburtstag, an dem sie von ihren Verehrern gebührend gefeiert wurde – offizielle Ehrungen wurden ihr zeitlebens nicht zuteil –, erkrankte sie. Ein Krebsleiden zwang sie zu einer Opera-

tion und zu Kuraufenthalten in Bad Vöslau, Baden und Reichenau an der Rax.

Die bösartige Geschwulst wucherte jedoch weiter und verunstaltete Hals und Gesicht. Am 27. November 1884 schied die vielgerühmte Künstlerin, die »das Lächeln ihres Jahrhunderts« gewesen war, nach dem Empfang der Sterbesakramente aus dem Leben. Die Gazetten widmeten der »Göttlichen Fanny« im Stil der Zeit hymnisch-schwülstige Nachrufe. Die Trauerfeierlichkeiten für die Verstorbene fanden im Stephansdom statt, das Begräbnis war das Musterbeispiel einer »schönen Leich«. Ihre letzte Ruhestätte hat die große, unvergeßliche Wienerin auf dem Hietzinger Ortsfriedhof gefunden.

SCHÖNGEISTIGE GESELLIGKEIT

Der Salon war in Österreich wie in zahlreichen anderen Ländern lange Zeit ein Privileg des Adels. Von Frankreich ausgehend, wo sich die Salonkultur bereits im 17. Jahrhundert entfaltet und im 18. einen Höhepunkt erreicht hatte, wurde diese Form des Gesellschaftslebens, der zwanglosen Konversation, der Schöngeistigkeit, der musikalischen und literarischen Unterhaltung bald auch von den österreichischen Adelsgeschlechtern gepflegt. Die Schwarzenbergs, die Kinskys, die Lobkowitz, die Dietrichsteins, die Starhembergs, die Esterházys, die Liechtensteins, die Rasumofskys, die Czernins und wie sie sonst noch alle hießen, gaben in ihren Palais festliche Empfänge, veranstalteten Hauskonzerte – zum Teil mit eigenen Orchestern –, gaben Werke in Auftrag, hielten Soiréen ab und pflegten ein großzügiges, nobles Mäzenatentum. Ihre Salons waren Mittelpunkte des kulturellen und intellektuellen Lebens.

Das änderte sich, als einige dieser Adelsgeschlechter im Gefolge der kostspieligen Napoleonischen Kriege in finanzielle Schwierigkeiten gerieten. Fürst Lobkowitz machte 1811 bankrott, das berühmte Esterházysche Orchester, in dem Joseph Haydn als Kapellmeister gewirkt hatte, wurde verkleinert, das Palais Rasumofsky mit seiner unschätzbaren Musiksammlung wurde 1816 ein Raub der Flammen.

Auch nach dem Wiener Kongreß blieben so manche Adelshäuser Zentren gepflegter Geselligkeit. Im Palais des Fürsten Metternich etwa trafen sich international bekannte und anerkannte Künstler, Staatsmänner, Diplomaten und hochrangige Beamte. Der Salon der Fanny von Arnstein, der Frau des jüdischen Bankiers Nathan Adam Freiherrn von Arnstein, war in den Jahren zwischen 1780 und 1818 ein Mittelpunkt erlesener europäischer Geisteskultur.

Neben und an die Stelle der Aristokratie und des jüdischen Finanzkapitals trat in der Biedermeierzeit das Bildungsbürgertum als Kultur-

Joseph Danhauser: Gesellschaftsszene

träger und gesellschaftlicher Animator. In den bürgerlichen Salons ging es weniger geziert und vornehm zu als in den Salons des Adels. Man traf sich dort zu geselligen Gesprächen, deklamierte Gedichte oder las aus eigenen Werken und machte Hausmusik. Einer der berühmtesten dieser Salons war der »Salon Pichler«, in dem sich das geistige Wien Woche für Woche ein Stelldichein gab.

Belesen, gebildet und patriotisch gesinnt: Karoline Pichler

KAROLINE PICHLER
Salondame und Chronistin der Biedermeierzeit

Es gab eine Zeit, da galten der Stephansdom und Karoline Pichler als die Hauptattraktionen von Wien. Das ist allerdings schon mehr als 150 Jahre her. Der Stephansdom ragt noch in den Himmel, Karoline Pichler, die am 7. September 1769 zur Welt kam, kennt kaum noch jemand. Sie entstammte einem gutsituierten, gebildeten, von Lebenskultur und Aufgeschlossenheit für alles Schöne geprägten Haus. Der Vater, der kaiserliche Hofrat Franz von Greiner, der 1771 von Maria Theresia in den Ritterstand erhoben worden war, besaß ausgeprägte künstlerische Neigungen. Der geborene Schöngeist schrieb Gedichte, beschäftigte sich mit Malerei, liebte die Musik und war als ausgebildeter Jurist darüber hinaus wissenschaftlich tätig. Er gehörte der Freimaurerbewegung an und war weltanschaulich ein eifriger Verfechter der Aufklärung.
Die Mutter, Tochter eines protestantischen, in Hannover geborenen Offiziers, kam als fünfjährige Waise an den Wiener Kaiserhof, wurde hier katholisch und sorgfältig erzogen und avancierte zur Lieblingskammerdienerin der Kaiserin. Sie bekleidete dieses Amt bis zum Jahr ihrer Eheschließung im Jahre 1766 und blieb auch nach ihrer Vermählung eine treue Anhängerin des habsburgischen Herrscherhauses. Im Gegensatz zu ihrem Mann war Charlotte Greiner den exakten Wissenschaften, wie etwa der Naturgeschichte, der Astronomie und der Geologie, zugetan. Sie war willensstark, energisch und charakterfest.
Die auffallende Verschiedenartigkeit der Interessen und Neigungen der Eltern wirkte sich auf die Entwicklung des Kindes durchaus günstig aus. Karoline Pichler, die sowohl das väterliche wie das mütterliche Erbe in sich trug, war weder einseitiger Verstandes- noch Gefühlsmensch, sondern vereinigte in ihrem Wesen beides: einen klaren, Vernunftgründen aufgeschlossenen Intellekt und eine ausgeprägte Gemütstiefe.
Die künstlerischen Ambitionen des kaiserlichen Hofrates und das gesellschaftliche Ansehen seiner Frau boten geradezu ideale Voraussetzungen dafür, daß sich ihr Haus zum Treffpunkt der Künstler und Ge-

lehrten entwickelte. In den verschiedenen Domizilen in der Wiener Innenstadt, in denen die Familie im Laufe der Jahre logierte, fand sich alles ein, was in Wien auf den Gebieten der Kunst und der Wissenschaft Rang und Namen hatte. Bei einem Glas Tokayerwein, bei Anis- und Zuckerbrot wurden Probleme und aktuelle Themen erörtert, literarische Neuerscheinungen besprochen, Theaterstücke mit verteilten Rollen vorgelesen, Konzerte veranstaltet.

Die Tochter des Hauses hatte zu diesen Gesellschafts- und Unterhaltungsabenden schon früh Zutritt. Das lebhafte, äußerst phantasiebegabte Kind wurde übrigens von ausgezeichneten Privatlehrern unterrichtet und erhielt so eine gediegene Ausbildung. Neben Latein und der klassischen Literatur wurde sie in Französisch und Italienisch unterwiesen, lernte Klavierspielen, Zeichnen und Malen und erhielt über Wunsch der Mutter, aber keineswegs zu ihrem Vergnügen, Mathematikunterricht. Religiöse Unterweisung und häusliche Fertigkeiten hatten im wohldurchdachten Ausbildungsplan des begabten Mädchens selbstverständlich ihren angemessenen Platz.

Im Salon Greiner verkehrten Schriftsteller und Gelehrte, Ärzte, Musiker, Schauspieler, Maler, Staatsbeamte. Weltanschaulich reichte der Kreis der Besucher von kosmopolitisch denkenden Aufklärern und Freimaurern bis zu den Vertretern der katholischen Theologie, doch waren letztere durchaus in der Minderheit. Der vorherrschende Gesprächston war freigeistig.

Zu den Gästen des Hauses Greiner zählten u. a. der Staatsrechtler Joseph von Sonnenfels, der Kustos der Wiener Hofbibliothek Michael Denis, der künstlerische Leiter des Wiener Burgtheaters, Joseph Schreyvogel, der Dichter J. Baptist Alxinger, der Botaniker Nikolaus Freiherr von Jacquin. Aber auch Wolfgang Amadeus Mozart und Joseph Haydn, deren Werke bei den musikalischen Soiréen erklangen, verkehrten im Salon des kunstsinnigen Hofrates und seiner gastfreundlichen Gemahlin.

Die kleine Karoline lernte im elterlich-häuslichen Milieu nicht nur die Regeln des gesellschaftlichen Lebens kennen. Sie wirkte bei kleinen Konzerten mit, übernahm Rollen in Komödien, die im Elternhaus zur Aufführung gelangten, und begann sich alsbald auch selbst schöpferisch zu betätigen. Schon als Zwölfjährige verfaßte sie ein Gedicht auf die Genesung einer Freundin, das im Musenalmanach veröffentlicht

wurde. Es war der frühe Beginn eines umfangreichen, durchaus anspruchsvollen literarischen Schaffens.
Natürlich konnte es nicht ausbleiben, daß die kluge Tochter der gastfreundlichen Familie Greiner, als sie zum jungen Fräulein herangewachsen war, bald auch von den Männern umschwärmt wurde. Sie war zwar nicht schön zu nennen, aber sie war gebildet, intelligent, tugendhaft, und vor allem stammte sie aus einem guten Haus. Schon fünfzehnjährig verlobte sich Karoline mit dem Bankbeamten J. B. von Häring, doch war die Verbindung nicht von langer Dauer. Nach drei Jahren wurde die Verlobung gelöst. Auch eine Liebesbeziehung mit dem Offizier Ferdinand von Kempelen zerschlug sich. Die Enttäuschung darüber muß groß gewesen sein, denn Karoline Greiner überlegte es sich lange, ehe sie eine eheliche Bindung einging. Sie heiratete erst im Alter von 27 Jahren.
Der Auserwählte war ein Beamter, ein Mitarbeiter des Vaters, namens Andreas Pichler. Die Ehe, der eine Tochter entstammte, war mustergültig. Andreas Pichler, der nicht den Ehrgeiz hatte, im öffentlichen Leben eine größere Rolle zu spielen, war ein liebenswürdiger, treuer Weggefährte seiner bald weit über das Weichbild ihrer Heimatstadt hinaus bekannten Gemahlin.

Der Tod des Vaters, 1798, zwei Jahre nach ihrer Verehelichung, bedeutete einen weiteren Einschnitt im Leben der jungen, mit großen literarischen Zukunftsplänen befaßten Frau. Der mit dem Ableben des kaiserlichen Hofrates verbundene Einkommensverlust machte eine Änderung der Lebensverhältnisse notwendig. Die kostspielige Stadtwohnung mußte aufgegeben werden, Karoline Pichler übersiedelte mit ihrer Familie in ein außerhalb der Stadtmauer gelegenes Domizil, in das Haus Nr. 109 in der Alservorstadt.
Es war zu befürchten, daß der Ortswechsel auch das Ende eines geistig und kulturell so unendlich befriedigenden Lebensabschnittes zur Folge haben würde. Wer würde es schon auf sich nehmen, auf ungepflasterten, holprigen und schlecht beleuchteten Wegen ein Haus aufzusuchen, das so weit vom Kulturbetrieb der Großstadt entfernt lag? Doch diese Sorge war unbegründet, wie sich bald herausstellen sollte. Im Jahre 1800 veröffentlichte Karoline Pichler ihre »Gleichnisse« und wurde mit einem Schlag berühmt. Nun suchte man die Bekanntschaft der jungen,

begabten Dichterin. Das unscheinbare Haus in der Alservorstadt wurde das Zentrum des gesellschaftlichen und literarischen Lebens in der Donaumetropole.
Der »Salon Pichler« unterschied sich von demjenigen der Eltern nicht unwesentlich. Hier herrschte nicht mehr der Geist der Aufklärung, sondern – dem Wandel der Zeit entsprechend – eine Atmosphäre biedermeierlicher Geselligkeit. Karoline Pichlers Ideenwelt wurde von zwei Geistesrichtungen bestimmt: von der Philosophie der Stoa und dem Christentum, für dessen Moralprinzipien sie mit Überzeugung eintrat. Es war daher geradezu zwangsläufig, daß ihr Salon, dem zwar die Mutter präsidierte, dessen Seele jedoch *sie* war, zu einem Treff- und Sammelpunkt der katholisch-romantischen Bewegung in Wien wurde.
Der erste Repräsentant der neuen Geistesrichtung, der im Salon Pichler verkehrte, war der exaltierte Zacharias Werner, der später mit seinen donnernden, gegen die Vergnügungssucht und die Ausschweifungen der Kongreßzeit gerichteten Kanzelreden die Kirchen füllte. Die Hausherrin, die viel auf Anstand hielt, wußte mit ihm nicht viel anzufangen. Mit August Wilhelm Schlegel kam sie besser zurecht. Sie fand ihn geistreich im Umgang, übersah aber auch seine Schwächen nicht: seine Eitelkeit, sein übersteigertes Selbstbewußtsein und seine Launenhaftigkeit. Durch Schlegel lernte die Pichler die geistsprühende, exzentrische und berühmte Madame de Staël kennen, die sich sogar dazu herabließ, dem Salon in der Alservorstadt einen Besuch abzustatten.
Die Aufregung im Hause Pichler an diesem Maiabend des Jahres 1808 war natürlich groß, war doch keine der anwesenden Damen, großteils Bekannte von Frau Greiner, des Französischen so mächtig, daß sie sich auf ein kultiviertes Gespräch einlassen konnte. Die »femme superieure« erschien höchst auffällig gekleidet in der biederen Damenrunde, zeigte sich aber von ihrer liebenswürdigsten und freundlichsten Seite. Die Meisterin der gepflegten Konversation sprach anregend über den Dichter Chateaubriand, deklamierte Gedichte und machte alles in allem auf die Gastgeberin einen positiven Eindruck. Trotzdem war Karoline Pichler erleichtert, als die französische Schriftstellerin, die in der vornehmen Wiener Gesellschaft Aufsehen und Anstoß erregte, wieder ging. In ihren Salon hatte die mondäne Dame so gar nicht hineingepaßt.
Einer anderen großen Frauenpersönlichkeit, Dorothea von Schlegel, geb. Mendelssohn, fühlte sich Karoline Pichler tief und innig verbun-

den. Obwohl sie die emanzipatorischen Ansichten der aus Deutschland stammenden Dame keineswegs teilte, schätzte sie doch deren gesellschaftliche Talente, das treffende Urteil, die Liebenswürdigkeit und ihren angenehmen Umgang. In ihren »Denkwürdigkeiten« pries die Wienerin die weibliche Würde, den feinen sittsamen Anstand und die funkelnde Intelligenz der Berlinerin. Es hätte nicht viel gefehlt, und sie hätte ihr auch noch Charme attestiert.
Dorothea Schlegel brachte auch Freunde mit: Adam Müller etwa, den zum Katholizismus konvertierten Vertreter der Reaktion, oder die geistreiche Berliner Jüdin Henriette Herz. Sie sollte die zwar »äußerlich häßliche, aber angeregt und sehr anregende und dabei gemütliche und einfache Karoline« in angenehmer Erinnerung behalten.

Karoline Pichler war mit Herz und Seele eine österreichische Patriotin. Ihre Liebe gehörte dem Herrscherhaus, dem sie ein gerüttelt Maß an Verehrung entgegenbrachte. Für ein deutsches Nationalgefühl im Sinne einer deutschen Einheitsbewegung, das damals im Kampf gegen das Frankreich Napoleons aufkeimte und breite Bevölkerungsschichten erfaßte, hatte sie nichts übrig. Napoleon und die Franzosen haßte sie mit allen Faser ihres Herzens. An den Befreiungskriegen gegen den Kaiser der Franzosen nahm sie brennend Anteil, der Freiheitsdichter Theodor Körner war ein gern gesehener Gast in ihrem Haus. Ebenso der leidenschaftliche Vorkämpfer der patriotisch-dynastischen Bewegung in der Habsburgermonarchie, der Tiroler Joseph Freiherr von Hormayr. Er wurde bereits als junger Historiker in den Pichlerschen Salon eingeführt und propagierte dort die Idee eines österreichischen Patriotismus, der aus dem Studium der vaterländischen Geschichte erwachsen sollte. Seine geistige Saat fiel auf fruchtbaren Boden. Nirgends wurde der heimattreue Tiroler so gastfreundlich aufgenommen und so gut verstanden wie im bürgerlichen Heim der tief empfindenden Karoline Pichler.
Der patriotische Kreis, dem unter anderen auch Lorenz Leopold Haschka, der Verfasser der Kaiserhymne »Gott erhalte«, und der Dichter Heinrich von Collin angehörten, entfaltete in ihrem Salon ein reges geistiges Leben. Hormayr lenkte den Blick der Gastgeberin auf die Geschichte, eröffnete ihr dadurch einen völlig neuen geistigen Horizont und regte sie dazu an, Balladen, Dramen und Romane mit historischem Hintergrund zu schreiben. Die Pichler war Hormayr, der sie so

nachhaltig beeinflußte, grenzenlos dankbar. »Ihm verdanke ich so manche genußreiche Unterhaltung«, hielt sie in ihren »Denkwürdigkeiten« fest, »manchen belehrenden Nachweis in der Geschichte meines Vaterlandes … sowie in die Geschichte überhaupt. Vieles geschah damals und später für die österreichische Geschichte, was den ersten Impuls durch Hormayr erhielt.«

Der Wiener Kongreß hinterließ auch im bürgerlichen Salon der Karoline Pichler Spuren. Der Name der mittlerweile weithin bekannt gewordenen Schriftstellerin hatte einen so guten Klang, daß selbst die Spitzen der vornehmen, damals in der Residenzstadt weilenden Gesellschaft den weiten Weg zu ihrem vorstädtischen Domizil nicht scheuten, um einen Abend bei ihr zu verbringen. Staatsmänner und Diplomaten, Fürstinnen und Fürsten, Wissenschaftler, bildende Künstler und Musiker, aber auch Generäle genossen ihre Gastfreundschaft und diskutierten bei und mit ihr über Gott und die Welt.

Karoline Pichler war eine ungeheuer belesene und enorm gebildete Frau. Sie stand lebenslang in Verbindung mit der zeitgenössischen Literatur, verehrte Klopstock, Wieland, Herder, Goethe und Schiller und empfing von ihnen mannigfache Anregungen für ihr eigenes Schaffen. Mit der deutschen Klassik wuchs sie geradezu auf, ihre Ausbildung und literarische Entwicklung fiel mit deren Blüte zusammen. Der Romantik stand sie hingegen ablehnend gegenüber.

Karoline Pichler setzte sich auch eingehend mit der englischen Literatur ihrer Zeit auseinander. Sie las die Gedichte Lord Byrons, die »blendend, überwältigend und erschütternd« auf sie einwirkten, und nahm sich bei der Abfassung ihrer historischen Romane Sir Walter Scott zum Vorbild, dessen Erzählkunst im ersten Viertel des 19. Jahrhunderts auf dem Kontinent sehr geschätzt wurde. »Meine liebste Lektüre sind die neuen englischen Dichter Walter Scott und Byron«, schrieb sie 1821 an einen Freund. »Meine Zuflucht ist jetzt die englische Lektüre.«

Natürlich kannte sie auch die Werke der französischen Aufklärungsliteratur, ohne freilich von der Weltanschauung des Jean Jacques Rousseau etwa, beeinflußt zu werden. Ihre Glaubensüberzeugung, ihr sittliches Empfinden und ihre moralischen Standpunkte waren vom Katholizismus geprägt.

Nach dem Ende des kostspieligen Friedenskongresses, dem der öster-

reichische Staatskanzler Fürst Klemens Lothar Metternich präsidierte, wurde es um Karoline Pichler ein wenig stiller. Sie empfing jetzt seltener Besucher und gab kleinere Gesellschaften. Aber ihr Salon blieb weiterhin der Mittelpunkt eines literarischen Kreises. Joseph Schreyvogel, der künstlerische Leiter des Wiener Burgtheaters, verkehrte häufig bei ihr. Er brachte fast jedes seiner schriftstellerischen Produkte noch im Manuskript in das Haus in der Alservorstadt mit, trug es einem interessiert lauschenden Publikum vor und schickte Karoline die Endfassung zur Begutachtung zu. Schreyvogel war es auch, der an einem Frühlingsabend des Jahres 1817 seinen talentierten jungen Schützling Franz Grillparzer, der sich mit seinem Stück »Die Ahnfrau« bereits ersten dichterischen Ruhm erworben hatte, in den Pichlerschen Kreis einführte. Die Schriftstellerin überlieferte der Nachwelt die Begegnung mit folgenden Worten: »… Nie werde ich den Abend vergessen und den allgemein günstigen Eindruck, den seine Erscheinung hervorbrachte; Grillparzer war nicht hübsch zu nennen, aber seine schlanke Gestalt und mehr als Mittelgröße, schöne, blaue Augen, die über die blassen Züge den Ausdruck von Geistestiefe und Güte verbreiteten und eine Fülle von dunkelblonden Locken machten ihn zu einer Erscheinung, die man gewiß nicht so leicht vergaß, wenn man auch ihren Namen nicht kannte, wenn auch der Reichtum eines höchstgebildeten Geistes und eines edlen Gemüts sich so deutlich in allem, was er tat und sprach gezeigt hätte. Dieser Eindruck war allgemein in der kleinen Gesellschaft, die sich an jenem Abend in unserem Garten versammelt hatte, und es mochte sich auch der junge Dichter durch das, was er hier gefunden, auf genügende Art angesprochen gefühlt haben, denn er kam von nun an zuweilen und gegen den Winter zu immer öfter.«
Die lebenserfahrene Schriftstellerin erkannte nicht nur Grillparzers dichterisches Genie, sie durchschaute auch seine schwermütige, selbstquälerische, hypochondrische Veranlagung und versuchte, sie auf mütterliche Weise ein klein wenig, freilich vergeblich, zu korrigieren.
Am Werdegang des Dichters nahm sie in den nächsten Jahren regen geistigen Anteil. Seiner »Sappho« zollte sie ungeteilten Beifall, gegen das vaterländische Trauerspiel »König Ottokars Glück und Ende« erhob sie im Detail Einwände. Das anfänglich gute Verhältnis zwischen Karoline Pichler und Franz Grillparzer, der Lottchen, der Tochter des Hauses, viel Sympathien entgegenbrachte, verschlechterte sich jedoch und zer-

schlug sich schließlich vollends. Ab dem Jahre 1822 blieb der Dichter dem Salon der Pichler fern und zog sich in den kleinen familiären Kreis um Kathi Fröhlich zurück.
Zum literarischen Kreis um Karoline Pichler gehörte auch Ignaz Franz Castelli, der Herausgeber einiger Zeitschriften und biedermeierlicher Hausdichter des Kärntnertortheaters. Von ihm stammt ein anschauliches Urteil über Karoline Pichlers äußere Erscheinung und ihr Wesen: »Ich sehe sie noch vor mir«, schrieb er in seinen Memoiren, »die keineswegs schöne, aber mit so freundlichen, leutseligen, gutherzigen Zügen bedachte Frau, daß sie auf den ersten Blick jeden für sich einnahm, nie mürrisch, nie geschwätzig, nie unbescheiden, in einer literarischen Gesellschaft nie sich vordrängend, aber auch nie im Gespräche zurückbleibend, in solchen Zirkeln ihre Meinung offen, aber immer bescheiden äußernd, in einem Kreise gewöhnlicher Frauen aber ebenso gut über Zubereitung von Speisen und über Marktpreise sprechend.« Im Salon Karoline Pichlers verkehrte auch der vielseitig begabte, universell gebildete Anton Graf von Prokesch-Osten, ein junger Offizier, der wegen seiner tadellosen Figur »der schöne Fähnrich« genannt wurde.
Prokesch, der sich später als Diplomat und Orientalist einen großen Namen machte, knüpfte, wie schon Grillparzer vor ihm, zarte Bande zur Tochter des Hauses an, die jedoch nicht zur Heirat führten. Das Mädchen war tief getroffen, die Mutter verärgert. Ein Jahrzehnt später charakterisierte sie den Gelehrten, schon wieder milde gestimmt, folgendermaßen: »Prokesch ist ein seltsames Gemisch von Ehrgeiz, Eitelkeit, Prunksucht, ungemein hellem Verstand ... von Egoismus und Gutmütigkeit ...«
Anfang der dreißiger Jahre des vorigen Jahrhunderts, als Karoline Pichler diese Zeilen niederschrieb, war die Blütezeit ihres Salons bereits vorüber. Das Salonleben verflachte, der Sinn für geistreiche, gesellige Unterhaltung schwand, ein Hang zu Bequemlichkeit und Luxus machte sich breit. Für die Pichler, die mit zunehmendem Alter ein gewisses Ruhebedürfnis verspürte, war diese Entwicklung dennoch recht schmerzlich. »Der Kreis von gebildeten, mitunter gelehrten Männern, der mich einst umgab, hat sich durch Zeit, Tod und Entfernung, geänderte Verhältnisse u.s.w. zerstreut«, schrieb sie im September 1831 an Karl Streckfuß, einen alten Bekannten aus besseren, geselligeren Tagen. »Neues hat sich nicht eingefunden. Die jetzigen, jungen Dichter besu-

chen selten gebildete Zirkel, sie gesellen sich besser in Kaffeehäusern, bei Wein, Tabakdampf, ungenierten Umgang … und um eine alte Frau in einer Vorstadt zu besuchen, rühren sie keinen Finger, denn es lohnt ihnen nicht die Mühe …«
Zwar waren von der jüngeren Dichtergeneration auch noch Nikolaus Lenau und Eduard von Bauernfeld in ihrem Salon zu Gast, aber Lebensweise und Geisteshaltung der nachkommenden Generation waren nicht mehr die ihren.

Der Tod ihres Gatten am 16. August 1837 traf Karoline Pichler schwer. Sie mußte aus finanziellen Gründen einen Teil ihres Hauses vermieten und bezog mit ihrer Tochter Lotte und deren Kindern die Räume im ersten Stock. Die gottgefällige Frau widmete sich in ihren letzten Lebensjahren nur noch dem Unterricht und der Erziehung ihrer Enkelkinder, blieb aber geistig rege und nahm weiterhin Anteil an den künstlerischen und kulturellen Ereignissen ihrer Zeit. Ihre eigene dichterische Schaffenskraft kam im Alter langsam zum Erliegen.
Im Literaturbetrieb der Biedemeierzeit nahm Karoline Pichler eine beachtliche Stellung ein. Ihre Werke, Balladen, historischen Romane, Erzählungen und Theaterstücke, insgesamt ein Œuvre von nicht weniger als sechzig Bänden, waren in den literarischen Kreisen ein beliebter Lese- und Gesprächsstoff, ihr Briefroman »Agathokles«, dem selbst Goethe Anerkennung zollte, wurde ins Französische, Italienische, Dänische und Niederländische übersetzt.
Die meisten Bücher Karoline Pichlers sind heute längst vergessen. So groß die literarischen Erfolge der Salondame in ihrer Zeit waren, welch guten Klang ihr Name im In- und Ausland auch hatte, in die Literaturgeschichte ist er nicht eingegangen.
Die Themen, die die Pichler in ihren Werken behandelte, waren doch wohl zu zeitgebunden, ihre an den antiken und deutschen Klassikern geschulte Sprache doch zu wenig originell und stilbildend, um in den Olymp der Literatur aufgenommen zu werden. Immerhin scheint die Biedermeier-Literatin Adalbert Stifters »Hochwald« beeinflußt zu haben, und auch Enrica Handel-Mazzetti und Marie von Ebner-Eschenbach holten sich aus dem umfangreichen Werk so manche Anregung.
Was uns heute zu besonderem Dank verpflichtet, sind die vierbändigen Memoiren der Karoline Pichler, »Denkwürdigkeiten aus meinem Le-

ben«, die 1844, ein Jahr nach ihrem Tod, im Druck erschienen. In diesem Werk erzählt sie nicht nur Autobiographisches, berichtet sie nicht nur über ihr Elternhaus, ihre Ausbildung und ihr Schaffen, sondern schildert ausführlich und aufschlußreich die vielen Begegnungen mit den zahlreichen Persönlichkeiten, die sie im Laufe ihres Lebens kennengelernt hat. Darüber hinaus zeichnet sie ein farb- und nuancenreiches Bild mehrerer Epochen: der Josephinischen Ära, des Napoleonischen Zeitalters und vor allem auch der Biedermeierzeit. In ihrer Rolle als Chronistin und als künstlerische und kulturelle Animatorin liegt ihre Hauptbedeutung, die weit über das Lokalhistorische hinausgeht.
Karoline Pichler, die in ihren letzten Lebensjahren einsam Gewordene, schied am 9. Juli 1843 nach schwerem Leiden aus dem Leben. Das Leichenbegängnis der bedeutenden Österreicherin und leidenschaftlichen Wienerin war unwienerisch bescheiden. Ihrem Sarg folgten außer den nächsten Angehörigen nur ein paar Freunde, die großteils mit ihr alt geworden waren. Die Totenmesse fand in der Pfarrkirche Alsergrund statt, die Beisetzung erfolgte auf dem Währinger Friedhof. In etlichen Blättern erschienen Nekrologe. In einem der Nachrufe hieß es: »Eine in allen Beziehungen ausgezeichnete Frau, erfreute sie sich im Privatleben der ungeteiltesten Liebe aller derer, welchen es vergönnt war, ihr persönlich näher zu kommen und ihre hohe Herzensgüte, die seltene wahrhaft bewunderungswürdige Anspruchslosigkeit ihres Charakters kennen zu lernen.« Und weiter: »Ihr Bild wird unvergänglich leben in den Herzen ihrer Freunde und Deutschland wird das Andenken an eine seiner edelsten Frauen zu ehren wissen.« Das war und blieb nun allerdings ein Wunsch. Sowohl in Deutschland wie auch in Österreich ist Karoline Pichler heute weitgehend vergessen.

MIT SEGELSCHIFF UND EISENBAHN UM DIE WELT

Das Reisen und die Reiselust nahmen in der Biedermeierzeit einen rasanten Aufschwung. Waren die Reisenden, wenn ihnen keine eigenen Gespanne zur Verfügung standen, in den Epochen zuvor auf die unbequeme Postkutsche angewiesen, die über holprige Landstraßen dahinratterte, so boten sich nach der Erfindung und Verbreitung von Eisenbahn und Dampfschiff neue Möglichkeiten, längere Distanzen ein bißchen komfortabler, vor allem jedoch rascher zurückzulegen. Die Menschen machten davon nach anfänglicher Skepsis in zunehmendem Maße Gebrauch. Es waren nicht nur die Begüterten und nicht nur Männer, die es in die Ferne zog. Sie stellten freilich das Hauptkontingent im Reigen der Bildungs- und Bäderreisen, die damals im Schwange waren. Es gab aber auch Frauen, die vom Fernweh ergriffen wurden. In den meisten Fällen reisten sie in Begleitung ihres Ehemannes oder eines männlichen Beschützers. Alleinreisende Frauen waren eine Seltenheit, waren die große Ausnahme. Eine dieser Ausnahmen war die Österreicherin Ida Pfeiffer, die sich mit der Schilderung ihrer abenteuerlichen Erlebnisse weit über die Grenzen ihrer Heimat hinaus einen Namen gemacht hat.

Von unstillbarem Fernweh ergriffen: Ida Pfeiffer

IDA PFEIFFER

Weltreisende aus innerem Zwang

»Schon als zartes Kind hatte ich die größte Sehnsucht hinaus in die Welt zu kommen«, motivierte Ida Pfeiffer in der Vorrede zu einem ihrer Bücher später ihr unstillbares Fernweh. »Begegnete ich einem Reisewagen, blieb ich unwillkürlich stehen, und sah ihm nach bis er meinen Blicken entschwunden war; ich beneidete sogar den Postillion, denn ich dachte, er habe die ganze große Reise mitgemacht.«

Das Verlangen, die Welt zu sehen, löste in dem jungen Mädchen eine wahre Lesewut aus. Ida verschlang Reisebeschreibungen, die ihre Phantasie beflügelten. Im Geist war sie schon damals in vielen Teilen der Welt unterwegs, erforschte sie auf allen Kontinenten die Geheimnisse der Natur. Bis zur Verwirklichung dieser Träume sollten allerdings noch ein paar Jahrzehnte vergehen, Jahrzehnte, die angefüllt waren mit Bitternissen, Enttäuschungen und den Frustrationen einer unglücklichen Ehe.

Die am 14. Oktober 1797 in Wien geborene Ida Laura Reyer war die Tochter eines wohlhabenden Großhändlers und Fabriksbesitzers. Die Eltern stammten aus Kärnten.

Über ihre frühe Kindheit wissen wir nur wenig. Entscheidend für ihren Lebensweg dürfte gewesen sein, daß sie bis zu ihrem neunten Lebensjahr als einziges Mädchen unter fünf Brüdern aufwuchs und von ihrem Vater wie auch die Söhne überaus streng erzogen wurde. Sie trug Knabenkleidung, spielte nicht mit Puppen, sondern mit Gewehr und Säbel und lernte früh, sich inmitten einer Schar von Knaben zu behaupten.

Der Vater versagte seinen Kindern die Erfüllung selbst der bescheidensten Wünsche und gewöhnte sie daran, Entbehrungen zu ertragen, Widerstände zu überwinden und auf die Annehmlichkeiten des Lebens zu verzichten. Er schuf damit, ohne es zu beabsichtigen, die Voraussetzungen für die spätere entbehrungsreiche Reisetätigkeit seiner Tochter. Ohne diese mitleidslose, spartanische Erziehung, ohne diese Gewöhnung an schwerste Lebensbedingungen hätte Ida die Strapazen und existenziellen Bedrohungen, denen sie sich gegenübersah, gewiß nicht gemeistert.

Der Vater, der 1806 im Alter von 43 Jahren starb, hinterließ jedem seiner Kinder ein Vermögen von 16 000 Gulden, das jedoch erst nach Eintritt in die Volljährigkeit ausbezahlt werden sollte.

Das Leben der kleinen neunjährigen Ida änderte sich mit dem Tod des Vaters total. Sie mußte nun auf Wunsch der überängstlich-fürsorglichen Mutter Mädchenkleidung tragen, was das eigenwillige Kind trotzig ablehnte. Ida sträubte sich mit aller Kraft gegen die neue Rollenzuweisung. Um ihr zu entgehen, flüchtete sie sogar in eine lebensbedrohende Krankheit. Sie genas erst, als ihr die Mutter versprach, wieder Knabenkleidung tragen zu dürfen. Später mußte sie sich dann doch fügen, wuchs aber nur widerwillig in ihre weibliche Rolle hinein. Jede Art von Hausfrauentätigkeit war ihr aus tiefstem Herzen zuwider. Auch das Klavierspielen, das damals zum guten Ton gehörte, lehnte sie ab.
Ihre Schulbildung erhielt Ida durch Hauslehrer vermittelt. Einer von ihnen, Joseph Franz Emil Trimmel mit Namen, der 1810 ihre Erziehung übernahm, gewann im Handumdrehen die Zuneigung der Dreizehnjährigen. Ihr Verhältnis zum geliebten Lehrer schilderte sie rückblickend so: »Da ich meine Eltern mehr fürchten als lieben gelernt hatte, und er so zu sagen, das erste Wesen war, das mir mit Freundlichkeit und Theilnahme entgegenkam, so hing ich mit schwärmerischer Liebe an ihm. Ich suchte jeden seiner Wünsche zu erfüllen und fühlte mich nie glücklicher, als wenn er mit meinen Bestrebungen zufrieden schien. Er leitete meine ganze Erziehung, und obgleich es mich gar manche Thräne kostete, meinen jugendlichen Träumereien zu entsagen und mich mit Dingen zu befassen, die ich früher mit der tiefsten Verachtung betrachtet hatte, so that ich es doch – ihm zu Liebe. Selbst alle weiblichen Arbeiten, Nähen, Stricken, Kochen u.s.w. lernte ich. Ihm verdanke ich es …, daß aus dem wilden Jungen eine bescheidene Jungfrau wurde.«
Auch Trimmel empfand für seinen Schützling mehr als nur schulmeisterliche Zuneigung. Als Ida im heiratsfähigen Alter war, hielt er bei der Mutter um ihre Hand an. Frau Reyer verweigerte die Zustimmung zur Ehe und stieß mit dieser Entscheidung die Tochter abermals in ein seelisches Tief. Erst eine von der Mama verordnete Badereise nach Böhmen und eine Wallfahrt nach Mariazell halfen ihr, sich daraus zu befreien. Ida und ihr geliebter Hauslehrer mußten voneinander lassen, blieben aber weiterhin in Kontakt.

Die Mutter hielt für Ida nach einem, wie sie glaubte, geeigneteren Mann Ausschau. Nach mehreren Weigerungen, den für sie ausgewählten Mann zu akzeptieren, willigte die 23jährige schließlich in die Ehe mit dem in Lemberg wohnhaften Advokaten Dr. Mark Anton Pfeiffer ein. Die Hochzeit fand am 1. Mai 1820 statt. Pfeiffer, der doppelt so alt war wie Ida, war jedoch keineswegs der richtige und schon gar nicht der erwünschte Partner. Die junge Frau mußte aus der Kaiserstadt an der Donau in einen entfernten Winkel der Monarchie, in das galizische Lemberg, übersiedeln.
Der Standortwechsel mag ihr schwergefallen sein. Sie blieb jedoch nicht lange in Galizien. Da der Gatte einige Monate nach der Verheiratung seine Advokatur aufgeben mußte, schlug das Ehepaar im Februar 1821 seine Zelte in Wien auf, wo Frau Pfeiffer noch im selben Monat einen Sohn zur Welt brachte.
Alle Versuche Dr. Pfeiffers, im In- und Ausland eine neue Anstellung zu finden, schlugen fehl. Ein unstetes Wanderleben zwischen Wien, Lemberg und anderen Städten war die Folge. Die Familie, die nach der Geburt eines zweiten Sohnes wieder größer geworden war – eine Tochter starb kurz nach der Entbindung – geriet in Not. »Gott allein weiß, was ich durch achtzehn Jahre meiner Ehe litt!« schrieb Ida Pfeiffer im Abstand der Jahre. »Nicht durch rohe Behandlung von Seite meines Mannes, sondern durch die drückendsten Lebens-Verhältnisse, durch Noth und Mangel! Ich stammte aus einem wohlhabenden Hause, war von frühester Jugend an Ordnung und Bequemlichkeit gewöhnt, und nun wußte ich oft kaum, wo ich mein Haupt niederlegen, wo das Bischen Geld hernehmen sollte, um mir nur das Nöthige anzuschaffen. Ich verrichtete alle Hausarbeiten, ich fror und hungerte, ich arbeitete im Geheimen für Geld, ich ertheilte Unterricht in Zeichnen und Musik, und doch trotz aller Anstrengungen gab es oft Tage, an welchen ich meinen armen Kindern kaum etwas mehr als trockenes Brot zum Mittagessen vorzusetzen hatte.«
Obwohl sie sich über ihren Gatten nie abfällig äußerte, nützte sie doch jede Gelegenheit, um seiner Nähe zu entfliehen. Sie machte längere Besuche bei Freundinnen, unternahm mit ihnen kleinere Reisen, pflegte ihre todkranke Mutter und lebte ab 1833, von ihrem Ehemann faktisch getrennt, mit ihren beiden Söhnen ständig in Wien. Dr. Pfeiffer hielt sich ab dieser Zeit überwiegend bei seinem Sohn aus erster Ehe in Lem-

berg auf, kam nur gelegentlich in die Kaiserstadt und überließ seiner Frau die Erziehung der Kinder.

Im Jahre 1836 reiste Ida Pfeiffer mit ihrem jüngeren, kränklichen Sohn Oscar nach Triest. Er sollte dort zur Kräftigung seiner Gesundheit Seebäder nehmen. Der Anblick des Meeres überwältigte die leidgeprüfte, fernwehgeplagte Frau derart, daß sie sich nur mit Mühe dazu zwingen konnte, nach Wien zurückzukehren. Noch brauchten sie ihre beiden Buben, noch mußte sie sich gedulden, konnte sie ihrer brennenden Reiselust nicht nachgeben. Einige Jahre später, als die Söhne die Hilfe nicht mehr benötigten, war Ida Pfeiffer nicht mehr zu halten. Ihr Entschluß, eine große Reise zu unternehmen, stand unwiderruflich fest, und auch das Reiseziel war eine beschlossene Sache. Sie wollte in das »Heilige Land« ziehen und dort jene Stätten aufsuchen, »von welchen das wahre Licht der Menschheit« ausging. Ida Pfeiffer unternahm keine regelrechte Pilgerreise, aber ihr Reisewunsch war zweifellos religiös motiviert.
Es wollte schon etwas heißen, wenn eine Frau von 45 Jahren um die Mitte des vorigen Jahrhunderts den Entschluß faßte, sich der Ungewißheit, den Risiken und Strapazen einer so langen Reise zu unterziehen. Und noch dazu ganz allein, ganz auf sich selbst gestellt, ohne große Vorbereitungen. Sie hatte keine einschlägigen Erfahrungen, es fehlte ihr an den nötigen Sprachkenntnissen, und zudem mußte sie die Reise aus der eigenen Tasche finanzieren. Überschätzte sie ihre Kräfte? Unterschätzte sie die Schwierigkeiten, die zweifellos auf sie zukommen würden?
Sie war Entbehrungen gewöhnt, sie war genügsam und anspruchslos, sie hatte eine eiserne Natur und eine unbeugsame Willenskraft. Das waren gewiß die besten charakterlichen Voraussetzungen für ein Vorhaben dieser Art. Aber der Erfolg einer Reise in fremde Länder hing in der Biedermeierzeit nicht allein von der körperlichen Konstitution ab. Es waren, vor allem für eine Frau, Bekleidungsfragen zu bedenken, Probleme der Ausrüstung, des Reiseproviants, der Hygiene, der Beherbergung.
Ida Pfeiffer machte sich vor Antritt ihrer Reise in das »Heilige Land« darüber keine allzu großen Gedanken. Sie würde die Dinge an sich herankommen lassen und ihre Entscheidungen an Ort und Stelle fällen, wie es die jeweilige Situation erforderte.

Am 22. März 1842 zog sie los. Richtiger gesagt: sie bestieg in Wien ein Dampfschiff, um die Donau abwärts in das Schwarze Meer zu gelangen. Die meisten Passagiere verließen in Preßburg oder Budapest das Schiff. Ida Pfeiffers Plan, auf dem Donauweg nach Konstantinopel zu gelangen, löste bei einem Großteil von ihnen lediglich mitleidiges Kopfschütteln aus. War diese Frau verrückt? Viele Passagiere mögen sich diese Frage gestellt haben. Für so ungewöhnlich und fürwitzig hielt man damals eine solche Unternehmung.
Die Fahrt war auch wahrlich kein Vergnügen. Sechsmal mußte das Schiff gewechselt werden, besonders gefährliche Stellen wurden mit Ruderbooten überwunden. Nach sechzehn ermüdenden Tagen erreichte Ida Pfeiffer die Stadt am Bosporus.
Sofort nach ihrer Ankunft machte sie sich daran, die Sehenswürdigkeiten der Stadt zu erkunden. Sie besuchte den Sultanspalast und die bedeutendsten Moscheen, durchstreifte Basare und erlebte die Feierlichkeiten zum Todestag Mohammeds. Der Welt des Islams, die sich vor ihren Augen auftat, stand sie staunend, wenn auch nicht vorurteilsfrei, gegenüber. Ihr Weltbild war durchaus konservativ und europazentriert.
Von Konstantinopel aus unternahm sie mit einigen Europäern, die sie

Die Weltreisende hält kurze Rast

kennengelernt hatte, Ausflüge in die Umgebung. Bei einer dieser Touren machte sie eine unangenehme Erfahrung. Eine längere Strecke mußte zu Pferd zurückgelegt werden. Ida Pfeiffer war noch nie geritten. Was tun? Kurz entschlossen, schwang sie sich auf den Rücken eines der Tiere und erreichte, wenn auch unter Herzklopfen, heil und ohne Abwurf das Ende der Reitstrecke. Nach diesem Erlebnis wurde der unerschrockenen Globetrotterin klar, daß für eine Reise in ein fremdes Land eine entsprechende Kleidung nötig war.

»Eine sehr unangenehme Sache ist ferner das Reiten mit den langen Frauenkleidern, denn man muß stets warm angezogen sein, und da schlagen sich die schweren, oft vom Regen triefenden Kleider derart um die Füße, daß man beim Auf- und Absteigen vom Pferde im höchsten Grade unbeholfen ist«, stellte sie fest und zog aus dieser negativen Erfahrung die Konsequenzen. Sie wählte in Hinkunft eine praktische, bequeme Reisekleidung, die sie je nach Reiseland und Klima variierte. Zumeist trug sie ein schlichtes, wadenlanges Kleid, knöchellange Hosen, einen Strohhut und festes Schuhwerk. Diese Grundausstattung wurde durch einen Regenmantel mit Kappe ergänzt. Auf modische Accessoires legte Ida Pfeiffer keinen Wert, auf unnötigen Ballast verzichtete sie von vornherein. Wenn sich die Notwendigkeit ergab, ergänzte sie ihre Garderobe für Empfänge oder den Besuch von Kultstätten durch den Kauf einheimischer Kleidungsstücke.

Der Reisestil der eigenständigen, selbstbewußten und selbstbestimmten Frau war, durch ihre Erziehung und ihre finanzielle Situation bedingt, spartanisch. Ida Pfeiffer verzichtete notwendigerweise auf jede Bequemlichkeit. Sie führte wenig Gepäck mit sich und nannte nicht einmal eine Reiseapotheke ihr eigen.

Die wagemutige Weltenbummlerin setzte nach nicht ganz zwei Monaten Aufenthalt in Konstantinopel ihre Reise fort. Warnungen vor der im Libanon wütenden Pest und vor politischen Unruhen schlug sie in den Wind. Über Smyrna, Rhodos und Zypern gelangte sie nach Beirut und von dort auf einer arabischen Barke in Begleitung eines Engländers nach Jaffa. Die letzte Strecke Weges von Jaffa nach Jerusalem legte sie auf dem Rücken eines Pferdes zurück. Sechzehn lange, anstrengende Stunden währte der Ritt, ehe sie eines Morgens das ersehnte Reiseziel vor Augen hatte. Es war ein unvergeßlicher Anblick.

»... und mir ging der schönste Morgen meines Lebens auf! Ich war so in Gedanken und in Lobpreisungen versunken«, faßte sie ihre Empfindungen zusammen, »daß ich nicht sah und hörte, was um mich vorging. Und dennoch wäre es mir nicht möglich zu sagen, was ich alles dachte, was ich alles fühlte. Zu groß und mächtig war das Gefühl, zu arm und kalt ist meine Sprache, es auszudrücken. Ich … eilte in die Kirche, um mein Herz durch inniges Gebet zu erleichtern.«

Dreizehn Tage blieb Ida Pfeiffer in Jerusalem, besuchte und besichtigte aber auch alle Städte, die ihr aus der Bibel geläufig waren: Bethlehem, den Jordan, das Tote Meer, Jericho, Nazareth, den Berg Karmel. Sie unternahm mit einer Reisegesellschaft einen Ausflug nach Beirut und Damaskus und setzte dann auf einem drittklassigen griechischen Zweimaster ihre Reise nach Ägypten fort. Dort stieg sie zur Spitze der Cheopspyramide empor, ritt auf dem Rücken eines Kamels zum Roten Meer und kehrte über Neapel, wo sie den Vesuv bestieg, und Rom, wo sie vom Papst in Audienz empfangen wurde, und weiter über Florenz, Bologna und Triest in die Heimat zurück. Am 8. Dezember 1842 traf sie in Wien ein.

In der Kaiserresidenz war die große Reise der wagemutigen Frau bald das Tagesgespräch Nummer eins. Ein geschäftstüchtiger Verleger ermunterte den Zugvogel dazu, seine Erfahrungen zu Papier zu bringen. Ida Pfeiffer ließ sich dazu überreden. Sie hatte Tagebuchnotizen gemacht, die sie nun gut gebrauchen konnte. »Die Reise einer Wienerin in das Heilige Land« erschien 1844 und erlebte vier Auflagen. Eine Übersetzung ins Englische sorgte für Publizität außerhalb der Grenzen der Monarchie. Wesentlicher für die Autorin war jedoch die Erkenntnis, daß man mit dem Verkaufserlös eines Buches eine Reise finanzieren konnte.

Ida Pfeiffers exzessiver Reisedrang entsprang neben dem inneren Verlangen, die Welt zu sehen, auch dem Bedürfnis nach Selbstbestätigung. Sie hatte bis in ihr fünftes Lebensjahrzehnt ein fremdbestimmtes, für ihre Begriffe unerfülltes Dasein geführt. Sie wollte aus der unschöpferischen, langweiligen Existenz, die sie zu führen gezwungen war, ausbrechen. Sie liebte die Abwechslung, sie wollte der Eintönigkeit ihres Alltags, dem Leidensdruck ihrer Ehe entfliehen.

Nach ihrer ersten großen Reise dauerte es allerdings länger als zwei Jahre, ehe sie wieder Abschied von der Heimat nahm. Diesmal zog sie nach Norden, nach Skandinavien und Island. Zwei Monate lang durchstreifte sie die dünn besiedelte Insel im Nordmeer, bestaunte die Geysirs, die kochendheiß sprudelnden Quellen, beobachtete die Fischer beim Lachsfang und erforschte Höhlen. Auf dieser Reise entdeckte Ida Pfeiffer auch eine neue Leidenschaft, der sie bis an ihr Lebensende frönte: Sie begann Mineralien, Pflanzen, Insekten und kleine Reptilien zu sammeln. Diese Objekte verkaufte sie zumeist an staatliche Sammlungen und erschloß damit eine zusätzliche Erwerbsquelle für ihre Reisekosten.

Auf der Rückreise wurde die inzwischen schon bekannte Globetrotterin von der schwedischen Königin empfangen, eine Ehre, die die eher gesellschaftsscheue, einfache Frau sehr wohl zu schätzen wußte.

Auch diesmal legte Ida Pfeiffer ihre Reiseeindrücke in einem Buch nieder. Den Band »Reise nach dem skandinavischen Norden und der Insel Island 1845« in zwei Teilen schrieb sie in den sieben Monaten schöpferischer Ruhe, die sie sich bis zu ihrem nächsten Vorhaben, einer Reise um die Welt, gönnte.

Die Absicht war sensationell. Ida Pfeiffer hatte wohl schon zur Genüge bewiesen, zu welch außerordentlichen Leistungen und Strapazen sie fähig war, aber eine Weltreise trauten die Zeitgenossen der fast 50jährigen zarten Frau doch nicht zu. Das überstieg deren Fassungskraft. Die unternehmungslustige Weltenbummlerin ließ sich durch diese skeptischen Stimmen von ihrem Vorhaben nicht abhalten.

Am 1. Mai 1846 verließ sie Wien in Richtung Hamburg, wo sie sich auf einem dänischen Segler nach Rio de Janeiro einschiffte. Die Reise dauerte volle drei Monate. In Begleitung eines Grafen, den sie von einer ihrer früheren Reisen kannte, machte sie nach der Ankunft zunächst einen Ausflug in die in der Nähe liegende deutsche Kolonie Petropolis. Dieser Abstecher wäre ihr bald zum Verhängnis geworden. Ein rasender Neger fiel urplötzlich mit gezücktem Messer über sie und ihren Begleiter her. Geistesgegenwärtig trat sie dem Mann, ihren Schirm als Waffe benutzend, entgegen und schlug ihn nach einem Handgemenge in die Flucht. Der Graf wurde schwer verwundet, sie selbst kam mit ein paar Messerstichen in den Oberarm davon.

Der Zwischenfall lähmte keineswegs den Tatendrang der Reisenden. Die unerschrockene Dame bewaffnete sich mit einer Pistole und drang, von einem Führer begleitet, in die unerschlossene Wildnis Brasiliens vor. Am Rio Paranaiba begegnete sie, wie sie es sich vorgenommen hatte, den Tupí-Indianern. Sie blieb einen Tag, wurde freundlich bewirtet und bewunderte, am Lagerfeuer sitzend, die ihr zuliebe veranstalteten Stammestänze.

Nach Rio de Janeiro zurückgekehrt, setzte sie mutterseelenallein ihre Reise um das gefürchtete Kap Hoorn nach Valparaiso fort. Die vierzehntägige Schiffahrt sollte ihr zeitlebens in Erinnerung bleiben. Ein Orkan zerfetzte Segel und Masten, Wasser drang in das Oberdeck ein. Das Schiff schien eine Beute der Wellen zu werden. Seekrank, hungrig und von der abenteuerlichen Fahrt schwer gezeichnet, erreichte sie im März 1847 Chile. Schon nach zwei Wochen mußte sie sich entschließen, das Land wieder zu verlassen, da sich die günstige Gelegenheit bot, auf einem holländischen Segler nach China zu reisen. Die Mannschaft legte auf Tahiti einen Zwischenaufenthalt ein, wo die Weltreisende von der unter französischer Oberhoheit stehenden Königin Pomaré stilvoll in europäischer Kleidung empfangen wurde. Am 9. Juli 1847 ankerte das Schiff vor Macao an der Küste des chinesischen Festlandes. Obwohl sich Ida Pfeiffers China-Aufenthalt auf die Hafenstädte Macao, Hongkong und Kanton beschränkte und sich die Menschen ihr gegenüber höchst gefällig und entgegenkommend benahmen, kamen die Chinesen in ihrem Urteil schlecht weg. Ihr Fremdenbild war nicht frei von Vorurteilen, ihre Wahrnehmungsfähigkeit durch Klischeevorstellungen eingeengt. Christliche Wertvorstellungen und ein bis zur Prüderie reichender Sittlichkeitsbegriff verhinderten nicht selten ein tiefergehendes Verständnis fremder und fremdartiger Kulturen.

Ida Pfeiffers nächste Station war Indien, das sie über Singapur und Ceylon erreichte. Sie »erforschte« zunächst die Ostküste und stattete dann von Kalkutta aus Benares, der heiligsten Stadt der Hindus, einen Besuch ab. Mit Interesse beobachtete sie die Hunderttausenden von Pilgern, die im Ganges ihre rituellen Waschungen vornahmen. Über Allahabad und das zauberhafte Agra erreichte sie Delhi, wo sich der österreichische Orientalist Dr. Alois Springer fürsorglich um sie kümmerte. Auf Ochsenkarren, zu Fuß, auf Kamelen und Elefanten reitend, setzte sie ihre Reise zur Westküste Indiens fort.

Das große südostasiatische Kulturland bot der erlebnishungrigen Frau alles, was sie zu sehen wünschte: faszinierende Naturschönheiten, imposante Kulturdenkmäler, aber auch exotische Abenteuer, wie zum Beispiel eine Tigerjagd, die sie sich natürlich nicht entgehen ließ. In Bombay, dessen wunderschöne Tempelanlagen auf sie einen großen Eindruck machten, bestieg sie einen kleinen Dampfer, der sie zu ihren weiteren Zielen nach Persien und Mesopotamien bringen sollte. Es war eine äußerst beschwerliche Reise. Das Schiff war überfüllt, sie mußte sich mit einem Platz auf dem Deck zufriedengeben, die hygienischen Verhältnisse waren miserabel. Waschbecken in ausreichender Anzahl fehlten, die Handtücher, so überhaupt welche vorhanden waren, waren durchnäßt und kaum benützbar.

Ida Pfeiffer, die ein großes Reinlichkeitsbedürfnis und ein ausgeprägtes Schamgefühl besaß, litt nicht nur auf dieser Fahrt unter den auch für die damalige Zeit ekelerregenden Zuständen. Ihrem Fernweh tat das allerdings keinen Abbruch. Über den Schatt el Arab erreichte die Abenteurerin Bagdad, besuchte die Ruinen von Babylon und Ninive und schloß sich dann einer Karawane an, mit der sie durch Kurdistan nach Persien zog.

Schon vor Antritt dieses Teiles der Reise hatte sie ihre Tagebücher und letzten Verfügungen in die Heimat zurückgeschickt, weil sie offenbar damit rechnete, nicht mehr nach Hause zu gelangen. Sie überstand aber auch diesmal alle Strapazen, zu denen sich allerdings noch der Hunger dazugesellt hatte. Nur zweimal innerhalb von zwei Wochen bekam sie warmes Essen. Als dann eines Tages eine warme Mahlzeit zubereitet wurde, lief ihr schon beim bloßen Gedanken daran das Wasser im Mund zusammen. Ihr Appetit wandelte sich freilich bald in Ekel. Aber geben wir ihr selbst das Wort: »Ich hatte acht Tage lang von nichts als Brot und Gurken und einigen Datteln gelebt. Wie aber wurde mein Appetit geschmälert, als ich sah, wie man das Gericht bereitete. Die alte Mutter meines Karawanenführers warf einige Handvoll rötlich kleiner Körner nebst einer ungeheuren Portion Zwiebeln in einen Topf voll Wasser. Nach einer halben Stunde fuhr sie mit ihren schmutzigen Händen hinein, mischte und drückte alles durcheinander, nahm zeitweise eine Portion Körner in den Mund, zerkaute sie in kleine Massen und spuckte diese wieder in den Topf. Dann nahm sie einen schmutzigen Lappen, ließ die Sauce durchlaufen und goß sie über das Fleisch.«

Kein Wunder, daß ihr der Appetit verging. Als sie schließlich in Täbris ankam, war sie heilfroh, daß sie die Reise einigermaßen gut überstanden hatte, ohne Schaden an Leben und Gesundheit zu nehmen. Der englische Konsul, dem sie ihr Vertrauen schenkte, führte sie in die vornehmsten persischen Familien ein, verschaffte ihr Zutritt zum Königshof und erwirkte eine Sondergenehmigung für die Einreise nach Rußland. Das Zarenreich zeigte sich Ida Pfeiffer von seiner schlechtesten Seite. Die Quartiere waren miserabel, die Postverbindungen unzumutbar, es gab endlose Zoll- und Paßschwierigkeiten. Diese unerquicklichen Zustände ließen in ihr den Entschluß reifen, das Land so rasch wie möglich wieder zu verlassen. Statt Petersburg und Moskau einen Besuch abzustatten, wie sie es sich vorgenommen hatte, reiste sie über Armenien und Georgien an das Schwarze Meer. Über Kertsch, Jalta und Sewastopol erreichte sie Odessa. Dort schiffte sie sich ein und fuhr über Konstantinopel und Athen zurück in das heimatliche Wien. Unterwegs hatte sie die Nachricht von den revolutionären Vorgängen des Jahres 1848 in der Kaiserstadt erreicht. »In meinem ganzen Leben hatten mich keine guten Nachrichten so sehr überrascht als jene aus Wien«, schrieb sie. »Meine gemüthlichen, friedliebenden Österreicher – und ein Umsturz der Regierung! – Ein Erwachen aus langer Lethargie! – Ich fand die Sache so fabelhaft ... Die Ereignisse der Märztage hatten mich so entzückt und begeistert, daß ich mich mit Stolz eine Österreicherin nannte.«

Sosehr sie die mit der Märzrevolution verbundenen demokratischen Neuerungen begrüßte (Konstitution, Pressefreiheit usw.), so beunruhigt war sie über die Radikalisierung der politischen Ereignisse in den darauffolgenden Monaten. Als sie Ende Oktober 1848 ankam, konnte sie ihre Heimatstadt nicht betreten. Das revolutionäre Wien wurde von den Truppen des Kaisers belagert. Nach der Einnahme der Stadt durfte sie aber dann doch die Stadttore passieren. Nach zweieinhalbjähriger Abwesenheit schloß sie ihre beiden Söhne, bewegt und über die glückliche Heimkehr erleichtert, in die Arme.

Natürlich hatte Ida Pfeiffer auch diesmal die Absicht, ihre Erlebnisse zu Papier zu bringen. Aber ihre Unterlagen waren noch nicht eingetroffen. Also machte die Rastlose noch ein paar kleinere Reisen, ehe sie, nachdem das Tagebuch angelangt war, mit der Abfassung ihres Reiseberichtes begann. Das dreibändige Werk: »Eine Frauenfahrt um die Welt« erschien 1850 und wurde ein Bestseller.

Kaum war das Werk fertiggestellt, schmiedete Ida Pfeiffer bereits wieder neue Reisepläne. Zur Deckung der Kosten einer zweiten Weltreise holte sie von den Direktoren der kaiserlichen Museen Aufträge zur Sammlung vornehmlich naturgeschichtlicher Objekte ein, erweiterte ihre biologischen, mineralogischen und ethnographischen Kenntnisse und legte die Reiseroute fest. Diesmal war sie vom März 1851 bis Ende Juli 1855 unterwegs. Sie bereiste zunächst die Inselwelt des Malaysischen Archipels, drang in Borneo, Sumatra und Java, ihr Leben nicht achtend, tief in die Urwälder ein, überquerte den Stillen Ozean und stürzte sich in Nord-, Mittel- und Südamerika in kräfteraubende Abenteuer. Fieberanfälle und die großen Strapazen, die sie sich zugemutet hatte, zehrten an ihrer Gesundheit. Die kleine, zarte, aber sehnige Frau machte auf die Personen, die sie gut kannten, einen müden, merklich gealterten Eindruck.

Ihre Reiselust war freilich ungebrochen. Bereits im August 1856 brach sie, allen Warnungen zum Trotz, nach Madagaskar auf.

Mittlerweile hatte sie im Ausland die gebührende Anerkennung gefunden. Im Februar 1856 wurde sie vom preußischen Königspaar mit der goldenen Medaille für Wissenschaft und Kunst ausgezeichnet, im März erhielt sie als erste Frau die Ehrenmitgliedschaft der Gesellschaft für Geographie in Berlin. In Österreich schenkte man ihr vergleichsweise wenig Aufmerksamkeit. Ida Pfeiffer war darüber verständlicherweise verbittert. »Überall wo ich hinkomme und Europäer finde, werde ich mit einer Zuvorkommenheit und Aufmerksamkeit behandelt, die weit meine Erwartung übertrifft«, schrieb sie einmal. »Ich genieße wahrlich einen Weltruf. Welche Unterstützung würde man mir zukommen lassen, hätte ich nicht das Unglück, eine Österreicherin zu sein. Meine Regierung thut wenig, meine Landsleute gar nichts.«

Die Madagaskar-Reise führte zu ihrem körperlichen Zusammenbruch. Sie erkrankte an einem schweren Sumpffieber, das sie für einige Wochen auf das Krankenlager warf. Erst im Frühjahr 1858 konnte sie die Rückreise nach Europa antreten. Anfang Juni traf sie in London ein, von wo sie zu Freunden nach Hamburg weiterreiste. Wegen ihres anhaltend schlechten Gesundheitszustandes mußte sie sich in der Hansestadt in Spitalspflege begeben.

Die Hamburger Bevölkerung nahm an ihrer Krankheit großen Anteil. Sie erhielt Briefe von ihr völlig unbekannten Menschen, der Hambur-

ger Stadtsenat übersandte ihr einen Geschenkkorb, der berühmte Naturforscher Alexander von Humboldt übermittelte ihr seine Genesungswünsche und die des preußischen Königspaares.
Nach ihrer Entlassung aus dem Krankenhaus begab sich die berühmte Reisende zu einer Freundin nach Krakau. Erst als sich ihr Gesundheitszustand nicht besserte, entschloß sie sich, nach Wien zurückzukehren. Ihr Bruder Karl nahm sie bei sich auf und ließ ihr die bestmögliche Pflege angedeihen. Aber das Leben dieser ungewöhnlichen, willensstarken Frau neigte sich seinem Ende zu. Am 27. Oktober 1858 starb Ida Pfeiffer als Folge des Madagaskarfiebers an Leberkrebs. Sie hinterließ das bescheidene »Vermögen« von 400 österreichischen Gulden.
Der Leichnam der großen Weltreisenden wurde auf dem St. Marxer Friedhof in Wien beigesetzt. Die Nachrufe in der internationalen Presse waren beachtlich, die Wiener Zeitungen verabschiedeten sich von ihr mit ein paar Zeilen. Wien war auch schon in der Kaiserzeit anders.
Erst im Jahre 1892 wurden Ida Pfeiffers Überreste auf dem Zentralfriedhof in einem Ehrengrab beigesetzt. Der posthumen Ehrung, bei der – wie könnte es in Österreich anders sein? – ihre überragenden Leistungen gerühmt wurden, folgte Ida Pfeiffers längste Reise, die Reise in das Land der Vergessenheit, aus dem sie erst vor ein paar Jahren in das Gedenken der Nachwelt zurückgekehrt ist.

DER MENSCH ALS EINHEIT VON KÖRPER UND SEELE

Wie stand es im Biedermeier um die medizinische Versorgung der Bevölkerung? Die Antwort darauf lautet kurz und bündig: schlecht. Die Lebenserwartung war niedrig, die Kindersterblichkeit hoch, breite Bevölkerungsschichten waren medizinisch unversorgt, bei Siechtum und im Alter auf öffentliche und private Fürsorge angewiesen. Wohl gab es seit 1784, seit der Regierungszeit Kaiser Josephs II. in Wien das »Allgemeine Krankenhaus«, das damals modernste Spital der Welt, das 2 000 kranke Menschen aufnehmen konnte, und eine Reihe weiterer Krankenanstalten, z. B. das St.-Anna-Kinderspital, das Bürgerspital und das Jüdische Krankenhaus. Gerard van Swieten, Anton de Haen und Johann Peter Frank hatten den Ruf der Wiener Medizinischen Schule begründet. Aber gegen Seuchen wie etwa die Cholera, die Anfang der dreißiger Jahre des vorigen Jahrhunderts allein in der Residenzstadt zweitausend Menschen hinwegraffte, war man machtlos. Und es gab auch in Ärztekreisen genug Ignoranz. Man braucht nur an das furchtbare Schicksal des »Retters der Mütter«, Ignaz Philipp Semmelweis, zu erinnern. Sein Kampf gegen eingefleischte Vorurteile und liebgewonnene, längst überholte medizinische Ansichten und Praktiken fand erst nach seinem Tod volle Anerkennung.

Die moderne naturwissenschaftliche Medizin begann sich gegen Ende des Zeitraumes, den wir behandeln, langsam durchzusetzen. Sie ist an die Namen Carl Freiherr von Rokitansky, Josef Skoda und Ferdinand von Hebra geknüpft. Rokitansky veröffentlichte 1846 sein grundlegendes dreibändiges »Handbuch der pathologischen Anatomie«, der Internist Skoda, der die physikalische Diagnostik zur lehrbaren Methode erhob, brachte 1839 seine »Abhandlungen über Percussion und Auscultation« heraus, und Hebra begründete die wissenschaftliche Dermatologie.

Das St.-Anna-Kinderspital in Wien im vorigen Jahrhundert

Eben zu der Zeit, als sich dieser Wandel von der alten hippokratischen zur naturwissenschaftlich orientierten Medizin vollzog, war ein Mann Dekan der medizinischen Fakultät (1845/46), dessen Name heute weitgehend vergessen ist oder verschwiegen wird, der aber ebenfalls zu den großen österreichischen Ärzten zu zählen ist. Er war Professor der Psychiatrie, er beschäftigte sich intensiv mit dem Wechselverhältnis von Körper und Seele, Natur und Geist, und war über seine ärztliche Tätigkeit hinaus auf zahlreichen anderen Gebieten tätig, so daß er schwer einer wissenschaftlichen und kulturellen Sparte zuzuordnen ist. Und er war ein unangepaßter, unabhängiger Geist. Vielleicht ist das mit ein Grund, warum man ihn so beharrlich und geflissentlich außer acht läßt. Die Rede ist von Ernst Freiherrn von Feuchtersleben.

Eine schöpferische Persönlichkeit von großer geistiger Strahlkraft: Ernst Freiherr von Feuchtersleben

ERNST FREIHERR VON FEUCHTERSLEBEN

Seelenarzt, Dichter und Reformpädagoge

Ernst Freiherr von Feuchtersleben war eine der bedeutendsten und imponierendsten Persönlichkeiten des österreichischen Biedermeiers, ein Mann von großer geistiger Strahlkraft, ein musischer, allem Schönen aufgeschlossener, schöpferischer Mensch, der die Stimmungen und den Geist des Zeitalters intensiv in sich aufnahm. Er stand mit Grillparzer, Hebbel, Bauernfeld und Stifter, mit Schwind und Schubert in persönlichem Kontakt, war mit einigen von ihnen befreundet und wurde von ihnen wegen der Lauterkeit seines Charakters, der Tiefe des Gemütes, der Weite seines Horizonts und seiner umfassenden Bildung geschätzt und bewundert. Die Leit- und Fixsterne seiner geistigen Existenz waren der größte deutsche Dichter und der größte deutsche Philosoph: Johann Wolfgang von Goethe und Immanuel Kant.
Die Lebenszeit des vielseitigen und vielseitig interessierten Freiherrn ist mit der Epoche des Biedermeiers fast deckungsgleich. Er wurde am 29. April 1806 in Wien geboren und starb hier etwas mehr als 43 Jahre später. Wie Wolfgang Amadeus Mozart und Franz Schubert war er ein Frühvollendeter, der ein beeindruckendes schriftmedizinisches und literarisches Werk hinterließ.
Feuchtersleben entstammte einer aus Deutschland zugewanderten adeligen Offiziers- und Beamtenfamilie. Sein Vater muß ein schrulliger, nicht unproblematischer Mann gewesen sein. Er heiratete in jungen Jahren die Tochter des »Mohren« Angelo Soliman, der hochgebildet war und bei Hofe eine angesehene Stellung einnahm. Es war trotzdem, nach den Auffassungen der damaligen Zeit, eine Mesalliance. Feuchtersleben mußte seine Offizierslaufbahn aufgeben und ging als Kreisingenieur nach Krakau. Dort wurde ihm ein Sohn geboren. Nach dem frühen Tod seiner exotischen Frau kehrte er nach Wien zurück, erhielt eine Anstellung als Sekretär in der Hofkanzlei und heiratete ein zweites Mal. Auch diese Ehe war nur von kurzer Dauer. Cäcilia de Clusolis, die

Mutter Ernst von Feuchterslebens, starb bald nach der Geburt. Die beiden Knaben kamen in die Obhut einer Erzieherin namens Antonia Sommer, mit der sie ihre ersten Kinderjahre auf dem Land verbrachten und die schließlich zu ihrer Stiefmutter avancierte. Auch sie ereilte ein früher Tod.

Der vom Schicksal so schwer geprüfte Vater hätte es nun endgültig beim Witwerstand belassen sollen, zumal er nicht mehr der Jüngste war. Aber die Ehe scheint ihm ein zwingendes Bedürfnis gewesen zu sein. Im Alter von 67 Jahren heiratete er ein viertes Mal, diesmal die Tochter eines Vitriol- und Salmiakfabrikanten, die ihn zwar nicht vergiftete, aber in den Selbstmord trieb. Sein bewegt-bewegendes Leben endete im Juni 1834 bei Nußdorf in der Donau.

Für den Sohn, der kurz zuvor zum Doktor der Medizin promoviert worden war, bedeutete es einen schweren Schicksalsschlag. »Mein Leben ist nach jener fürchterlichen Katastrophe zerstört«, schrieb er im ersten Augenblick des Schmerzes. »Mein Wesen ist aus den Angeln gerissen und findet kein Gleichgewicht mehr.«

Im Leben des äußerst empfindsamen, schwächlichen Knaben war nach den naturverbundenen frühen Kindheitsjahren 1813 eine entscheidende Wendung eingetreten. Der Siebenjährige wurde der Theresianischen Militärakademie überantwortet und verblieb dort bis zu seinem neunzehnten Lebensjahr.

Er erhielt an dieser Schule, an der Offiziere und Beamte herangebildet wurden, seine charakterliche und geistige Prägung.

Feuchtersleben hat der Anstalt, an der geistliche wie weltliche Lehrer und Erzieher tätig waren, später einmal nicht viel Gutes nachgesagt. »In der Schule der Knechtschaft lernte ich frei zu sein, und mitten in der Finsternis zwang ich keck wie Prometheus den Funken und nährte ihn«, meinte er. Und in seinen Tagebuchblättern bezeichnet er sie als »geistigen Friedhof«. Die strenge Erziehung muß seelisch schwer auf ihm gelastet haben. Gleichwohl hat Feuchtersleben im Theresianum eine gediegene humanistische Bildung erworben, wurde in die Geisteswelt der deutschen Klassik eingeführt und empfing dort, was erstaunlich ist, den Anstoß für sein lebenslanges Interesse an den Naturwissenschaften. Auch seine literarische Begabung dürfte in schöpferische Kanäle geleitet worden sein. Seine ersten Gedichte entstanden hinter den geschichtsträchtigen Mauern der Theresianischen Akademie. Anschluß an

die anderen Zöglinge fand der introvertierte, kränkliche Bub kaum. Lediglich zu dem um vier Jahre älteren Eduard von Bauernfeld faßte er Vertrauen.
Nach dem Ende der Studienzeit ergriff Feuchtersleben entgegen der allgemeinen Gepflogenheit nicht die Beamtenlaufbahn, sondern wandte sich dem Studium der Medizin zu. Der Vater erteilte schweren Herzens die Erlaubnis dazu. Der Sohn hatte die Berufswahl reiflich überlegt. »Der Wert des Bürgers wird durch das Maß seines Wirkens im Verhältnis zu seiner Kraft bestimmt«, argumentierte er. »Nach reifer Prüfung glaube ich nach meiner Individualität im Stande des Arztes am besten wirken zu können. Es schien mir das Wünschenswerteste, meiner Mitbürger Wohl unmittelbar fördern zu können. Und stets trat bei diesem Gedanken das Bild des Arztes vor meine Seele.«
Aus diesen Überlegungen spricht ein hohes Ethos und eine ausgeprägte Mitmenschlichkeit, Eigenschaften, die später auch die reife Persönlichkeit gekennzeichnet haben.
Das Studium nahm Feuchtersleben, wie alles, was er anpackte, sehr ernst. Neben seinen medizinischen Studien beschäftigte er sich eingehend mit philosophischen Fragen, hörte Vorlesungen über Literatur, Ästhetik und Kunstwissenschaft, deutsche und orientalische Philosophie. Überdies erwarb er sich gute Kenntnisse im Arabischen und Persischen. Der junge Student betätigte sich aber auch als Autor. Er veröffentlichte belletristische Beiträge in Literatur- und Kunstzeitschriften, die beifällig aufgenommen wurden, und schrieb erste wissenschaftliche Abhandlungen. Er überwand nun auch seine Isoliertheit, suchte und fand im »Silbernen Kaffeehaus« Anschluß an den Kreis um Franz Grillparzer und verkehrte auch im Freundeskreis von Schubert. Die bürgerliche Atmosphäre behagte ihm wesentlich mehr als aristokratisches Gehabe. In seiner Studienzeit lernte er auch seine spätere Gattin Helene Kalcher kennen, eine Kärntnerin aus dem Lavanttal.
Diese Vielseitigkeit der Interessen und der Betätigungen ist die Erklärung dafür, daß Feuchtersleben neun Jahre lang die Universität besuchte. 1834 wurde er zum Doktor der Medizin promoviert, zwei Monate später ging er den Bund der Ehe ein. Der frischgebackene Arzt mietete in der Wiedner Vorstadt eine bescheidene Wohnung und eröffnete eine kleine Praxis. Da die Patienten zum Großteil unbemittelt waren, trug die Praxis wenig ein. »Das junge Ehepaar«, erzählt Friedrich

Hebbel, der 1851 bis 1853 Feuchterslebens literarischen Nachlaß herausgab, »gönnte sich des Abends aus Sparsamkeit beim Zubettgehen nicht das Stümpchen Licht, um sich in den Schlaf zu lesen.«
Die Ehe litt nicht darunter. Sie war von allem Anfang an überaus glücklich. Grillparzer sang ein Hohelied auf sie. »Mit einer Frau verbunden, die, bei freilich vortrefflichen Eigenschaften, doch an Lebhaftigkeit, an Gewohnheiten, ja von vornherein sogar an Bildung das Gegenteil seiner selbst war«, schrieb der große Menschenkenner, »hatte er sich doch durch Nachgeben und Beharren, durch geistigen Einfluß und harmloses sich Gehenlassen ein Musterbild von Ehe geschaffen, wie es ein zweites Mal nicht leicht vorkommen wird ...«
Der junge Arzt, den seine Praxis nicht ernähren konnte, machte aus der Not eine Tugend. Er schrieb eine große Anzahl von literarischen und kritischen Aufsätzen, wurde Mitarbeiter verschiedener Zeitschriften, Journale und Taschenbücher, für die er unter anderem Rezensionen über Goethes »West-östlichen Divan« und Hammer-Purgstalls »Geschichte der Osmanischen Dichtkunst« schrieb, und verdiente sich zunächst auf diese Weise seinen Lebensunterhalt.
1836 veröffentlichte er bei Cotta die erste Ausgabe seiner »Gedichte«, 1837 erschienen seine »Beiträge zur Literatur, Kunst und Lebenstheorie«, 1838 brachte er das popularphilosophische Werk heraus, das ihn schlagartig bekannt, ja, zu seiner Zeit berühmt gemacht hat: »Zur Diätetik der Seele«. Das feinsinnige Buch war ein durchschlagender Erfolg und mußte immer wieder nachgedruckt werden. Er erlebte in Österreich bis zum Jahre 1907 nicht weniger als fünfzehn Auflagen. Auch in Deutschland wurde es mehrfach gedruckt.
Feuchtersleben traf mit der Thematik offenbar den Nerv der Biedermeierzeit. Er erkannte die Neigung seiner intellektuell überspannten Mitmenschen zur Miesmacherei, zur pessimistischen Weltsicht, die sich bis zum Lebensüberdruß und zur Selbstzerstörung steigerte, und fühlte sich gleichermaßen berufen wie verpflichtet, dieser seelischen Zeiterkrankung mit einer zielgerichteten Therapie entgegenzutreten.
Die »Diätetik« ist kein geschlossenes philosophisches Lehrgebäude, keine abstrakte metaphysische Denkkonstruktion, sondern ein Loblied auf die Kraft des menschlichen Geistes, ein Leitfaden zur vernünftigen Lebensführung, ein Handbuch für seelisch Verzagte und Trostsuchende. Die Ratschläge Feuchterslebens, seine Erkenntnisse, seine Hinweise auf

die Wechselwirkung zwischen Körper und Seele, seine Überzeugung, daß »es der Geist ist, der sich den Körper schafft«, sein Glaube an die Heilkraft der Seele und die Bedeutung des Willens für die Charakterbildung sind von so zeitloser Allgemeingültigkeit, daß das Buch noch Jahrzehnte nach seinem Tod den Lesern Ermunterung und Trost spendete. »Du bist von allem Leid befreit, wenn du willst«, formulierte er, und »der allerelendste Zustand ist: Nichts wollen zu können.«
Der große Seelenarzt führte einen vehementen Kampf gegen die im Seelisch-Geistigen verankerten inneren Ursachen der Krankheit und zog gegen die Hypochondrie zu Felde, der er gewiß in seiner ärztlichen Praxis oft genug begegnet ist. »Hypochondrie ist Egoismus, und Egoismus ist Roheit«, schrieb er und rief, um sie zu überwinden, zur Selbstbeherrschung auf. »Ich muß wollen, ich will müssen«, resümierte er. »Wer das eine begreifen, das andere üben gelernt hat, der hat die ganze Diätetik der Seele.«
Ernst von Feuchtersleben besaß die Gabe der knappen, präzisen Formulierungskunst. Deshalb hatte und hat er auch als Aphoristiker Gewicht. Ein Beispiel aus seinen Tagebuchblättern. »Wie soll ich aber wollen, da es eben die Kraft zu wollen ist, lieber Doktor, die mir fehlt? Wenn Sie sich selber fehlen, lieber Kranker, was kann ich Ihnen verordnen, als: sich selber?«
Im Jahre 1840 wurde Feuchtersleben zum Sekretär der zwei Jahre zuvor gegründeten »Gesellschaft der Wiener Ärzte« gewählt. Damit begann der beachtenswerteste Abschnitt im Leben des jungen Arztes, der leider auch sein letzter sein sollte. Er war nun allgemein anerkannt und konnte seine Praxis aus der Wiener Vor- in die Wiener Innenstadt verlegen. Als Sekretär der Ärztegesellschaft oblag ihm die Führung der Korrespondenz, die Abfassung von Berichten und die Publikation von Vorträgen und Sitzungsprotokollen. Der Medizinhistoriker Max Neuburger (1868–1955) urteilte über seine Tätigkeit: »Es bildet einen wahren Genuß, die vier Jahresberichte zu lesen, welche Feuchtersleben in den feierlichen Versammlungen vortrug; hinter den dürren Ziffern und den nackten Tatsachen spürt man sofort den Denker, der im Speziellen stets das Allgemeine erfaßt, den Schriftsteller, der sogar eine Chronik zur Kunstleistung zu gestalten weiß.«
Als Feuchtersleben seine Vorlesungstätigkeit an der Wiener Universität aufnahm, legte er die Funktion zurück, um sich ganz seinen akademi-

schen und anderen Aufgaben widmen zu können. Er war einer der ersten, die an einer Universität der damaligen Zeit für die Medizinstudenten aller Semester Vorlesungen über »Medizinische Psychologie« hielten.

Es mag nicht nur die neue, faszinierende Thematik, sondern auch die liberale, kulturumspannende Geistigkeit des Vortragenden gewesen sein, welche die Studenten zu seinen Kollegs strömen ließ. Sie waren so überfüllt, daß die anderen Professoren die Hochschulverwaltung darum ersuchten, ihre Vorlesungen nicht zur gleichen Zeit anzusetzen, da sie sonst vor leeren Bänken hätten dozieren müssen.

Feuchtersleben veröffentlichte die gesammelten Vorlesungen 1845 unter dem Titel: »Lehrbuch der ärztlichen Seelenkunde«. Es ist sein zweitwichtigstes Werk und wurde bereits ein paar Jahre später ins Englische und in zahlreiche andere Sprachen übersetzt. Er beschreibt darin das normale und kranke Seelenleben und nimmt kritisch zur Entwicklung der Irrenheilkunde Stellung. Als Therapie bei Geisteskrankheiten forderte er das Zusammenwirken von körperlichen und seelischen Behandlungsmethoden, denn »Seele und Körper durchdringen sich aufs innigste in allen Gebilden des lebendigen Individuums«.

Im Studienjahr 1845/46 wurde Feuchtersleben zum Dekan der medizinischen Fakultät gewählt. Er trat am 20. April 1847 in einer Rede, die er in der Aula der Universität in Gegenwart des Fürsten Metternich hielt, mutig für Lehr- und Lernfreiheit ein. Man gebe der Jugend, kritisierte er, statt nützlicher Kenntnisse und Anschauungen Träume und Abstraktionen in das Leben mit. Zum »Vizedirektor der medizinisch-chirurgischen Studien« ernannt, entwickelte er ein halbes Jahr später Vorschläge für eine weitreichende Reform des Medizinstudiums, die jedoch bei seinen Fachkollegen wenig Anklang fanden.

Der März 1848 sah Feuchtersleben auf der Seite der Revolution. Der ganz und gar unmilitärische Seelenarzt stellte sich an die Spitze der Studentenkorps, aus denen die Akademische Legion hervorging, und bejubelte in einem Gedicht den Anbruch einer neuen Zeit.

»Da steht sie nun, im morgenroten Lichte
Verklärt, vor uns, die wir so bang ersehnt;
Wir trennen kaum die Wahrheit vom Gedichte –
Das Auge blinzelt, noch vom Schmerz betränt –

Schließt sich, geblendet von dem Glanz der Neuheit –
Blickt wieder hin – und – ja, sie ist's – die Freiheit.«

Feuchtersleben träumte von der Freiheit des Geistes. Sein Freiheitsbegriff hatte überhaupt nichts Gewalttätiges und Zerstörerisches an sich. Viele seiner Zeit- und Gesinnungsgenossen hatten davon allerdings eine andere Vorstellung. Als im Verlaufe der Revolution die radikalen Elemente die Oberhand gewannen, schrieb er am 2. Juli 1848 einen Zeitungsartikel, in dem er zur Mäßigung und Vernunft aufrief. Ernst von Feuchtersleben war kein Revoluzzer. Die Faust und Waffengewalt hielt er für untaugliche Mittel zur Lösung von Konflikten. Er eignete sich von seinem Wesen her auch nicht für den politischen Kampf in vorderster Front. Er lehnte es ab, als Abgeordneter nach Frankfurt zu gehen, und auch die Leitung des Unterrichtsressorts, für die er vorgesehen war, wies er mit Beharrlichkeit zurück. Hingegen glaubte er, als mitverantwortlicher Unterstaatssekretär seine pädagogischen Reformvorstellungen, vom politischen Alltag unangefochten, in die Tat umsetzen zu können. »Ich darf wohl sagen«, schrieb er, »es gab an und für sich keine Aufgabe für meine Bestimmung, die meinen Wünschen und Anlagen so ganz entsprach als diese. Hier schienen sich einmal eine Sache und ein Individuum gefunden zu haben, die einander angehörten.«
Das pädagogische Reformwerk des Ernst von Feuchtersleben umfaßte von der Idee her das gesamte Schulwesen von der Elementarschule (Volksschule) bis zur Universität. Da die Zeit für eine grundlegende Reform nicht ausreichte, ist vieles auf dem Papier geblieben. Es legte aber in der neoabsolutistischen Ära den Grundstein für die Neuorganisation des Gymnasial- und Realschulwesens durch Franz Exner und Hermann Bonitz unter der Ministerschaft des Hocharistokraten Leo Thun-Hohenstein.
Die beiden Grundpfeiler, auf denen die Reformideen des ärztlichen Multitalentes ruhten, waren die Verstaatlichung des Schulwesens im finanziellen Bereich und die Überzeugung von der Gleichwertigkeit der humanistischen und naturwissenschaftlichen Studien. Beide sind Elemente der menschlichen Bildung und haben Anspruch auf Anerkennung, formulierte Feuchtersleben. »Wir sehen«, schrieb er, »daß beide den Bedürfnissen der Völker entsprechen: das humanistische einem innerlichen – der Vergeistigung des Lebens, der Vertiefung –; das realisti-

sche einem äußerlichen – der Verbreitung des Wissens ... Humanismus und Realismus erscheinen offenbar gleichberechtigt. Nützlichkeit ist kein Prärogativ des letzteren. Gründlichkeit keines des ersteren; beide können und sollen beides sein, und müssen sich einen und verbinden, statt sich zu trennen.«
Konkret trat Feuchtersleben für ein vierstufiges Progymnasium, wie er es nannte, ein, das für eine gleichmäßige Ausbildung in den humanistischen und realistischen Fächern sorgen sollte. Daran sollte sich das eigentliche Gymnasium für die sprachbegabten Schüler anschließen, die Realschule für die technisch befähigten. Von der Notwendigkeit einer gründlichen Schulbildung war er zutiefst überzeugt. In der Mittelschule werde das Schicksal und die Zukunft der Völker entschieden, meinte er. An den Universitäten schaffte Feuchtersleben Latein als Unterrichtssprache sowie die Disputationen und medizinischen Dissertationen ab, ebenso das medizinische Kurzstudium, aus dem die sogenannten »Wundärzte« hervorgingen. Die Öffentlichkeit des Prüfungswesens, die Besetzung der Lehrkanzeln durch ein Berufungsverfahren und die Gleichberechtigung der Nationalitäten und Konfessionen waren weitere Bestandteile seines universitären Reformprogramms. Obwohl es keineswegs umstürzlerisch war, stieß es natürlich auf vielseitigen Widerstand.
Feuchtersleben war ein reformpädagogischer Evolutionist. Das pädagogische Gebäude, das er errichten wollte, sollte kein völliger Neubau sein, es sollte auf den bestehenden alten, tragsicheren Fundamenten entstehen. Er glaubte an die Versöhnbarkeit geistiger Gegensätze. Sein großes, zukunftsweisendes Ziel war die Erziehung zur Humanität, die Entfaltung der innersten Kräfte des Menschen.
Für seine pädagogischen Reformbestrebungen und -maßnahmen gestand ihm die Geschichte nur den kurzen Zeitraum von drei Monaten zu. Als es im Oktober 1848 in Wien abermals zu blutigen Zusammenstößen zwischen der Nationalgarde und regulären Truppen kam, legte Feuchtersleben sein Amt zurück. Er floh hierauf mit seiner Frau zu seinem Halbbruder Eduard, der in Altaussee wohnte.
»Ich bin für keine Aufgabe des Streits gemacht«, notierte er in seinem Tagebuch. »Ich kann mich nur dann entwickeln, zeigen und wirken, wenn man mir vertraut ... Das Hetzen, das Überstürzen macht jeden Fortschritt unmöglich ... Wer leiten und schaffen soll, darf nie als bloßer

Mandatar betrachtet werden; man muß ihm den Wirkungskreis frei lassen, den man ihm aus Vertrauen zu seiner Einsicht angewiesen hat.«
Nachdem sich die politische Lage beruhigt hatte, kehrte er nach Wien zurück und rechtfertigte in einer Erklärung, die in der »Wiener Zeitung« erschien, sein Verhalten.
Doch seine Zeit war vorüber. Der Posten im Unterrichtsministerium war inzwischen anderweitig besetzt worden, das Professorenkollegium der Wiener Universität sprach sich gegen seine weitere Verwendung als »Vizedirektor der medizinischen Studien« aus.
Ernst von Feuchtersleben zog sich, schwer enttäuscht und in seinem Innersten getroffen, in das Privatleben zurück. Er hatte nur noch ein Jahr zu leben. Seine ohnedies schwächliche Gesundheit war schwer angeschlagen, ein unheilbares Leiden kam hinzu.
Wohl war er noch mit verschiedenen literarischen und wissenschaftlichen Projekten beschäftigt, hielt er am 7. März 1849 in der k.k. Akademie der Wissenschaften noch einen vielbeachteten Vortrag zum Thema »Über die Frage von Humanismus und Realismus als Bildungsprinzip«. Aber seine Lebenskraft war gebrochen. Am 3. September 1849 hauchte der große, von vielen seiner Zeitgenossen unverstandene und von der Nachwelt unbedankte Seelenarzt seine eigene Seele aus.

»Es ist bestimmt in Gottes Rat,
Daß man, was man am liebsten hat,
Muß meiden;
Wiewohl nichts in dem Lauf der Welt
Dem Herzen, ach, so sauer fällt
Als Scheiden, ja Scheiden!«

hatte er einmal gedichtet. Ob ihm der Abschied von der Welt schwer geworden war? Man muß es nach all dem, was er in den Monaten vor seinem qualvollen Sterben erleiden und erdulden mußte, bezweifeln.
Franz Grillparzer, der dem Freund eine warmherzige, tiefschürfende biographische Skizze widmete, hat das Sterben des Biedermeier-Menschen Ernst von Feuchtersleben am treffendsten charakterisiert: »Er war mit der hingebendsten Liebe vorzugsweise dem Streben seiner Zeitgenossen, ihm näher Stehenden zugewendet«, hielt der große Dichter fest und prägte den Satz: »Er ist vom Geiste aus gestorben.«

FORSCHUNG UND LEHRE

Die Voraussetzungen für wissenschaftliches Arbeiten und Forschen waren im Habsburgerreich der Biedermeierzeit denkbar ungünstig. Dem Studien- und Forschungsbetrieb an den Universitäten, deren es damals neun gab (Wien, Graz, Innsbruck, Pavia, Padua, Prag, Lemberg, Krakau und Budapest), waren geistige Fesseln angelegt. Die Hochschulen waren Ausbildungsstätten und Erziehungsanstalten für Ärzte, Beamte, Lehrer und Priester. Der Studienbetrieb war exakt vorgeschrieben, die Vorlesungen der Professoren wurden bespitzelt, das Entlehnen und Lesen ausländischer Bücher war verboten. Jede selbständige geistige Regung war den amtlichen Stellen verdächtig und wurde – so gut es ging – unterdrückt. Gelehrte, die sich nicht an die vorgeschriebenen, zumeist veralteten Lehrbücher hielten oder als Regimegegner galten, wurden gemaßregelt und verloren schlimmstenfalls ihr Lehramt. Eine Ausnahme bildeten die naturwissenschaftlich-technischen Disziplinen, an denen man schon wegen des dort tradierten Lehrstoffes keine staatsfeindlichen Äußerungen und Umtriebe erwartete. Die technischen Studien erfuhren im übrigen durch die im Jahr 1815 erfolgte Gründung des Wiener »Polytechnischen Institutes«, des Vorläufers der Technischen Hochschule, einen bedeutsamen Auftrieb.

Unter den geschilderten Umständen wurden die bedeutenden wissenschaftlichen Leistungen der Zeit auf außerakademischem Boden erbracht. In den Klöstern, in den Bibliotheken, Archiven und Museen gab es eine rege wissenschaftliche Tätigkeit. Der aus Deutschmähren stammende, in St. Florian in Oberösterreich tätige Augustiner Chorherr Joseph Chmel war der Motor der historischen Quellenforschung. Joseph Freiherr von Hormayr gab der vaterländischen Geschichte entscheidende Impulse, Joseph Hammer Freiherr Purgstall verhalf der Orientalistik zu europäischem Ansehen. Die landeskundliche Forschung erhielt durch die Gründung des Landsmuseums Joanneum in Graz (1811) und des Ferdi-

nandeums in Innsbruck (1823) entscheidende Antriebe. Der krönende Abschluß aller Bestrebungen zur Förderung und Intensivierung der wissenschaftlichen Forschung war die Errichtung der k.k. Akademie der Wissenschaften, die nach Überwindung zahlreicher Hindernisse und

Die Akademie der Wissenschaften in Wien

Schwierigkeiten per kaiserlichem Dekret vom 14. Mai 1847 erfolgte. Ihr Wirkungsbereich erstreckte sich auf das Gebiet der gesamten Monarchie und umfaßte alle Wissensgebiete. Zu ihrem ersten Präsidenten wurde Joseph Freiherr Hammer-Purgstall bestellt.

Der ehrgeizige Orientalist Hammer-Purgstall

JOSEPH FREIHERR HAMMER-PURGSTALL UND JOHANN JOSEPH PRECHTL

Zwei Männer im Dienste der Wissenschaft

Joseph Hammer-Purgstall stand knapp vor der Vollendung seines 73. Lebensjahres, als er die Funktion des Präsidenten der k.k. Akademie der Wissenschaften übernahm. Am 9. Juni 1774 als Sohn eines Gubernialrates in Graz geboren, hatte er den Kampf um die Schaffung einer Institution, die zu einem Zentrum der gesamten deutschsprachigen Wissenschaft werden sollte, mit Ausdauer und Zähigkeit geführt. Jahrzehntelang hatte er sich gemeinsam mit zahlreichen Gelehrten, Dichtern und Schriftstellern gegen den hinhaltenden Widerstand, vor allem Metternichs, darum bemüht. Jetzt, 1847, war er am Ziel seiner Wünsche angelangt.

Konnte ihm die äußere Würde, die er zwei Jahre später wegen Differenzen mit dem Generalsekretär, Andreas Freiherrn von Ettingshausen, bereits wieder zurücklegte, überhaupt etwas bedeuten? Es hieße einen markanten Wesenszug seiner Persönlichkeit verleugnen, wollte man diese Frage verneinen.

Hammer-Purgstall war ein ehrgeiziger Mann, der auf öffentliche Ehrungen und Auszeichnungen großen Wert legte. In seinen »Erinnerungen«, die er 1841 rückblickend zu schreiben begann und 1852 abschloß, war es ihm ein großes Anliegen, alle Würdigungen und Anerkennungen fein säuberlich zu vermerken und auch die Zurücksetzungen mit peinlicher Genauigkeit festzuhalten. Der berühmte Orientalist war Mitglied vieler gelehrter Vereinigungen und Träger zahlreicher in- und ausländischer Orden. Auch den eigenen Adel pflegte er mit Sorgfalt. Er stammte erst vom Vater, der 1791 als »Edler von Hammer« geadelt wurde. 1825 wurde er selbst in den Ritterstand erhoben, den Titel »Freiherr von Hammer-Purgstall« führte er ab 1835, nachdem er von der Gräfin Johanna Anna Purgstall zum Universalerben von Schloß und Gut Hainfeld im Bezirk Feldbach in der Steiermark eingesetzt wurde, mit der Auflage, Name und Wappen des Geschlechtes zu tragen. Im gleichen Jahr wurde er in den Freiherrenstand erhoben. Das ererbte Schloß diente dem Gelehrten als sommerliches Refugium und als Ort der Begegnung mit vorwiegend adeligen Freunden. Hammer-Purgstall war von einem ausgeprägten adeligen Standesbewußtsein erfüllt, auch Eitelkeit und Ehrgeiz waren ihm nicht fremd.

Die Zurücksetzungen, die gescheiterten Hoffnungen und nicht erreichten Ziele, mit denen er ein Leben lang nur schwer zurechtkam, betrafen seine Beamten- und Diplomatenlaufbahn.

Der begabte Knabe erhielt seine Ausbildung zunächst in Graz. Er kam nach Vollendung der vierten Klasse der Humaniora als vierzehnjähriger Stipendiat an die von Maria Theresia gegründete Orientalische Akademie in Wien. Die Schüler dieser Anstalt wurden zum Dienst an der österreichischen Botschaft bei der Hohen Pforte und in der Levante herangebildet. Sie erhielten neben den damals üblichen Gymnasialfächern eine intensive Sprachausbildung im Türkischen, Arabischen und Persischen und einen Einblick in die Kultur des Islam. Während der fünfjährigen Ausbildungszeit wurden die älteren Zöglinge bei den Besuchen und Empfängen von Gesandtschaften aus dem Orient bereits zu Hilfsdiensten als Dolmetscher herangezogen. Bei einem dieser Empfänge lernte der Student auch den alten Staatskanzler Maria Theresias, Fürst Wenzel Anton Kaunitz, kennen. Nach Beendigung ihres Studiums begannen die Absolventen ihre Laufbahn als sogenannte Sprachknaben an der österreichischen Gesandtschaft in Konstantinopel. Nicht so Hammer-Purgstall. Da der Bedarf der Gesandtschaft an ebensolchen Knaben vollauf gedeckt war, mußte er weitere fünf Jahre an der Akademie verbleiben. Es war, wenn man so will, Glück im Unglück. Der junge Student beschäftigte sich in den Jahren 1794 bis 1799 eingehend mit dem türkischen, persischen und arabischen Schrifttum und wurde von dem berühmten Historiker Johannes von Müller, der damals als Wirklicher Hofrat bei der Geheimen Hof- und Staatskanzlei wirkte, zum Studium der orientalischen Geschichte angeregt. Das Fundament für seine wissenschaftliche Karriere war damit gelegt.

Im Jahre 1799 war es dann soweit. Hammer-Purgstall begann in der österreichischen Gesandtschaft in Konstantinopel seine Beamtenlaufbahn. Sein Vorgesetzter, Peter Freiherr von Herbert-Rathkeal, brachte für den jungen Mann viel Verständnis auf. Er entsandte ihn schon bald nach seinem Dienstantritt nach Ägypten, mit dem Auftrag, das Verhalten des österreichischen Generalkonsuls während der Zeit der französischen Besetzung des Landes als Folge des Napoleonfeldzuges 1798/99 zu untersuchen. Der Zeitpunkt war denkbar ungünstig gewählt. Hammer-Purgstall gelangte nach abenteuerlicher Fahrt nur bis zum Flaggschiff der vor der ägyptischen Küste kreuzenden englischen Flotte. Er leistete für deren Kommandanten, Sir Sidney Smith, Dolmetscherdienste, machte als Zuschauer die Eroberung Kairos mit und entdeckte in Ägypten einige wertvolle orientalische Handschriften. Mit privater Zustimmung seines Vorgesetzten, aber ohne amtlichen Auftrag, begab sich der junge Beamte mit Sir Smith, als dieser in die Heimat abberufen wurde, nach England und verblieb dort bis zum 1. April 1802. Dieser schwere Dienstverstoß hatte natürlich Folgen. Hammer-Purgstall erhielt die Weisung, nach Wien zurückzukehren. Er wurde zwar zum Legationsrat ernannt, war aber fortan zum diplomatischen Außenseiter gestempelt, dem man bei jeder sich bietenden Gelegenheit Hindernisse in den Weg legte. Hammer-Purgstall bekam dies bei seinem zweiten Aufenthalt in Konstantinopel, der von 1802 bis 1806 dauerte, zu spüren. Sein Vorgesetzter behandelte ihn mit verächtlicher Geringschätzung und stellte ihn schließlich sogar zur Disposition. Das Außenministerium versetzte ihn im Mai 1806 als Generalkonsul in das Fürstentum Moldau mit dem Sitz in Jassy. Der junge Diplomat empfand dies als schwere Zurücksetzung, war er doch nun der Möglichkeit beraubt, seine orientalischen Studien fortzusetzen. Nach einer Reihe von Intrigen wurde er 1807 nach Wien zurückbeordert. Seine Laufbahn als Diplomat war damit beendet. Der Minister des Äußeren und spätere Staatskanzler Metternich lehnte in den folgenden Jahren alle seine Gesuche ab, ihn mit der Leitung der Internuntiatur (Gesandtschaft) in Konstantinopel zu betrauen. Was Wunder, meinte doch selbst Kaiser Franz einmal: »Der Hammer ist ein kurioser Mann, der auf eigene Faust in Ägypten herumkutschiert ist.« Hammer-Purgstall war seit seiner England-Eskapade schlecht angeschrieben. Er blieb kaltgestellt. Es war der große Schmerz seines Lebens.

Auch seine Beamtenkarriere verlief nicht nach seinen Wunschvorstellungen. Er wurde zwar 1811 zum Staatskanzleirat und Hofdolmetsch ernannt, 1817 wurde ihm eine jährliche Hofratsbesoldung von 4 000

Gulden bewilligt, 1825 erhob man ihn in den Ritterstand, aber für die Positionen, die er anstrebte, etwa jene des Präfekten an der Hofbibliothek, wurden ihm immer wieder jüngere Bewerber vorgezogen, was ihn sehr kränkte.

Diese Zurücksetzungen hatten allerdings auch ihr Gutes. Hammer-Purgstall hatte genügend Zeit für seine enzyklopädischen wissenschaftlichen Studien, er konnte sich mit Eifer seiner gelehrten Forschungstätigkeit widmen. Die Stunden von sechs bis zehn Uhr morgens, berichtet er in seinen »Erinnerungen«, verwendete er für seine literarischen Arbeiten, die folgenden vier war er in der Staatskanzlei anzutreffen, den Rest des Tages verbrachte er mit Spaziergängen, gesellschaftlichen Verpflichtungen und Theaterbesuchen.

Dem Theater brachte er, der selbst Stücke schrieb (z. B. »Sturz der Barmehiden«, das von Joseph Schreyvogel jedoch für eine Burgtheateraufführung nicht angenommen wurde), großes Interesse entgegen, ebenso dem Konzertleben. »Von allen Konzerten, die ich je gehört, sind mir zwei unvergeßlich geblieben«, erinnerte er sich, »beide dirigierte Beethoven. Die ›Schöpfung‹ im Saale der Universität [1808, Anm. d. Verf.] und die während des Kongresses gegebene ›Schlacht von Vittoria‹, deren überwältigender Kanonendonner schon die zunehmende Taubheit des Meisters zeigte.«

Hammer-Purgstall gehörte zu den Spitzen der Gesellschaft. Er war noch Gast des legendären Charles Joseph Fürst von Ligne in dessen Haus auf der Mölkerbastei, wo er Madame de Staël begegnete, er nahm 1810 an den Vermählungsfeierlichkeiten Napoleons mit Erzherzogin Louise, einer Tochter Kaiser Franz' I. teil und hatte Zutritt zu den Adelskreisen Wiens und den höchsten Regierungsstellen. Dort stießen seine Pläne und Karrierevorstellungen allerdings mancherseits auf erbitterte Gegnerschaft. Mit den illustresten Persönlichkeiten seiner Zeit stand der Wissenschaftler in brieflicher Verbindung.

An seinem Geburtstag, am 9. Juni 1816, im Alter von zweiundvierzig Jahren heiratete er die neunzehnjährige Karoline von Henikstein. Die Ehe, der fünf Kinder entstammten, war trotz des großen Altersunterschiedes glücklich.

Die bleibenden Leistungen Hammer-Purgstalls liegen auf dem Gebiet der Orientalistik. Der große Gelehrte und unermüdliche Forscher hat ein gewaltiges wissenschaftliches Werk geschaffen, das von der Archäologie bis zur Literaturgeschichte, von der Topographie bis zur Philologie reicht. Er hat Europa die Welt des Orients erschlossen und nahegebracht, unschätzbares orientalischen Kulturgut vor der Vernichtung bewahrt und mit seiner zehnbändigen »Geschichte des Osmanischen Reiches« ein historiographisches Monumentalwerk geschaffen. 1993 ist dieses Standardwerk wieder in einem Neudruck erschienen. Er hat die Quellen und Handschriften zur Literaturgeschichte der Araber erforscht, sich mit orientalischen Pflanzennamen und Musiktheorien beschäftigt, die Rolle der Mongolen im Nahen Osten einer wissenschaftlichen Betrachtung unterzogen (»Geschichte der Goldenen Horde in Kiptschak«) und eine »Geschichte der Osmanischen Dichtkunst« geschrieben. Auch ein vierbändiges Werk über »Das Leben des Kardinals Khlesl« zählt zu seinen Publikationen.

Mit diesen wenigen Hinweisen soll die Spannweite seiner Interessen und seine ungeheure Energie und Arbeitskraft zumindest angedeutet werden.

In einer noch so kurzen Darstellung des Lebenswerkes dieses bedeutenden Orientalisten darf sein Einfluß auf das Schaffen Johann Wolfgang von Goethes nicht fehlen. Goethe hat nicht nur Hammer-Purgstalls »Geschichte der schönen Redekünste Persiens« studiert und in der von Hammer begründeten Zeitschrift »Fundgruben des Orients« Anregungen für sein literarisches Schaffen gefunden. Der Gelehrte hat durch seine erste vollständige Übersetzung des lyrischen Werkes des großen persischen Dichters Hafiz (gest. um 1390 n. Chr.) Goethe auch zur Abfassung des »West-östlichen Divan« 1819 angeregt. Hammer-Purgstalls Gesamtwerk, das zu seinen Lebzeiten nicht gewürdigt und auch später mancherseits geringgeschätzt wurde, stellt jedenfalls einen wesentlichen Beitrag zur europäischen Geistesgeschichte dar.

1826 unternahm Hammer-Purgstall eine Reise durch Italien, wo er die Kunstschätze des Landes bewunderte und mit Gelehrten und Bibliothekaren zusammentraf. 1839 beendete er seine Beamtenlaufbahn, 1844 starb seine Gattin, 1846 verlor er seinen jüngsten Sohn. Im Januar 1848 unterschrieb er als einer der ersten die Petition zahlreicher Schriftsteller um Gewährung der Pressefreiheit, radierte dann aber seinen Namen aus dem Dokument wieder aus. Die Revolution, der er wohl mit Sympathie gegenüberstand, begrub allerdings manche seiner Hoffnungen. 1849 unternahm er eine Reise nach München und Re-

gensburg, 1851 besuchte er den greisen, nach seiner englischen Emigration wieder nach Wien zurückgekehrten Metternich in dessen Palais auf dem Rennweg. »Ich wurde gleich empfangen«, hielt er in seinen Erinnerungen fest, »der Fürst war mager und taub geworden. Seine Rede floß in einem breiteren Strome als einst und zu Wort zu kommen war noch schwieriger als früher.«
Der um ein Jahr ältere Staatskanzler sollte den Gelehrten, dessen Lebenswerk er mit Verständnislosigkeit gegenüberstand und dessen orientalisches Gehabe und pedantische Schrullenhaftigkeit er ablehnte, noch um zweieinhalb Jahre überleben. Hammer-Purgstall starb am 23. November 1856. Das Grabmonument auf dem Ortsfriedhof in Weidling bei Klosterneuburg stand längst bereit. Der verkannte Wissenschaftler ruht dort neben dem Dichter Nikolaus Lenau, einem seiner großen Zeitgenossen.

War Hammer-Purgstall eine der führenden Kapazitäten auf dem Gebiet der Geisteswissenschaften, so gab Johann Joseph Prechtl den naturwissenschaftlich-technischen Studien im Vormärz entscheidende Impulse. Prechtl, am 16. November 1778 in Bischofsheim an der Rhön in Unterfranken geboren, war kein gebürtiger, sondern ein naturalisierter Österreicher. Er stammte aus einer technisch interessierten Familie. Der Vater hatte eine führende Position in einem Eisenhüttenwerk inne. Johann Joseph Prechtl studierte in Würzburg Rechtswissenschaft und Philosophie und war nach Abschluß seines Studiums kurze Zeit in Wetzlar beschäftigt. Im Alter von 23 Jahren kam er nach Wien, um im Reichshofrat, dem obersten kaiserlichen Gericht für das Reich, zu praktizieren. Es hielt ihn jedoch nicht lange in dieser Position. Ahnte er, daß diese Einrichtung nicht von Dauer sein würde? Im Jahre 1806, nach der Niederlegung der römisch-deutschen Kaiserwürde durch Franz II., wurde das Gericht aufgelöst.
Zu dieser Zeit hatte Prechtl bereits längst eine neue Anstellung gefunden, und zwar als Hauslehrer und Erzieher im Dienst des Reichsgrafen Johann Taaffe in Brünn. Der junge Mann muß pädagogisch ungeheuer begabt gewesen sein. Wie sonst hätte ihm eine hocharistokratische Familie eine solche Vertrauensstelle eingeräumt? Mit Fragen und Problemen der Erziehung beschäftigte sich Prechtl auch theoretisch. Seine erste Veröffentlichung war pädagogischer Natur. »Über die Fehler der Er-

Johann Joseph Prechtl: ein Pionier des technischen Fortschritts

ziehung vorzüglich in Hinsicht auf die gesellschaftlichen Übel« lautete der umständliche Titel des Buches, das er 1804 herausbrachte. Er vertrat darin ein paar sehr interessante Thesen. Zum einen warnte er vor übermäßiger Strenge in der Erziehung. Sie schade mehr, als sie nütze, meinte er. In einer Zeit, die viel auf Drill und Zucht hielt, war diese Ansicht ausgesprochen modern. Zum anderen forderte der junge Erzieher, solle man die Ausbildung – in der heutigen pädagogischen Fachsprache formuliert – berufsspezifisch gestalten. Es habe keinen Sinn, Menschen, »die keine Gelehrten oder Beamten werden wollen, zu zwingen, sich mit toten Sprachen zu beschäftigen, von denen sie später keinen Nutzen hätten«. Das war eine Kampfansage gegen das damalige, vom humanistischen Bildungsideal dominierte Schul- und Erziehungssystem. Aus diesen Sätzen spricht der Naturwissenschafter, der Befürworter einer ganz auf das Nützliche und Praktische ausgerichteten und konzentrierten Ausbildung. An dieser pädagogischen Zielvorstellung scheiden sich noch heute die Geister. Zu Beginn des 19. Jahrhunderts muß sie den für die Bildung Verantwortlichen kalte Schauer über den Rücken gejagt haben.

Prechtl war ein vielseitig interessierter, regsamer Geist. Seine Tätigkeit als Hauslehrer lastete ihn nicht aus. Also widmete er sich in Brünn physikalischen, mathematischen und chemischen Studien, deren Ergebnisse er abermals in einem Buch festhielt. Mit der Abhandlung »Über die Physik des Feuers« machte er nachdrücklich auf sich aufmerksam. Die königlich holländische Akademie der Wissenschaften zeichnete ihn dafür mit einer goldenen Medaille aus. Im Napoleonjahr 1809 war der Name Prechtls in einschlägigen Kreisen offenbar schon so bekannt, daß ihn die Regierung mit der ehrenvollen Aufgabe betraute, in Triest eine Real- und Navigationsschule einzurichten. Er hat diese Aufgabe offenbar zur Zufriedenheit der Behörden gelöst, denn er übernahm sogar – wenn auch nur für kurze Zeit – deren Leitung. Schon ein Jahr später erhielt er eine Berufung an die Realakademie bei St. Anna in Wien.

Kaum hatte er sich in der Donaumetropole wieder ein wenig eingewöhnt, wartete die nächste Aufgabe auf ihn. Es sollte die wichtigste in seinem Leben sein. Offenbar aufgrund der hervorragenden Erfahrungen, die man bei der Wiedererrichtung der Navigationsschule in Triest mit ihm gemacht hatte, erhielt er von der niederösterreichischen Landesregierung den Auftrag, für die Hofkammer einen Plan für die Errichtung eines »Polytechnischen Institutes« auszuarbeiten. Die Idee war nicht neu. Sie war schon zu Maria Theresias Zeiten gewälzt worden, aber die Zeit war nicht reif dafür gewesen. Jetzt war sie es. Die Entwicklung der Technik, die in zunehmendem Maße den Fortschritt der Wirtschaft bestimmte, machte Schritte auf dem Ausbildungssektor notwendig. Das wußte der Kaiser, und das wußten auch seine Ratgeber. Man brauchte eine Schule, an der auf Universitätsniveau die Weichen für die technische und damit auch für die wirtschaftliche Zukunft des Staates gestellt wurden.

Prechtl machte sich an die Arbeit und legte bereits im März 1810 dem Hofkammerpräsidenten Graf O'Donell einen Organisationsentwurf für das geplante Projekt vor. Er wurde verständlicherweise nicht sofort gutgeheißen. Es gab Gutachten, Verhandlungen, Stellungnahmen, Querschüsse, Zank und Hader um die Finanzierung. Es ging damals aber noch um etwas heute Selbstverständliches, nämlich um die Frage

der Lernfreiheit. Prechtls Entwurf sah von allem Anfang an in den Statuten für die neue Schule die Lernfreiheit vor.
Nicht nur dieser Passus wurde vom Begutachter des Entwurfes, F. A. Gerstner, beanstandet, was weitere Verhandlungen und Verzögerungen nötig machte. Prechtl setzte sich aber schließlich und endlich durch. Es vergingen jedoch noch Jahre, ehe die Detailplanungen beendet waren und man daran gehen konnte, das Projekt in die Tat umzusetzen. Zahlreiche Behörden mußten um Rat gefragt, über die Pläne informiert werden. Es galt, eine völlig neue Schulstruktur zu erarbeiten, die Lehrfächer festzulegen, die Studienpläne zu erstellen, Stundentafeln auszuarbeiten, die Professoren und das übrige akademische Personal auszuwählen und deren Besoldung zu regeln.
Vor allem aber benötigte man ein Gelände für das Gebäude, das ja auch noch mit Lehrsälen, Laboratorien, Bibliotheken etc. ausgestattet werden mußte. Nach Überlegungen, das Institut im Palais Kaunitz in der Johannesgasse unterzubringen, wurde schließlich um 200 000 Gulden Wiener Währung das Palais des Grafen Losy angekauft und an seiner Stelle das »k.k. Polytechnische Institut« errichtet.

Das »k.k. Polytechnische Institut«

Am 24. Dezember 1814 wurde J. J. Prechtl zum Direktor des neuen Institutes ernannt, am 3. November 1815 der Vorlesungsbetrieb aufgenommen. Die feierliche Grundsteinlegung für das neue Gebäude, das 1818 bezogen werden konnte, fand am 14. Oktober 1816 in Anwesenheit des Kaisers und der uniformierten Bürgermiliz statt, da das Institut ausdrücklich der Ausbildung von Angehörigen des Bürgerstandes dienen sollte.

Wie war das Polytechnische Institut, aus dem dann später die Technische Hochschule, die heutige Technische Universität, erwuchs, organisiert? Es gliederte sich in eine kommerzielle und eine technische Abteilung, der zwei Jahrgänge der angeschlossenen Realakademie als Vorbereitungsklassen vorgelagert waren. Als Unterrichtsgegenstände im ersten Jahrgang waren neben Rechnen, das mit fünf Wochenstunden dotiert war, u. a. Religion und Geographie je zweistündig, Kalligraphie, Deutsche Sprachlehre, Geschichte und Naturgeschichte je dreistündig vorgesehen. Französisch und Italienisch wurden als »außerordentliche« Gegenstände geführt. Im zweiten Ausbildungsjahr kamen Mineralogie und Mathematik dazu, Geschichte und Naturgeschichte fielen weg, Zeichnen wurde als außerordentlicher Gegenstand fünfstündig geführt. In der kommerziellen Abteilung wurden Geschäftskorrespondenzen, Handelswissenschaft, Handel- und Wechselrecht, Kaufmännische Buchhaltung, Handelsgeographie sowie Warenkunde insgesamt 25stündig pro Woche unterrichtet, während in der technischen Abteilung die Lehrfächer allgemeine technische Chemie, Physik, Mathematik, Maschinenlehre, praktische Geometrie, Land- und Wasserbaukunst sowie empirische Technologie auf dem Unterrichtsprogramm standen. Wesentlich war, daß jeder Student Fächer aus der kommerziellen und der technischen Abteilung, seinen Wünschen und Bedürfnissen entsprechend, frei kombinieren konnte. Die akademische Freiheit des Studiums war somit gewährleistet.

Es war ein Unterrichtsgeld zu entrichten, von dessen Bezahlung mittellose Studenten befreit waren. Die Professoren wurden dazu verpflichtet, für ihr Lehrfach ein Lehrbuch zu verfassen und monatliche Konferenzen abzuhalten. Die Statuten sahen natürlich auch die Einrichtung von Sammlungen vor, ein Jahrbuch, das »Journal des k.k. polytechnischen Institutes«, sollte Rechenschaft über alle Aktivitäten an der neuen Schule geben.

Johann Joseph Prechtl stand bis 1849 an der Spitze der Anstalt. Sein Vertrag sah eine freie Dienstwohnung im Institutsgebäude, ein jährliches Deputat von je sechs Klafter Hart- und Weichholz sowie ein jährliches Gehalt von 3 000 Gulden vor. Dazu kamen ein jährlicher Betrag von 300 Gulden für die Bezahlung eines Sekretärs und ein Schreibmaterialbeitrag von 150 Gulden. Prechtl mußte mit seinem Gehalt eine neunköpfige Kinderschar ernähren. Er selbst übernahm zunächst die Vorlesungen über allgemeine technische Chemie, übergab aber mit der Häufung der Direktionsgeschäfte dieses Lehramt an einen seiner Mitarbeiter.
In der neuen Schule saßen im Studienjahr 1817/18 in der ersten Vorbereitungsklasse 140 Schüler, in der zweiten 86. Die kommerzielle Abteilung wurde von 62, die technische von 115 Studenten besucht. Das Institut erfreute sich bald eines ausgezeichneten Rufes. Das Professorenkollegium war geachtet, einige der Herren betätigten sich sogar schöngeistig. So schrieb etwa Professor Neumann den Text zu Franz Schuberts deutscher Messe. Die Absolventen der Schule hatten keine Mühe, beruflich unterzukommen. Ihr Fachwissen war gefragt.
Direktor Prechtl, 1818 mit dem Titel Regierungsrat ausgezeichnet, leitete das Institut mit Umsicht. Er stand technischen Neuerungen sehr offen gegenüber, war er doch selbst ein überaus vielseitiger und erfolgreicher Forscher. So beschäftigte er sich unter anderem mit der Erzeugung von Edelstahl und Glaubersalz, der Zuckerfabrikation, brennstoffsparenden Kochherden, veröffentlichte Beiträge über die Theorie des Hagels, ein Buch mit dem Titel »Untersuchungen über den Flug der Vögel« und verfehlte bei seinen Versuchen die später so fundamentale Entdeckung des Zusammenhanges zwischen Elektrizität und Magnetismus nur knapp. Er schrieb ein bahnbrechendes Lehrbuch über die »Grundlagen der Chemie in technischer Beziehung« und baute gemeinsam mit Johann Arzberger, dem Professor für Mechanik an seinem Institut, eine Anlage zur Erzeugung von Steinkohlengas, mit der Räume des Institutes und seine Wohnung beleuchtet wurden. 1818 baute er in den Kasematten der Stadtmauer beim Kärntnertor ein kleines Gaswerk, das dazu diente, ein paar Straßen in der Wiener Innenstadt mit Steinkohlengas zu beleuchten. Es war die erste Anlage dieser Art auf dem Kontinent. Prechtl stellte seine Vielseitigkeit weiters durch ein grundle-

gendes Werk über die Erzeugung von Fernrohren und die Konstruktion eines barometrischen Höhenmessers unter Beweis.
Die großen Leistungen des hervorragenden Technikers erfuhren die verdiente öffentliche Anerkennung. 1846 erhielt Prechtl das Wiener Ehrenbürgerrecht, 1847 wurde er zum Mitglied der Akademie der Wissenschaften ernannt.
Die Revolution des Jahres 1848 brachte auch das Polytechnische Institut und seinen verdienstvollen Direktor in nicht unerhebliche Schwierigkeiten. Die Studenten stellten eine Technikerlegion auf, in der extremistisch gesinnte Elemente die Oberhand gewannen. Prechtl mußte am 7. Mai 1848 den Unterrichtsbetrieb einstellen. Über höheren Auftrag ließ er die Studentenlegion entwaffnen. Dies führte zu schweren Auseinandersetzungen, bei denen sogar sein Leben auf dem Spiel stand. Zu allem Überfluß wurde das Institutsgebäude im Oktober 1848 von kaiserlichen Truppen besetzt, die in den einzelnen Abteilungen arge Verwüstungen anrichteten. Unter dem Eindruck dieser Widerwärtigkeiten, aber wohl auch aus gesundheitlichen Gründen ersuchte der 70jährige Wissenschaftler um Enthebung von seinem Posten. Sie wurde ihm anstandslos gewährt.
Am Ende seines erfolgreichen und erfüllten Lebens wurden ihm noch einmal Ehren zuteil. Er wurde mit dem Ritterkreuz des Leopoldordens ausgezeichnet und in den Adelsstand erhoben.
Den Ruhestand konnte er nur wenige Jahre genießen. Johann Joseph Prechtl starb am 28. Oktober 1854 nach kurzer Krankheit.

LITERATURAUSWAHL

Gesamtdarstellungen

Bauernfeld, Eduard: Wiener Biedermeier. Begegnungen und Erlebnisse, Wien 1960

Bernhard, Marianne: Das Biedermeier. Kultur zwischen Wiener Kongreß und Märzrevolution, Düsseldorf 1983

Böhmer, Guenter: Die Welt des Biedermeier, München 1968

Bruckmüller, Ernst: Sozialgeschichte Österreichs, Wien 1985

Csendes, Peter: Österreich 1790–1848. Das Tagebuch einer Epoche, Wien 1980

Czeike, Felix (Hg.): Wien im Vormärz, Wien 1980

Endler, Franz: Wien im Biedermeier, Wien 1978

Frodl, Gerbert: Wiener Malerei der Biedermeierzeit, Rosenheim 1987

Frodl, Gerbert/Schröder Klaus (Hg.): Wiener Biedermeier. Malerei zwischen Wiener Kongreß und Revolution, München 1992

Haeusserman, Ernst: Das Wiener Burgtheater, Wien–München–Zürich 1975

Hanson, Alice M.: Die zensurierte Muse. Musikleben im Wiener Biedermeier, Wien 1987

Häusler, Wolfgang: Von der Massenarmut zur Arbeiterbewegung. Demokratie und soziale Frage in der Wiener Revolution von 1848 Wien–München 1979

Houben, Heinrich H.: Der gefesselte Biedermeier – Literatur, Kultur, Zensur in der guten alten Zeit, Leipzig 1924

Leitich, Ann Tizian: Wiener Biedermeier, Leipzig 1941

Rommel, Otto: Der österreichische Vormärz 1816–1847, Leipzig 1931

Schaffran, Emerich: Vormärzliches Wien, Wien 1939

Waissenberger, Robert (Hg.): Wien 1815–1848. Bürgersinn und Aufbegehren. Die Zeit des Biedermeier und Vormärz, Wien 1986

Zwischen Liberalismus und Konservativismus

Baxa, Jakob: Friedrich von Gentz, Wien 1965

Fink, Karl: Anton Freiherr von Doblhoff-Dier, Phil. Diss., Wien 1948.

Gentz, Friedrich von: Staatsschriften und Briefe. Hgg. von Hans von Eckhardt, 2 Bde., München 1921

Gentz, Friedrich von: Tagebücher. Aus dem Nachlaß Varnhagens von Ense. Hgg. von Ludmilla Assing, 4 Bde., Leipzig 1873–1874
Guglia, Eugen: Friedrich von Gentz. Eine biographische Studie, Wien 1901
Holler, Gerd: Sophie. Die heimliche Kaiserin. Mutter Franz Joseph I., Wien 1993
Mann, Golo: Geschichte eines europäischen Staatsmannes, Zürich–Wien 1947
Weissensteiner, Friedrich: Die liebevoll-gestrenge Großmutter: Erzherzogin Sophie. In: Frauen um Kronprinz Rudolf, S. 97–139, Wien 1991

Unternehmer, Erfinder und Financiers

Apfel, Kurt J.: Rudolf von Arthaber, ein österreichisches Schicksal in Döbling. In: Döblinger Heimatmuseum, 22–23/1970, 2ff.
Birk, Alfred: Alois von Negrelli. Die Lebensgeschichte eines Ingenieurs, 2 Bde., Wien 1915 und 1925
Corti, Conte Egon Caesar: Die Rothschilds. Des Hauses Aufstieg, Blütezeit und Erbe, Frankfurt am Main 1962
Granichstaedten-Cerva, Rudolf: Josef Madersperger. Erfinder der Nähmaschine, Wien 1925
Granichstaedten-Cerva, Rudolf/Mentschl, Josef/Otruba, Gustav: Altösterreichische Unternehmer, Wien 1969
Keimel, Reinhard: Alois Negrelli. In: Walter Pollak (Hg.): Tausend Jahre Österreich, Bd. 2, S. 133–136, Wien 1973
Kirsch, Walter Paul: Luigi Negrelli, Wien–München 1971
Lüth, Erich: Josef Madersperger, Hamburg 1933
Mark, Grete: Zwei Pioniere der österreichischen Industrie: Alois Miesbach und Heinrich Drasche, Wien 1966
Meise, K. G.: Und sie näht, Mödling bei Wien, o.J.
Mentschl, Josef: Rudolf von Arthaber. In: Österreichische Wirtschaftspioniere, S. 28–32, Wien 1959
Morton, Frederic: Die Rothschilds. Ein Porträt der Dynastie, Wien 1992

Die Malerei als Abbild kleinbürgerlichen und bürgerlichen Milieus

Birke, Veronika: Josef Danhauser (1805–1845). Gemälde und Zeichnungen, Wien 1983

Freiberg, Siegfried: Der Schustermaler Michael Neder. In: Das Kunstwerk, 4. Jg., Heft 1, S. 22f., Baden-Baden 1950

Hareiter, Karl: Michael Neder, Wien 1948

Roessler, Arthur: Josef Danhauser, Wien 1946

Wohlrab-Weinzettl, Hertha: Der Nachlaß des Wiener Volksmalers Michael Neder, Ausstellungskatalog, Wien 1940

Walzer, Lieder und Etüden

Brusatti, Otto: Joseph Lanner, Die Schönbrunner u. Co. In: Alles schon wegkomponiert, Wien 1991

Czerny, Carl: Erinnerungen aus meinem Leben. Hgg. und mit Anmerkungen versehen von Walter Kolneder, Baden-Baden 1968

Dreetz, Anton: Czerny und Beethoven, Leipzig 1932

Krenn, Herbert: Lenz-Blüten. Joseph Lanner. Sein Leben – sein Werk, Wien 1994

Lange, Fritz: Josef Lanner und Johann Strauß. Ihre Zeit, ihr Leben und ihre Werke, 2. Aufl., Wien 1919

Rebay, Ferdinand/Keller, Otto: Josef Lanner, Wien 1901

Sachs, Hans: Josef Lanner. Ein Lebensbild, Wien o.J.

Steger, H.: Beiträge zu Karl Czernys Leben und Schaffen. Diss., München 1924

Über Johann Baptist Moser gibt es keine Biographie. Beiträge über ihn sind zu finden in:

Dietrich, R. H.: Wiener Volkskunst-Almanach, Wien 1926

Hauenstein, Hans: Chronik des Wienerliedes, Klosterneuburg–Wien o.J.

Koller, Josef: Das Wiener Volkssängertum in alter und neuer Zeit, Wien o.J.

Merkt, Eduard: Wiener Liederschatz. Zwei Jahrhunderte Wiener Lied, Wien o.J.

Baukunst des Bürgertums

Achleitner, Friedrich: Joseph Kornhäusel. In: Walter Pollak (Hg.): Tausend Jahre Österreich, Bd. 2, S. 121–125, Wien 1973

Herzmansky, Hedwig: Joseph Kornhäusel. Eine Künstlermonographie, Phil. Diss., Wien 1964

Tausig, Paul: Josef Kornhäusel. Ein vergessener österreichischer Architekt (1782–1860), Wien 1916

Dichter als Wegbereiter der Freiheit

Beermann, F.: Castelli als Zeitdichter, Phil. Diss., Wien 1927

Börner, Wilhelm (Hg.): Gedichte von Ferdinand Sauter, Wien–Leipzig 1918

Castelli, Ignaz Franz: Memoiren meines Lebens. Bearbeitet und mit einem Nachwort versehen von Joachim Schondorf, Wien 1972

Castelli, Ignaz Franz: Untermieter im Parnaß. Eingeleitet und ausgewählt von Dr. Franz Stamprech, Wien 1958

Castle, Eduard: Anastasius Grün, Sämtliche Werke, 6 Teile, Wien 1909

Hahnl, Hans Heinz: Ferdinand Sauter. In: Vergessene Literaten, S. 47–50, Wien 1984

Mádl, Antál: Politische Dichtung in Österreich (1830–1848), Budapest 1969

Martinetz, Walter: Ignaz Franz Castelli als Dramatiker, Phil. Diss., Wien 1932

Sauter, Ferdinand: ... und das Glück lag in der Mitten. Eingeleitet und ausgewählt von Widner, Laurenz/Martin, Günther, Graz–Wien 1958

Schlossar, Anton: Anastasius Grün. Sein Leben und Schaffen, Leipzig 1907

Stein, Otto: Freu dich schnell, es ist vonnöten. Ein Sauter-Brevier, Wien 1940

Wächter, Reinhold: Anastasius Grüns politische Dichtung, Jena 1933

Im Reich der Musen

Denk, Liselotte: Fanny Elßler. Tänzerin eines Jahrhunderts. Legende und Wirklichkeit, Wien–München 1984

Futter, Edith: Die bedeutendsten Schauspielerinnen des Leopoldstädter Theaters in der Zeit von 1800–1830, Phil. Diss., 2 Bde., Wien 1970

Glossy, Karl (Hg.): Joseph Schreyvogels Tagebücher 1810–1823, Berlin 1903
Hadamovsky, Franz: Das Theater in der Wiener Leopoldstadt, Wien 1934
Haeusserman, Ernst: Das Wiener Burgtheater, Wien 1975
Linden, Ilse: Fanny Elßler. Tänzerin des Biedermeier. Nach Briefen und zeitgenössischen Berichten zusammengestellt, Berlin 1921
Pirchan, Emil: Fanny Elßler. Eine Wienerin tanzt um die Welt, Wien 1940
Pirchan, Emil: Therese Krones. Die Theaterkönigin Altwiens, Wien–Leipzig 1942
Raab, Riki: Fanny Elßler. Eine Weltsensation, Wien 1962
Rommel, Otto: Die großen Figuren der Alt-Wiener Volkskomödie, Wien 1946

Schöngeistige Geselligkeit

Jansen, Lena: Karoline Pichlers Schaffen und Weltanschauung im Rahmen ihrer Zeit, Graz 1936
Pichler, Karoline: Denkwürdigkeiten aus meinem Leben, 2 Bde., hgg. von E. K. Blümml, München 1914
Prohaska, Gertrude: Der literarische Salon der Karoline Pichler, Phil. Diss., Wien 1946

Mit Segelschiff und Eisenbahn um die Welt

Jehle, Hiltgund: Ida Pfeiffer. Weltreisende im 19. Jahrhundert, Münster/New York 1989
Kratochwill, Max: Die Weltreisende Ida Pfeiffer. In: Jahrbuch des Vereines für Geschichte der Stadt Wien, 13 (1957), S. 191–201.
Pfeiffer, Ida: Reise einer Wienerin in das heilige Land, 2 Bde., Wien 1844–1856
Pfeiffer, Ida: Eine Frauenfahrt um die Welt, 3 Bde., Wien 1850
Stökl, Helene: Die Weltfahrten der österreichischen Reisenden Ida Pfeiffer, Wien 1920

Der Mensch als Einheit von Körper und Seele

Bahr, Hermann: Österreichischer Genius. Grillparzer – Stifter – Feuchtersleben, Wien o.J.

Feuchtersleben, Ernst Freiherr von: Zur Diätetik der Seele und andere Schriften. Hgg. von Renate Riemeck, Stuttgart 1980
Keppelmüllner, Elisabeth: Ernst Freiherr von Feuchtersleben (1806–1849). In: Neue Österreichische Biographie ab 1815, X. Band, Zürich–Leipzig–Wien 1957
Neuburger, Max: Feuchtersleben als Psychiater und Psychotherapeut. Medizinische Wochenschrift, 83. Jahrg., Nr. 24, Wien 1933
Rabe, Elfriede: Ernst Freiherr von Feuchtersleben, Phil. Diss., Wien 1932
Roemer, Elisabeth: Grillparzer und Feuchtersleben, Phil. Diss., Wien 1948

Forschung und Lehre

Bachofen von Echt, Reinhart (Hg.): Josef Freiherr von Hammer-Purgstall. Erinnerungen aus meinem Leben 1774–1852, Wien 1940
Bietak, Wilhelm: Gottes ist der Orient und der Okzident. Eine Studie über Joseph von Hammer-Purgstall, Wien–Zürich 1948
Birk, A.: J. J. Ritter v. Prechtl. In: Matschoß, Conrad: Männer der Technik, München 1925
Hammer-Purgstall, Josef Freiherr v.: An der Schwelle zum Orient. Eingeleitet und ausgewählt von Dr. Karl Ludwig Weber, Graz–Wien 1957
Niederhuemer, Rudolf: Johann Joseph Prechtl. In: Walter Pollak (Hg.): Tausend Jahre Österreich. Bd. 2, S. 140–143, Wien–München 1973

Bildnachweis

Bildarchiv der Österreichischen Nationalbibliothek: 8, 10, 12, 26, 28, 35, 42, 48, 60, 61, 66, 74, 86, 98, 114, 123, 126, 136, 150, 156, 178, 180, 190, 197, 200, 209, 212, 214, 224, 226, 242, 254, 268, 298, 300, 307
Reinhold Entzmann & Sohn/Foto Schaller: 63, 309
Historisches Museum der Stadt Wien: 58, 138, 148, 166, 172, 220, 256, 284, 286
Illustriertes Wiener Extrablatt: 71
Österreichische Galerie, Belvedere Wien: Umschlag, 60
Sternwarte Kremsmünster/Naturhist. Sammlungen: 116
Technisches Museum Wien: 90
Privatbesitz: 238

Register

Georg Schreiber

Habsburger auf Reisen

Dieses Buch erzählt von berühmten und kaum bekannten Habsburgern und den Reisen, die sie unternahmen: als Pilger nach Jerusalem, zu Krönung und Hochzeit, zur Jagd, ins Heilbad, zu diplomatischen Verhandlungen, zu Repräsentation und Inspektion, im kaiserlichen Prunk oder schlicht inkognito, als Schiffsoffizier, als Flüchtling oder in die Verbannung...

288 Seiten

UEBERREUTER

Georg Schreiber

Die Hofburg und ihre Bewohner

Seit mehr als 700 Jahren ist die Wiener Hofburg Zeuge der wechselhaften Schicksale der Herrschenden und ihrer Familien, über sechs Jahrhunderte lang wurde an ihr gebaut.
Georg Schreiber erzählt in seiner Geschichte der Burg von den Menschen, die in ihren Mauern lebten, von Politik und Intrigen, Gästen und Festen, von guten und schlechten Zeiten.

280 Seiten